LES SECRETS DES SPRAKKAR

ELIZA REID
PREMIÈRE DAME D'ISLANDE

LES SECRETS DES SPRAKKAR

Préface de Madame Brigitte Macron

Traduit de l'anglais (Canada) par Carine Chichereau

Michel LAFON

Ce livre est autobiographique.
Il retrace les souvenirs de l'autrice sur une période donnée.
Certains noms et détails ont été changés, certains événements ont été brièvement résumés et certains dialogues ont été recréés.

Publié avec l'accord de Transatlantic Literary Agency Inc.

Traduction de Carine Chichereau

Composition *PressProd*

118, avenue Achille Peretti
92521 Neuilly-sur-Seine CEDEX
www.michel-lafon.com

IMPRIM'VERT® PEFC™ 10-31-1510

Imprimé en France
par Corlet Imprimeur
14110 Condé-en-Normandie
Dépôt légal : mars 2023
N° d'impression : 22110749
ISBN : 978-2-7499-5175-1
LAF : 3302

Sommaire

Préface par Madame Brigitte Macron
« Toutes *sprakkar* »

Eliza Reid est une première dame atypique, elle qui, née au Canada, s'est installée en Islande après avoir rencontré son futur mari, Guðni Jóhannesson, actuel président de la République.

À travers ce livre, elle transmet sa passion pour son pays d'adoption, un pays certes peu peuplé, mais exemplaire dans beaucoup de domaines, au premier rang desquels l'égalité entre les femmes et les hommes. Ce n'est pas un hasard, mais le fruit d'une histoire, d'une culture et des combats menés dans tous les domaines par des femmes extraordinaires, ces *sprakkar* qu'Eliza met à l'honneur.

Mêlant son expérience et des portraits d'une douzaine d'entre elles, d'une écriture vive, drôle, enlevée, elle nous montre que chacune d'entre nous, à l'échelle de sa ville, son pays, sa société, sa culture, possède la force d'une *sprakkar* et peut contribuer à conquérir cette égalité.

Stendhal écrivait : « L'admission de la femme à l'égalité parfaite serait la marque la plus sûre de la civilisation ; elle doublerait les forces intellectuelles du genre humain et ses chances de bonheur. » Nous voyons bien, hélas, combien les conquêtes sont parfois fragiles, quels retours en arrière vivent les femmes dans certains pays, combien nous sommes loin de cette égalité dans le genre humain que Stendhal appelait de ses vœux.

Comme le fait Eliza, comme le font l'Islande, la France et tant d'autres pays dans le monde, comme le font les associations et les femmes engagées de tous les continents, chacune de nous, chacun de nous, doit prendre part à ce combat.

SPRAKKAR (plur. nom.)
Ancien mot islandais signifiant « Femmes extraordinaires ou remarquables ».
Se prononce : SPRAH-car
(singulier : sprakki).

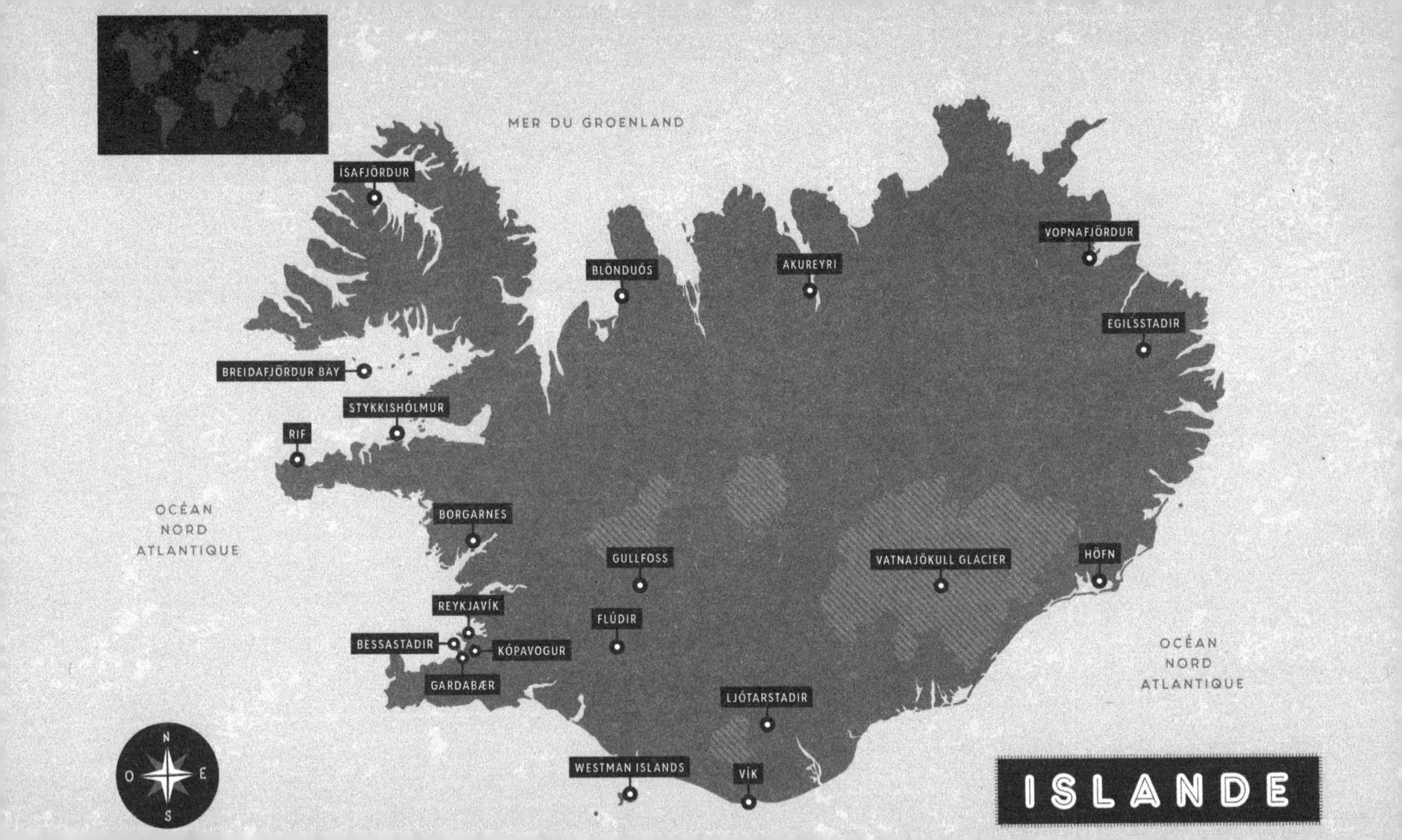
ISLANDE
MER DU GROENLAND
OCÉAN NORD ATLANTIQUE
OCÉAN NORD ATLANTIQUE
ÍSAFJÖRDUR
BREIDAFJÖRDUR BAY
STYKKISHÓLMUR
RIF
BORGARNES
REYKJAVÍK
BESSASTADIR
KÓPAVOGUR
GARDABÆR
BLÖNDUÓS
AKUREYRI
VOPNAFJÖRDUR
EGILSSTADIR
GULLFOSS
FLÚDIR
VATNAJÖKULL GLACIER
HÖFN
LJÓTARSTADIR
WESTMAN ISLANDS
VÍK
N
E
S
O

NOTE DE L'AUTRICE

Je suis cheffe d'entreprise, autrice, conférencière, mère, féministe, immigrée, et je suis mariée au président de l'Islande. Bien que la « première dame » ne joue aucun rôle officiel, on attend cependant de moi que je remplisse certaines fonctions et devoirs en tant qu'épouse du chef de l'État. En effet, de par ma position, mes déclarations publiques sont souvent analysées, critiquées ou applaudies. J'ai donc écrit ce livre en toute connaissance de cause.

En Islande, le rôle du Président est essentiellement symbolique. Il est élu au suffrage universel, dispose d'un droit de veto sur la législation et peut jouer un rôle influent dans la formation des coalitions de gouvernement. Toutefois, c'est bien le Premier ministre qui est le chef du gouvernement, et ce sont le gouvernement et le Parlement qui décident de la politique au jour le jour. Par conséquent, le Président (et donc moi-même) ne dispose pas d'une plateforme politique et il ne fait aucun commentaire public sur le budget, les lois ou la stratégie politique de la nation.

Dans de nombreux pays, la question de l'égalité femmes-hommes est politique et détermine les lois régissant des domaines tels que la santé et l'éducation. Ici, en Islande, le débat n'est plus de savoir si l'égalité des genres est un objectif important à atteindre, mais comment l'atteindre ! Pour paraphraser l'ancienne première dame des États-Unis, Hillary Rodham Clinton, l'égalité femmes-hommes n'est pas une question politique, c'est un problème qui relève des droits humains. Par conséquent, ce livre n'est pas un ouvrage politique – je laisse cela aux femmes et aux hommes politiques – mais plutôt un portrait contemporain d'un pays et de son peuple, réalisé à partir d'entretiens combinés à mes impressions et souvenirs plus ou moins fiables. Il n'est ni exhaustif ni dépourvu de parti pris. Il n'est pas passé par la moulinette des groupes de discussion, n'a pas été caviardé par des consultants en relations publiques, ni recouvert d'un vernis glamour et superficiel comme les cyniques pourraient s'y attendre de la part de celle qui porte le titre un peu toc de « première dame ». Il s'agit, je l'espère, d'un témoignage décrivant un type de société que l'on peut construire quand on prend soin d'assurer aux personnes les mêmes opportunités, expériences et récompenses, quel que soit leur genre.

Note sur l'orthographe : l'alphabet islandais considère les voyelles avec des accents (« á », « í », « ý », etc.) comme des lettres distinctes, aux prononciations distinctes, et je les ai conservées dans ce livre. En outre, l'islandais comporte trois lettres inconnues en français : « æ », prononcée « ail », que j'ai également conservée ; « ð », qui se prononce comme l'article anglais *the*, que j'ai la plupart du temps remplacé par un « d », car cela se pratique communément ; enfin « þ », qui se prononce comme dans *think* en anglais, et que j'ai remplacée le plus souvent par un « th ». Par exemple, j'écris « Gudni » (le prénom de mon mari) et « Thóra » (qui est une journaliste), alors que leurs prénoms s'écrivent normalement « Guðni » et « Þóra » en islandais.

1

UNE IMMIGRANTE EN ISLANDE

« L'œil de l'invité voit avec plus de clarté[1]. »

En Islande, on considère que commencer un nouveau travail un lundi porte malheur. Le vendredi est acceptable, le premier jour du mois, c'est encore mieux (à condition bien sûr qu'il ne tombe pas un lundi). En tout cas, si vous voulez que votre carrière soit placée sous les meilleurs auspices, il ne faut jamais démarrer ce jour-là.

Ma vie professionnelle sur cette île de l'Atlantique Nord a donc débuté un mardi d'octobre nuageux avec un vent frais, comme souvent à cette période. J'étais en Islande depuis seulement six semaines, j'ignorais donc complètement la règle du lundi. J'aurais bien voulu prendre mon nouveau poste plus tôt, mais la directrice générale de la petite start-up en informatique qui m'avait embauchée en tant que spécialiste du marketing avait elle-même fixé la date, et je n'étais pas en position de contester. C'est vrai, j'avais de la chance. J'avais décroché un emploi dans mon domaine de compétences, dans un pays dont je ne parlais pas la langue, et où je ne connaissais

1. *Glöggt er gests augað* : « L'œil de l'invité voit avec plus de clarté » est un proverbe islandais ; il signifie que celles et ceux qui arrivent dans un nouvel environnement voient les choses d'un œil plus affûté, contrairement aux autres qui sont là depuis toujours.

pratiquement personne en dehors de mon fiancé et de sa famille.

Je suis venue m'installer en Islande par amour en 2003, à l'âge de vingt-sept ans. Avant d'avoir rencontré mon futur mari, Gudni Jóhannesson, à l'automne 1998, j'étais juste capable de reconnaître le drapeau islandais, de situer le pays sur une carte et de citer le nom de sa capitale, Reykjavík (grâce à des heures passées à jouer à *Where in the World is Carmen Sandiego ?* sur un Commodore 64 dans les années 1980). À l'époque, je ne savais même pas que l'Islande était classée parmi les pays du monde qui offraient aux femmes les meilleures conditions de vie. Qu'une alchimie unique mêlant l'histoire, les personnes, les politiques publiques et un peu de chance avait fait émerger une société plus avancée qu'aucune autre en matière d'égalité femmes-hommes.

Gudni et moi nous sommes rencontrés à l'université d'Oxford, en Angleterre, deux étrangers parmi d'autres, inscrits au collège St Antony, spécialisé dans les relations internationales. Gudni était le premier Islandais à venir étudier à St Antony, et ses compatriotes n'étaient qu'une poignée à travers toute l'université. Aux yeux de la jeune Canadienne de vingt-deux ans que j'étais, moi qui avais grandi dans une toute petite ferme de la vallée d'Ottawa, cette nationalité obscure était particulièrement séduisante. Il était calme, possédait beaucoup de livres et pas grand-chose d'autre, et boire ne lui inspirait pas le même enthousiasme qu'aux autres étudiants (j'en avais déduit qu'en Islande, tout le monde était ainsi). Il était grand, facile à vivre, et il montrait un humour pince-sans-rire rare mais dévastateur, capable de rivaliser avec celui des Britanniques.

J'avais traversé l'océan Atlantique deux mois après avoir terminé ma licence en art au Canada, utilisant le prétexte des études pour visiter un autre pays, m'endetter un peu plus et reporter à plus tard le moment de décider ce que je voulais faire de ma vie. Les étudiants parmi lesquels je me trouvais se rangeaient dans deux catégories. D'abord, ceux qui comme moi étaient dans la continuité de leurs études, travaillaient suffisamment pour être acceptés dans l'une des universités les plus prestigieuses au monde, mais avaient parfois des priorités contestables et bien moins constructives : jamais je n'aurais raté une soirée au pub ou une partie de poker, et je n'avais pas pris la peine d'aller écouter le discours très attendu de Václav Havel, le président tchèque, car je savais qu'il n'y aurait pas d'examen ensuite. D'autres avaient davantage de maturité. Beaucoup avaient consenti de véritables sacrifices pour venir étudier à Oxford, ils avaient démissionné de leur travail, économisé chaque euro et bouleversé leurs familles. Ils étaient là pour tirer le meilleur de cette expérience.

Gudni, bien sûr, non seulement avait assisté à la conférence du dissident de la guerre froide, mais il faisait même partie des volontaires qui l'organisaient. C'était le genre d'étudiant qui commençait toujours par consulter l'index de chacun des livres qu'il lisait, à la recherche d'informations sur l'Islande. Il découpait des articles dans les journaux sur des sujets aussi divers que l'historiographie ou les grands sportifs, et les rangeait méticuleusement dans des classeurs, au cas où un jour il puisse s'en servir dans un article ou un discours, comme s'il avait eu l'intuition de ses futures fonctions de président.

En le voyant se comporter ainsi, et à cause des quelques cheveux gris qui parsemaient déjà ses tempes, j'imaginais bien qu'il avait quelques années de plus que moi, mais je lui donnais tout au plus vingt-six ans. Un jour, au cours d'une soirée dans un sous-sol enfumé et bondé, alors que j'essayais d'en savoir un peu plus sur ce jeune homme tranquille mais intrigant, il a mentionné le fait qu'il était déjà étudiant lors de la chute du mur de Berlin. Moi, en 1989, j'étais en classe de quatrième.

« Mais tu as quel âge, en fait ? lui ai-je demandé, comprenant que mes estimations étaient beaucoup trop optimistes.

– J'ai trrrente ans », a-t-il répondu en souriant, roulant un peu trop ses « r » comme il l'aurait fait en islandais.

Mais c'est pas possible, me souviens-je avoir pensé. Il était minuit. Deux fêtards qui ne connaissaient sans doute même pas leurs prénoms respectifs se roulaient des pelles dans un coin. La fumée de cigarette formait un véritable brouillard. Qui à « trrrente » ans serait resté aussi tard dans un environnement pareil ? J'ai hoché la tête, bu une gorgée de bière, et changé de sujet.

« Qu'est-ce que tu vas faire pendant les vacances ? »

On était seulement à la mi-novembre, mais déjà les étudiants réservaient leurs vols pour rentrer chez eux à la fin du semestre.

« Je vais aller voir ma fille », m'a-t-il dit d'un ton très naturel, comme si la réponse était évidente.

J'ai failli m'étrangler. *Ben voyons. Le monde est tellement parti en vrille que je drague un homme qui entre dans sa quatrième décennie ; il est donc parfaitement naturel qu'il ait aussi une enfant et une belle petite famille nordique qui roule les « r » là-bas, en Islande, même s'il ne m'en a jamais parlé depuis deux mois que je le connais.* Cela a résonné en moi comme un code rouge, mettant un terme brutal à mon ébauche de flirt avec le Viking. *Fin de la partie*, ai-je pensé, à croire que cette conversation était la route menant au match de hockey du week-end, et sa vie personnelle, une voiture qui passe.

« Ah oui, bien sûr. Et sa mère ? ai-je hasardé.

– Elle, je n'irai pas la voir », a-t-il ajouté en me regardant droit dans les yeux.

Reprise du jeu. Gudni était le premier divorcé que je comptais parmi mes amis. Il n'avait jamais mentionné sa fille, âgée de quatre ans, car quand les étudiants se rencontrent, ils ne pensent pas à demander aux autres s'ils ont des enfants, et puis il n'était pas du genre à s'étendre sur sa vie personnelle plus que nécessaire. Au cours de cette décennie cruciale entre vingt et trente ans, il avait décroché un master, eu un enfant, s'était marié, avait divorcé à l'amiable, et avait finalement déménagé en Angleterre. Il avait huit ans de plus que moi, ce qui représentait alors un tiers de ma vie, pourtant le fait que nous soyons tous les deux étudiants nous mettait sur un pied d'égalité. Et il me faisait rire.

À la fin de l'année universitaire, nous étions en couple. Dix-huit mois plus tard, nous vivions ensemble dans un petit appartement du Hampshire, il terminait son doctorat en histoire et je travaillais dans la vente et le marketing pour une entreprise de luxe vieille de deux siècles, qui venait seulement de cesser de s'adresser aux femmes en les appelant « madame » ou « mademoiselle » pour privilégier leurs prénoms. En semaine, Gudni effectuait souvent les deux heures et demie de trajet par le train et le métro pour se rendre au Public Record Office (aujourd'hui les Archives nationales) près de Kew, aux abords de Londres, où il passait en revue les archives concernant les relations entre la Grande-Bretagne et l'Islande. Quant à moi, je contribuais à l'écriture de brochures de marketing permettant d'identifier les contrefaçons dans les domaines du luxe et des médicaments, tout en corrigeant les gens qui tous les jours me demandaient de quel coin des États-Unis je venais. Le soir, j'essayais d'apprendre des rudiments d'islandais, langue scandinave qui a peu changé depuis la colonisation de l'île au IXe siècle. Mon CD-ROM m'enseignait des phrases extrêmement utiles comme « Où se trouve la gare ferroviaire ? » (sachant qu'il n'y a pas de trains en Islande), ou encore « Où est la plage ? » (sachant qu'une partie du pays est au-delà du cercle polaire).

En fait, j'avais un plan. Gudni terminait sa thèse (cent mille mots sur les querelles liées à la pêche dans l'Atlantique Nord), et il avait naturellement l'intention de rentrer vivre en Islande, sans quoi il risquait de passer à côté de l'enfance de sa fille, Rut (elle nous rendait régulièrement visite, et il retournait passer tous ses étés auprès d'elle). Si nous voulions vraiment rester ensemble, il n'était pas envisageable de s'installer ailleurs qu'en Islande – en tout cas pas avant que Rut soit grande. Or si je partais là-bas avec Gudni, ce serait pour m'y établir moi aussi pour de bon.

Il fallait donc réfléchir à me construire une vie à moi, en dehors de lui. Il ne s'agissait pas d'une simple expérience : pas question de renoncer à notre couple parce que je souffrirais de ne pas voir le soleil se lever avant 10 heures du matin en décembre, ou que je serais incapable de suivre les conversations en islandais lors des dîners. Mais si je m'engageais pour de bon, pensais-je alors, mieux valait être mariée, c'est-à-dire liés l'un à l'autre sur le plan légal, jusqu'à ce que la mort nous sépare.

Et donc, par un beau week-end de mars ensoleillé, deux mois après avoir décidé ensemble que nous quitterions la Grande-Bretagne pour tenter l'aventure en Islande, j'ai profité d'une escapade en bord de mer sur la côte nord de la Cornouailles pour lui faire ma demande en mariage. Il a accepté ! J'avais discrètement emporté dans ma valise une bouteille de champagne, et nous l'avons bue dans le B&B de Fawlty Towers que nous avions réservé, avant d'aller célébrer nos fiançailles dans un *fish and chips* du village. Le lendemain, au téléphone, la mère de Gudni lui a dit : « J'espère que tu as fait ta demande dans les formes ! » Il lui a avoué la vérité seulement bien des mois plus tard.

Si je partais m'installer sur cette île éloignée de tout, dont je ne parlais pas la langue, où je n'avais pas encore d'emploi, pourquoi ne pas repartir totalement de zéro en liquidant mes économies ? J'ai revendu mes parts de l'entreprise pour laquelle je travaillais, et j'ai programmé un voyage de cent jours en solitaire. Je partirais par le Transsibérien, je traverserais la Russie et l'Asie centrale, puis je passerais six semaines à visiter l'Asie du Sud-Est avec mon sac à dos.

*

Je suis arrivée en Islande pour m'y installer le 21 août 2003, presque dix ans avant la naissance de ma quatrième enfant. Pendant que je crapahutais avec mon sac de 15 kilos sur le dos, à boire des lassis à la mangue, chevaucher des dromadaires et dormir sous des moustiquaires, Gudni, lui, avait soutenu sa thèse de doctorat et trouvé un studio à louer dans un bâtiment de trois étages près de l'université d'Islande, dans le centre de Reykjavík. Sa fille, Rut, qui avait à présent neuf ans, venait passer avec nous un week-end sur deux, et dormait sur le canapé-lit.

Quelques jours après mon arrivée, Gudni est tombé sur une petite annonce dans le journal local : une entreprise cherchait une experte en marketing dont la langue de travail serait l'anglais. J'ai été embauchée, et j'ai donc commencé mon premier emploi en Islande par un mardi d'octobre venteux. Au bout de seulement six semaines, j'avais la chance d'avoir décroché un bon poste, susceptible de nous faire vivre tous les deux pendant que Gudni commençait ses recherches post-doc à l'université. Je m'étais aussi inscrite à un cours d'islandais intensif, huit heures par semaine. J'avais appris que je pouvais remiser mon parapluie, accessoire indispensable en Grande-Bretagne, mais qui n'était pas de taille à lutter contre les vents islandais. Je détenais désormais une carte de transport pour aller au bureau (en général avec d'autres immigrés, des personnes âgées, des écoliers, ainsi que tous ceux qui n'avaient pas de permis de conduire, pour une raison ou une autre). Je m'émerveillais devant les longs couchers de soleil d'automne sur la baie de Faxaflói, et je m'éveillais en admirant la neige sur le mont Esja, qui dominait la ville.

J'étais au beau milieu de ma lune de miel avec l'Islande, quand tout est encore nouveau et exaltant. J'étais venue m'installer là par amour, bien sûr, mais déjà je gagnais ma vie et j'apprenais la langue du pays, bref, je construisais un vrai projet à long terme. Je me doutais bien que ma patience et ma détermination seraient mises à l'épreuve, mais je savais que j'allais me plaire dans ce pays.

*

Les start-up sont souvent dominées par des hommes, surtout dans le domaine de l'informatique. Quand j'ai intégré cette entreprise, il y a presque vingt ans, celle-ci-comptait alors quatorze employés, dont trois femmes. Fondée par des anciens d'Icelandair, elle avait pour but de créer des programmes pour les compagnies aériennes. C'était l'environnement parfait pour entamer le processus qui me ferait passer du stade d'étrangère à celui d'Islandaise. Je suis passée du thé avec un nuage de lait au café noir bien serré, du tailleur et talons au pantalon en toile et tee-shirt. Les jours diminuaient progressivement, et mes collègues m'écoutaient me plaindre sans broncher de l'obscurité qui tombait de plus en plus tôt. Ils avaient vécu toute leur vie dans la capitale la plus septentrionale du monde, où la latitude cause des changements extrêmes dans le nombre d'heures de jour, passant des nuits blanches de juin à l'autre extrême, le 21 décembre, où le soleil se lève officiellement à 11 h 22 pour se coucher à 15 h 29, aussi savaient-ils que la situation allait encore largement empirer (ce qui concernait aussi bien la longueur des nuits que ma capacité à râler !). Même si je ne maîtrisais guère la langue, je faisais partie de l'équipe, j'étais considérée comme membre pleine et entière de ce groupe de gens qui s'amusaient en travaillant sur des outils nouveaux et excitants. J'étais assez geek pour m'entendre avec les programmeurs, assez cool pour m'intégrer parmi les mecs, et assez jeune pour avoir envie d'aller boire un coup le vendredi soir. Nous disposions d'une petite cuisine où préparer nos déjeuners, et d'une pièce avec trois gros coussins et un lecteur DVD où les employés pouvaient amener leurs enfants lorsque l'école était fermée. Jamais je n'avais vu ça en Grande-Bretagne.

La directrice générale comptait parmi les trois femmes présentes dans l'entreprise. Elle avait travaillé auparavant dans une banque, mais ici elle agissait en qualité de directrice générale, directrice administrative et financière et directrice des ressources humaines, sans compter toutes sortes d'autres responsabilités, comme transmettre des évaluations au comité de direction concernant les différents développements d'activités. Le comité se réunissait dans la seule salle de conférence de nos locaux tous les deux ou trois mois en fin de journée – c'est-à-dire que cinq personnes buvaient du café serré en dégustant des pâtisseries achetées pour l'occasion.

La présidente était une femme avoisinant les quarante ans, Halla Tómasdóttir. Elle avait travaillé pendant plusieurs années dans de grandes entreprises aux États-Unis et elle était rentrée en Islande pour explorer différentes possibilités dans les domaines des affaires et de la finance, et fonder une famille. Je l'ai rencontrée pour la première fois en faisant un saut lors d'une de ces réunions. Elle venait de rentrer de congé de maternité après avoir donné naissance à son second enfant et présidait la réunion tout en allaitant son bébé. Dans cet environnement chargé en testostérone, cela ne semblait surprendre personne, nul ne s'autorisait à faire de mauvaise blague et, à un moment, un des hommes du groupe a même pris l'enfant sur ses genoux pour que Halla puisse présenter l'un des sujets au programme de la réunion.

Vingt ans plus tard, j'ai encore cette image en mémoire. S'il était possible qu'une femme allaite son enfant en pleine réunion professionnelle et que la chose soit considérée comme naturelle, saine et totalement banale, alors je serais capable de supporter les longs hivers sans lumière, le vent et l'absence de choix en matière de légumes frais dans les magasins. J'avais moins de trente ans, pas encore d'enfant, j'étais insouciante, satisfaite de ma vie et consciente de ma chance ; toutefois, je savais aussi qu'un jour on me mettrait la pression pour fonder une famille, faire carrière, et rentrer dans ce qui était la norme pour une femme issue de la classe moyenne et ayant fait des études. Était-il possible que j'aie atterri dans un pays où, avec un peu de chance, les femmes pouvaient tout avoir ?

Moins d'un an plus tard, à la fin d'une journée d'août – peut-être bien l'un de ces lundis maudits – j'ai été convoquée dans le bureau de la directrice générale, qui m'a annoncé que l'entreprise devait procéder à des réductions budgétaires. J'ai été licenciée. Dans les mois qui ont suivi, Halla a fait partie des nombreuses personnes que j'ai contactées pour retrouver un emploi et préserver ma confiance en moi – défi qui s'est révélé beaucoup plus difficile la deuxième fois que la première. Au fil des ans, nous sommes restées en contact. J'ai fait un portrait d'elle quand ma vie professionnelle a changé d'orientation et que je suis devenue journaliste pour *Iceland Review*. Je suis venue aussi chercher conseil auprès d'elle quand avec une amie nous avons lancé notre propre projet : l'Iceland Writers Retreat, un festival littéraire. Elle m'a toujours aidée et encouragée, et nos chemins n'ont jamais cessé de se croiser.

*

À l'époque où, première de la classe, j'apprenais par cœur les drapeaux et le nom des capitales, j'imaginais que puisque le drapeau islandais était très proche de ceux des pays nordiques européens (Danemark, Norvège, Suède et Finlande), leurs populations l'étaient aussi. Quelques millions, peut-être dix ? En réalité, l'Islande compte parmi les plus petites nations du monde en nombre d'habitants. Au 1er janvier 2021, nous étions 368 590[2], si peu nombreux qu'arrondir au millier supérieur n'aurait servi à rien. Depuis vingt ans que j'y habite, la population a augmenté de plus de 25 %.

On ne peut en vouloir à un pays d'éprouver un complexe d'infériorité quand sa population est inférieure à celle de villes comme Cleveland aux États-Unis, Bristol en Angleterre, ou Toulouse en France. J'ai grandi au Canada qui, malgré sa taille et sa population, est également atteint de ce fléau en raison de la proximité avec son voisin du Sud, tellement plus peuplé,

2. D'après les statistiques islandaises du 4 mai 2021, la population a augmenté de 1 290 habitants durant le premier trimestre de 2021.

aussi je ressens une certaine empathie. En Islande, ce sentiment d'infériorité se manifeste à travers un intérêt décuplé pour la fréquence à laquelle les médias étrangers évoquent notre pays ; on cherche également à savoir ce que la moindre célébrité pense de l'Islande lors d'une visite (« Vous aimez l'Islande ? », voilà la question à laquelle aucun visiteur n'échappe, et à laquelle il faut répondre avec la même diplomatie que lorsqu'une amie vous demande : « Tu ne trouves pas que cette robe me grossit ? »).

En effet, il est difficile d'entrer dans la compétition internationale quand on est si petit, et l'Islande est souvent laissée hors des classements internationaux, tout simplement parce que sa population est trop peu nombreuse. Puisqu'il faudra des décennies, voire des siècles avant d'atteindre un bon million d'habitants, le meilleur moyen (et le plus fréquent) pour flatter l'orgueil national consiste à invoquer les statistiques *per capita*. Nous avons un produit intérieur brut et un taux d'investissement dans les domaines artistiques très élevés ; de même nous apportons une contribution majeure à l'aide au développement international – en chiffres per capita. En 1955, quand Halldór Laxness fut lauréat du prix Nobel de littérature, l'Islande est devenue le pays qui possédait le plus de prix Nobel – per capita[3]. (Si vous n'avez jamais entendu parler de Halldór Laxness, ne le dites pas à un Islandais, vous lui feriez de la peine.) Nous sommes surexcités à l'idée de remporter une médaille d'or aux jeux Olympiques pour faire un bond dans la liste des pays lauréats – per capita. Nous détenons le record mondial des statistiques per capita des nations du monde – per capita.

Il existe toutefois quelques domaines dans lesquels l'Islande est réellement en tête sur le plan mondial. De plus, ce sont des

3. Ce titre lui a été ravi en 1992 par Sainte-Lucie lorsque Derek Walcott a reçu à son tour le prix Nobel de littérature. Mais nous sommes toujours heureux que les autres nations se débrouillent bien dans les compétitions per capita.

domaines qui comptent. Ainsi donc, je vis dans l'un des pays où l'on est le plus heureux au monde. L'Islande est la nation qui compte le plus fort taux d'acceptation de l'homosexualité parmi les pays de l'OCDE[4]. C'est aussi le pays le plus paisible, sans doute grâce au fait que nous n'avons pas d'armée.

Dans ce domaine et pour ce qui tourne autour du niveau de vie, l'Islande se retrouve très souvent en compétition amicale avec les autres pays d'Europe du Nord. Ainsi, par exemple, ces cinq nations (le Danemark, la Norvège, la Suède, la Finlande et l'Islande) comptent parmi les dix pays au monde où l'on est le plus heureux (les États-Unis, la Grande-Bretagne, le Canada et la France se situent dans le deuxième décile). Bien que chacun de ces cinq pays ait une culture, une histoire et une langue distincte, nous avons en commun des valeurs et des liens qui font que nous nous retrouvons souvent du même côté sur la scène internationale[5]. L'Islande en particulier crée souvent ses propres lois en se basant sur celles d'autres pays d'Europe du Nord. Dès qu'on parle sport, en revanche, tout change. Il n'existe pas de spectacle plus excitant pour les Islandais qu'un match où notre équipe nationale bat celle du Danemark (qui a dominé l'Islande depuis le XIVe siècle jusqu'en 1944[6]).

Pourtant, ce qui met ce pays à la une de tous les journaux lorsqu'on se réfère à la qualité de vie, c'est bien l'égalité femmes-hommes. Tendre vers l'égalité des genres et l'émancipation des femmes, voilà l'un des objectifs de développement durable des Nations unies. Concrètement, il s'agit de mettre fin à la

4. Ce que montre le rapport de l'OCDE « Panorama de la société 2019 » dans le domaine des indicateurs sociaux (https://www.oecd-ilibrary.org/sites/e9e2e91e-fr/index.html?itemId=/content/publication/e9e2e91e-fr).

5. Ne commettez pas l'erreur de dire que l'Islande est un pays scandinave ! Pour toutes sortes de raisons, dont la langue, l'histoire et la géographie, l'Islande et la Finlande ne sont pas considérées comme des nations scandinaves.

6. En réalité, l'Islande est devenue un pays indépendant en 1918, mais le roi du Danemark est resté le chef de l'État jusqu'en 1944.

discrimination, éliminer les violences contre les femmes et autres pratiques dégradantes, assurer leur place dans la sphère professionnelle, leur faciliter l'accès à la santé et l'aide à la maternité. De nombreuses études réalisées au fil des années prouvent que plus une société est égalitaire, plus *l'ensemble* des citoyens et citoyennes est heureux et voit son espérance de vie et son niveau économique augmenter[7]. D'après le Forum économique mondial, depuis douze ans l'Islande est le pays le mieux placé pour aboutir à une égalité totale[8]. Les pays sont évalués sur leurs efforts pour réduire les inégalités dans les domaines de l'emploi, de l'éducation, de la santé et de la politique. Les autres pays d'Europe du Nord nous talonnent, voire nous dépassent dans certains domaines précis[9]. Mais pour dire les choses plus simplement, quand on prend en compte tous les critères, c'est en Islande que les femmes peuvent avoir la meilleure qualité de vie, et si jamais il est un pays au monde qui puisse arriver à une égalité parfaite entre femmes et hommes, nous sommes les mieux placés pour cela.

Ayant atteint le point de consensus sur la nécessité d'aboutir à l'égalité des genres, nous nous posons désormais la question de *comment* y parvenir. Bien sûr, c'est en Islande que le taux d'emploi des femmes est le plus élevé. Les mères en général, y compris célibataires, ne sont pas stigmatisées. Nous avons eu une femme cheffe de la police ; l'évêque de l'Église d'Islande est aussi une femme. Nous sommes le premier pays

---

7. Voir par exemple Andre P. Audette : « Gender Equality Supports Happiness and Well-Being », The Gender Policy Report, 13 septembre 2019 (https://genderpolicyreport.umn.edu/gender-equality-supports-happiness/).
8. « Global Gender Gap Report 2021 », Forum économique mondial, 30 mars 2021 (https://fr.weforum.org/reports/global-gender-gap-report-2021/in-full).
9. Pour une vision plus générale de la situation dans les pays de l'Europe du Nord comparés aux autres nations, voir « The Nordic Gender Effect at Work », Nordic Council of Ministers, 20 août 2018 (https://www.norden.org/en/publication/nordic-gender-effect-work).

démocratique au monde à avoir élu une femme cheffe d'État en 1980, puis en 2009 une femme ouvertement lesbienne cheffe du gouvernement. Pendant des années, l'Islande a été le plus gros pays donateur auprès d'ONU Femmes – et cette fois c'est en chiffres bruts, pas per capita –, grâce essentiellement à de réguliers contributeurs et aux nombreuses campagnes de levées de fonds.

Les Islandais et Islandaises, parmi lesquelles je me compte moi-même, sont à juste titre fiers de tout ça, mais nous savons aussi qu'il y a encore beaucoup de travail à accomplir. Cette île à la limite du cercle polaire n'est pas un paradis pour les femmes ; le patriarcat y est toujours puissant et profondément enraciné. Par exemple, malgré une loi obligeant à avoir un quota de femmes dans les conseils d'administration des entreprises, au moment même où j'écris ces lignes, il n'y a pas une seule femme directrice générale parmi les entreprises cotées à la Bourse d'Islande. Le foyer pour femmes à Reykjavík affiche souvent complet, et les rapports de violence domestique ont augmenté pendant l'épidémie de Covid-19. Donc, même si nous sommes fiers de nos bons résultats, nous ne devons pas nous endormir sur nos lauriers. Avoir conscience des problèmes est le premier pas vers leur résolution, et cela ne diminue nullement l'importance de nos avancées. Pour moi, en tant qu'immigrante, ce qui est vraiment fascinant, c'est de constater combien la notion même d'égalité des genres est profondément ancrée dans toutes les strates de la société – et comme dit le proverbe ici : mon « œil d'invitée voit avec plus de clarté ».

*

Après avoir été licenciée, mon « œil d'invitée », qui avait observé avec tant de bonheur une femme allaitant son enfant lors d'un conseil d'administration, a eu plus de mal à se concentrer sur le positif. Je répondais à toutes sortes d'annonces, mais comme je ne maîtrisais pas encore parfaitement la langue, il m'était difficile d'obtenir un emploi à temps plein. Pour ne pas rester les bras croisés, je proposais des sujets d'articles au journal en anglais, le *Reykjavík Grapevine*, et j'écrivais sur des sujets tels que le concours de l'Eurovision, le meilleur salon de coiffure de la capitale, sans oublier mes critiques gastronomiques (mon sujet de prédilection car cela me permettait de manger gratuitement dans les meilleurs restaurants). C'est ainsi que je suis devenue pigiste pour l'*Iceland Review*, le plus vieux périodique en anglais du pays, qui éditait également le magazine *Atlantica* distribué aux passagers d'Icelandair. Le reste du temps, je faisais des travaux en free-lance qui en général étaient liés à l'écriture ou à la relecture de textes en anglais. Au bout de deux ans de galère professionnelle, j'étais devenue travailleuse indépendante, je m'occupais de projets qui m'intéressaient vraiment, je voyageais régulièrement à travers l'Islande mais aussi en Europe et en Amérique du Nord. À la fin 2008, j'avais suffisamment de travail pour vivre : j'ai décidé de fonder ma propre entreprise, que j'ai officiellement créée la dernière semaine de septembre cette année-là.

Dix jours plus tard, les trois principales banques du pays faisaient faillite, le cours de la monnaie chutait à son plus bas niveau, et le pays s'enfonçait dans la pire crise économique jamais vue, qu'on a tout simplement appelée « le Crash ». Lors de cette importante récession, l'Islande a été parmi les premières nations touchées, et ce de manière spectaculaire. J'ai perdu mon emploi, comme des dizaines de milliers d'autres personnes à travers le pays, mais mes activités en tant qu'indépendante n'ont fait que s'accroître, car les entreprises se sont mises à externaliser de plus en plus le travail au lieu d'embaucher des salariés en interne.

La reprise après la catastrophe financière s'est révélée rapide, aidée en bonne partie par le développement étonnant du tourisme. Dès 2015, le prêt d'urgence consenti par le FMI à l'État islandais avait été remboursé, les relations bilatérales, qui avaient souffert des faillites des banques islandaises, avaient été raccommodées, et le pays recevait des félicitations un peu gênantes pour avoir mis en prison certains banquiers. Dans l'ensemble, l'Islande avait récupéré de manière remarquable, passant très rapidement de la catastrophe économique au retour de la croissance. Moi aussi, j'avais récupéré : j'étais devenue secrétaire de rédaction du nouveau magazine d'Icelandair, plus centré sur l'Islande, et quelques années plus tard j'ai fondé avec une amie un festival pour les amoureux de l'écriture, l'Iceland Writers Retreat, qui figure désormais sur le calendrier annuel des manifestations culturelles en Islande.

J'estime avoir également eu beaucoup de chance dans ma vie personnelle, ce qui est en grande partie dû aux lois qui protègent et accompagnent les familles en Islande. Gudni et moi nous sommes mariés en 2004 et nous avons emménagé dans une minuscule maison de bois jaune, vieille de près d'un siècle, dans la partie ouest du centre de Reykjavík, à un jet de pierre de la mer (mais bon, la ville étant construite sur une péninsule, on y est rarement très loin de la mer). Gudni a décroché un poste de professeur à l'université de Reykjavík, l'a perdu lors du Crash, et a réussi à obtenir sa titularisation au département d'histoire de l'université d'Islande, après avoir écrit plusieurs livres loués par la critique. Quant à moi, je travaillais à des récits de voyage : en 2006, je suis partie seule pendant sept semaines, sac au dos, visiter l'Afrique de l'Ouest, puis j'ai publié une série d'articles sur ce périple dans un journal local.

Un mois après cette aventure, je suis tombée enceinte. Au cours des huit années suivantes, j'ai constamment été soit enceinte, soit en train d'allaiter l'un des quatre bébés qui sont arrivés chacun à exactement deux ans d'intervalle. Cela n'aurait pas été possible, ni même souhaitable, sans les généreux congés parentaux auxquels Gudni et moi avions droit, même en tant que travailleuse indépendante pour ma part, puis avec les différentes aides à la petite enfance. Vers l'âge de un an, ma première fille a commencé à aller chez une nounou agréée de 8 heures du matin jusqu'à 16 heures. Cela nous coûtait au total environ 400 dollars par mois et comprenait deux repas chauds et le goûter. Grâce au « pack famille » de la municipalité, nous avions 75 % de réduction sur les frais d'école maternelle, déjà subventionnés, pour son frère âgé de trois ans ; enfin, la scolarité de son grand frère en primaire (cinq ans) ainsi que la garderie étaient gratuites, à l'exception de la cantine.

Fatigués mais heureux, Gudni et moi avons traversé ces années entourés d'enfants en bas âge, dans un brouillard de purée de légumes, de couches lavables et d'objets cassés. Après plusieurs années de revenus irréguliers, Gudni a enfin obtenu le poste de ses rêves à l'université, tandis que moi, je dirigeais avec enthousiasme le festival Iceland Writers Retreat et que j'écrivais de manière régulière. Nous avons fini par reconnaître que notre petite maison jaune serait bientôt trop étriquée pour contenir notre turbulente progéniture, et nous avons contracté un second emprunt pour acheter une maison plus grande, à dix minutes à pied. Une fois passée la période de stress du déménagement et de l'inscription des enfants dans d'autres écoles, nous nous sommes juré que plus jamais nous ne déménagerions avant la retraite.

*

En Islande, les élections présidentielles ont lieu tous les quatre ans, le dernier samedi de juin. En 2016, tout le monde s'attendait que le président Ólafur Ragnar Grímsson, âgé de soixante-treize ans, ne se représente pas après un record de cinq mandats, aussi un nombre considérable de gens ont annoncé leurs candidatures. Tout Reykjavík passait son temps à gloser sur les mérites des éventuels candidats et candidates, prédisant qui était susceptible d'entrer à son tour dans la course.

À l'époque, Gudni écrivait un livre sur l'histoire de la présidence en Islande, aussi l'invitait-on souvent à la télévision en tant que commentateur neutre pour discuter des problèmes politiques. Peut-être, songeait-il avec espoir, ferait-on appel à lui le soir de l'élection pour analyser les résultats.

En fait, son quart d'heure de célébrité s'est produit un peu plus tôt que prévu. Le 3 avril 2016, un ensemble de médias internationaux a révélé le scandale de ce qu'on a appelé les « Panama Papers », qui montrait qu'un certain nombre de dirigeants politiques et de chefs d'entreprise avaient profité des paradis fiscaux. L'un de ces dirigeants n'était autre que Sigmundur Davíd Gunnlaugsson, notre Premier ministre d'alors, qui avait naguère possédé avec sa femme une entreprise basée aux îles Vierges britanniques. Certes, ce n'était pas illégal du point de vue de la loi islandaise, mais le souvenir de la catastrophe économique nationale de 2008 était encore brûlant dans les mémoires, et dès le lendemain des gens se sont rassemblés devant le Parlement pour demander sa démission.

Les chaînes de télévision locales ont interrompu leurs programmes habituels pour couvrir ces mouvements de protestation. Le Premier ministre allait-il démissionner ? Qu'en était-il des autres figures impliquées dans ce scandale ? Y avait-il des recours constitutionnels possibles ? Le Président pouvait-il exiger la démission du Premier ministre ? Pour analyser toutes ces informations et procédures de manière compréhensible, il fallait un expert qui ne soit inféodé à aucun parti.

Le 4 avril, Gudni Jóhannesson, critique, professeur d'histoire, père de cinq enfants et expert quant à la fonction de Président, est apparu à la télévision, flanqué d'autres experts qui pendant six heures ont commenté l'évolution de la situation.

C'est alors que le téléphone a commencé à sonner.

Un certain nombre de personnalités éminentes avaient déclaré leurs intentions de se présenter à l'élection présidentielle, mais soudain il est devenu évident que ce rôle, certes largement cérémonial, impliquait malgré tout certains pouvoirs constitutionnels et qu'il fallait savoir les maîtriser. Beaucoup de gens ont écouté cet analyste perspicace qui pesait ses mots, en songeant qu'il serait parfait lui-même pour occuper ce rôle en cette période compliquée. Dans les jours qui sont suivi, le nombre d'e-mails, de messages sur Facebook et d'appels téléphoniques est passé du goutte-à-goutte au flot continu ; tous encourageaient Gudni à faire ce qu'il n'avait lui-même jamais sérieusement envisagé : être candidat à l'élection présidentielle.

Six semaines avant la date fatidique – le jour de mon quarantième anniversaire –, flanqué de sa femme et de ses cinq enfants, Gudni a annoncé devant une salle comble qu'il se présentait à l'élection présidentielle.

Puisque le président sortant ne se représentait pas, le nombre de candidats avait explosé : neuf avaient passé le stade de la collecte des signatures de soutien. Sur ces neuf, on comptait quatre hommes, dont trois atteignaient plus de 10 % dans les sondages. Toutes les femmes sauf une obtenaient moins de 1 %. Cette exception, qui n'était guère connue sur le plan national à l'annonce de sa candidature à la fin mars, ne cessait de progresser dans les intentions de vote : ce n'était autre que Halla Tómasdóttir, l'ancienne présidente du conseil d'administration de la première entreprise pour laquelle j'avais travaillé à mon arrivée en Islande (le bébé qu'elle allaitait pendant la réunion où je l'avais vue la première fois était devenu une adolescente).

Au cours de ces semaines de folie, j'ai rencontré plusieurs fois Halla, et tout a toujours été très amical entre nous, malgré la compétition. (Il se trouve que Gudni et moi connaissions très bien un autre candidat, l'écrivain Andri Snær Magnason.) Parfois, l'Islande donne l'impression d'être un immense village, d'une incroyable beauté. Faire campagne pour la fonction la plus élevée du pays aux côtés de candidats que même une nouvelle venue comme moi connaissait depuis des années paraissait tout à fait normal.

Ma vie a donc changé de manière irrévocable le 25 juin 2016, lorsque Gudni a remporté l'élection présidentielle avec 39,1 % des suffrages, tandis que la deuxième place revenait à Halla, avec 27,9 %. La passation de pouvoir a eu lieu le 1er août. Comme nous avions beaucoup voyagé à travers le pays pendant la campagne pour tenir des meetings, serrer des mains, goûter des gâteaux et boire du café, j'avais une petite idée de ce qui m'attendait.

Pendant le tourbillon des cinq semaines qui séparaient l'élection de l'intronisation, nous avons vécu dans une espèce de limbes, abandonnant derrière nous un emploi (pour Gudni), notre maison et notre anonymat pour entrer dans une nouvelle vie que nous n'avions jusqu'alors entrevue qu'à la télévision et dans les journaux. Notre équipe de campagne avait terminé sa mission, et le chef de cabinet du Président, qui conservait son poste malgré le changement d'administration, ne travaillait pas encore pour nous. Au cours de cette période, nous avons donné des interviews par douzaines, répondu à toutes sortes d'autres demandes des médias, mis en location notre maison, décidé si nous voulions changer la déco de nos futurs appartements dans l'aile privée du palais présidentiel, et trouvé de nouvelles écoles pour les enfants tout en essayant de les préparer aux changements à venir.

À cette époque comme aujourd'hui, j'ai toujours continué de travailler. En islandais, je porte le titre de *forsetafrù*, qu'on peut traduire par « femme du Président ». Personne n'a suggéré que j'emploie le mot *forsetamaki*, « épouse du Président ». En anglais, on me donne généralement le titre de *First Lady*, « première dame », car l'expression est facilement identifiable et que, même si la chose est implicite, elle ne porte pas trace de lien conjugal.

Être la première dame du pays n'est pas une fonction en soi, je ne touche aucun salaire, je n'ai ni secrétaire, ni pension, ni défraiement pour mes vêtements. Je ne suis élue à aucune fonction. Pourtant, le cabinet du Président veille à me réserver des vols et je dois assister à certaines réunions (en qualité de première dame). J'ai mes propres cartes de visite, papier à lettres, et si je l'avais voulu, j'aurais pu avoir mon propre bureau au sein du palais présidentiel. C'est un honneur et un privilège immenses, et chaque jour je fais de mon mieux pour servir mon pays d'adoption.

En tant que première dame, je dois me conformer à certaines exigences, qui dans l'ensemble rappellent une époque où seuls les hommes devaient apparaître au grand jour, les dames devant se tenir à « leur place », derrière eux, et supporter leurs caprices. Je suis seulement la sixième première dame depuis l'indépendance véritable du pays en 1944. Les trois premières, avant 1980, étaient des femmes respectées qui ont embrassé la longue tradition du rôle de l'épouse, se tenant à l'écart de la curiosité du public et ne sortant que pour jouer les hôtesses bien coiffées, assister à d'importantes réceptions ou à des visites de chefs d'État. La seule femme à avoir jusqu'ici occupé le poste de présidente de l'Islande étant célibataire, la question ne s'est pas posée dans l'autre sens.

Quand Ólafur Ragnar Grímsson a été élu à ce poste en 1996, sa femme, Gudrún Katrín Thorbergsdóttir, qui jouissait d'une forte popularité, s'est occupée de nombreuses causes, comme la prévention des addictions aux drogues chez les jeunes, et son action a été largement saluée. Gudrún Katrín a hélas succombé à un cancer deux ans après que son mari eut accédé à la fonction présidentielle.

Ólafur Ragnar s'est remarié avec Dorrit Moussaieff cinq ans plus tard. Dorrit, qui comme moi était née et avait grandi dans un autre pays, était de nature sympathique et spontanée, et elle est devenue elle aussi très populaire auprès du peuple islandais. Bien qu'elle fût première dame, elle a continué de travailler pour l'entreprise de bijouterie de sa famille à Londres et, au cours du dernier mandat présidentiel de son mari, elle a passé la plupart de son temps hors d'Islande.

Quant à moi, j'ai également poursuivi mes projets personnels, en particulier écrire ce livre et diriger mon entreprise. C'est vrai, pourquoi aurais-je dû changer d'emploi parce que mon mari l'avait fait ? Ce choix a été publiquement discuté, mais dans l'ensemble, les conclusions ont été positives : dans l'Islande progressiste, où l'ambition d'aboutir à une parfaite égalité femmes-hommes est chose normale, il est évident que la personne qui partage la vie du chef ou de la cheffe d'État doit pouvoir poursuivre une carrière indépendante.

*

Depuis mon arrivée dans ce pays, où j'ai vu des femmes travailler en toute tranquillité dans ce qui était à mes yeux un univers dominé par les hommes, jusqu'au moment où je me suis retrouvée avec quatre enfants en bas âge alors même que je fondais ma propre entreprise à la veille d'une gigantesque récession économique, j'ai eu la chance en tant que femme de vivre au sein d'une société qui passe pour la plus égalitaire au monde. Je mets désormais à profit les privilèges que me confère ma position actuelle pour en moderniser le statut et ce qu'on attend de la personne qui l'occupe (ce qui était complètement dépassé à mon arrivée), tout en imprimant à cette quête d'égalité mes propres perspectives et ma vision d'immigrée.

De bien des manières, ce livre est une déclaration d'amour à l'Islande – pays aux imperfections charmantes, où la société essaye en permanence de s'améliorer, où le débat reste vif, mais où la solidarité et l'empathie se déploient dès qu'une crise surgit ; pays où les femmes ne cessent de se battre pour davantage d'égalité, et où la plupart d'entre elles se sentent soutenues dans cette ambition. Ce pays, je suis fière de pouvoir dire que c'est le mien : j'ai réussi à y créer mon entreprise, et j'ai appris à user des prérogatives que le hasard a mis sur mon chemin pour faire entendre ma voix. Je suis convaincue que les réussites d'aujourd'hui mèneront à encore davantage d'égalité pour les futures générations, et qu'elles serviront d'inspiration aux autres nations du monde.

Mais mon exemple seul ne peut donner une vision d'ensemble des joies et des défis auxquels sont confrontées les femmes sur cette île de l'Atlantique Nord. J'ai voulu comprendre les raisons qui rendent la société islandaise si prompte à améliorer l'existence des femmes et des jeunes filles – et par conséquent aussi celle des hommes, des garçons et des personnes non binaires. Car il est certain que ces enseignements pourraient servir ailleurs, inspirer des gens à Vancouver, dans le Vermont, à Dundee et à Paris.

Les racines de ce succès remontent-elles aux combats épiques entre familles, chroniqués dans ces recueils séculaires qu'on appelle « sagas », et qui montrent nombre de femmes à la détermination farouche, ou bien, plus récemment, à l'élection de Vigdís Finnbogadóttir, la première femme au monde démocratiquement élue cheffe d'État ? Cette situation est-elle la conséquence des politiques gouvernementales qui, par exemple, permettent de financer l'aide à la petite enfance et les congés parentaux pour les deux parents, ou faut-il plutôt se concentrer sur les raisons pour lesquelles notre société essaie de créer de nouvelles lois, comme l'amendement récent qui codifie les droits des personnes transgenres et non binaires ? Et qu'en est-il de cette attitude envers la monoparentalité et la sexualité en général, ou encore de cette vision plus large de la masculinité ? Dans quelle mesure pouvons-nous contribuer à améliorer cette petite société unie et centrée sur la famille, où tout le monde doit porter plusieurs casquettes professionnelles afin de faire prospérer le pays ? Et que pouvons-nous apprendre du récent afflux d'immigrants, qui apportent des expériences et un vécu nouveaux pour les Islandais, mais qui sur place doivent faire face à un vrai défi personnel ?

Il est évident que les femmes courageuses, indépendantes et résolues qui ont laissé leur empreinte sur la société au fil des siècles inspirent leurs descendantes d'aujourd'hui, ne serait-ce que dans la croyance et la certitude que nous avons un rôle à jouer pour améliorer nos conditions de vie communes. L'Islande est une nation de récits, et beaucoup d'entre nous ont grandi en écoutant raconter les sagas qui sont pleines d'histoires de femmes héroïques, de l'audace des redresseurs de torts, et de la bravoure de ceux qui se battent en dépit de tout pour défendre leurs principes.

Pour écrire ce livre, j'ai parlé à des douzaines de femmes extraordinaires à travers le pays. Ces *sprakkar*, pour employer un vieux terme islandais, appartiennent à toutes les tranches d'âge, représentent tous les modes de vie et toutes les régions du pays. Beaucoup d'entre elles sont totalement anonymes, mais leur expérience permet toutefois de dessiner le portrait d'une société qui tient à l'égalité entre femmes et hommes, et tente réellement d'y aboutir. Ce sont des femmes qui me ressemblent, comme celles que nous fréquentons au quotidien. Ensemble, elles illustrent de manière précise la vie dans un pays où cette égalité est à portée de main, mais où les obstacles sont encore parfois trop fréquemment démoralisants et difficiles à surmonter. Première dame, éleveuse de moutons, immigrante, star de foot, comédienne, maire ou sexologue, nous sommes toutes des Islandaises qui partageons notre histoire et nos réflexions sur ce qui fait de ce pays une terre d'égalité pour bon nombre d'entre nous. Et nous révélons les secrets qui nous permettent de nourrir, d'entretenir et d'élever les *sprakkar* qui vivent en nous et au sein de notre communauté, afin que nous travaillions toutes à faire advenir l'égalité des genres, quel que soit le pays où nous vivons.

2

DE L'INTÉRÊT GÉNÉRAL D'AIDER LES PARENTS

« Le raisin au bout du hot dog[10]. »

Après être devenue première dame d'Islande en 2016, j'ai accepté de nombreuses interviews de journalistes de mon pays natal. Il était en effet fort improbable qu'une petite Canadienne élevée dans l'Ontario rural devienne la femme d'un chef d'État à des milliers de kilomètres de là. J'étais tellement enthousiaste (et je le suis toujours !) à l'idée d'endosser ce rôle que je me sentais prête à vanter les qualités de mon pays d'adoption auprès des différents publics de l'autre côté de l'Atlantique !

Bien sûr, certains thèmes sont ressortis à chaque interview, parmi lesquels cette étrange question qu'on m'a posée avec une alarmante régularité : « Alors que vous grandissiez dans cette petite ferme de la vallée de l'Outaouais, imaginiez-vous qu'un jour vous seriez première dame d'Islande ? » Il m'a fallu plusieurs interviews avant de comprendre que ce n'était pas une question rhétorique…

Jeune, je n'ai jamais formé de projets précis pour l'avenir, encore moins résolu d'épouser le futur chef d'État d'un pays

10. *Rúsínan í pylsuendanum* désigne une surprise agréable, la cerise sur le gâteau en quelque sorte (même si, en Islande comme ailleurs, il n'y a jamais de raisin dans les hot dogs !).

dont je ne savais quasiment rien. J'imaginais que j'irais à l'université, que je ferais des études en sciences sociales ou en sciences humaines, que j'essaierais de voyager un peu à travers le monde, que je trouverais un travail stimulant, et ce tout en m'amusant le plus possible. Me marier et avoir des enfants ne faisait pas vraiment partie du programme.

L'idée de fonder une famille ne me déplaisait pas en soi, mais je partais du principe qu'il me faudrait d'abord rencontrer quelqu'un avec qui j'aie envie de passer le reste de ma vie, puis qu'il soit d'accord pour avoir des enfants, et que tous les voyants soient au vert.

De la même manière, je n'avais jamais imaginé que j'aurais quatre enfants en moins de six ans, et que je serais en plus la belle-mère d'une cinquième. Voilà la vie dans toute sa splendide imprévisibilité !

Si j'étais restée au Canada, il est certain que ma progéniture aurait été moins nombreuse. Mais en Islande, ça paraissait tellement facile de faire un enfant – et puis un autre, et puis un autre, et puis un autre. Ici, tous les soins prénataux sont pris en charge intégralement – même le petit reste à charge des rendez-vous et examens médicaux habituels. Mon mari et moi avons chacun pris plusieurs mois de congés parentaux, pendant lesquels nos revenus ont été versés par l'État. Quand nous sommes repartis travailler à temps plein, nos enfants ont d'abord été confiés à des nourrices agréées, puis sont entrés dans une école maternelle située à cinq minutes à pied de chez nous, les deux étant largement subventionnées par la ville de Reykjavík. Grâce à ces systèmes d'aides, nous avons pu avoir autant d'enfants que nous le souhaitions sans nous soucier de ce que cela nous coûterait financièrement.

Il n'est donc pas étonnant que le taux de fécondité en Islande soit l'un des plus élevés d'Europe, atteignant environ 1,97 enfant par femme en âge de procréer – récemment encore, il était au-dessus de 2. Le taux de fécondité était plus élevé encore dans les générations précédentes, ce qui s'explique par plusieurs facteurs comme l'absence de contraception, une mortalité infantile élevée, et le besoin de peupler le pays pour que les nouvelles générations puissent travailler la terre et exploiter les ressources de la pêche. Quand les Islandais disent qu'une personne est riche, ils font référence à sa progéniture, pas à son portefeuille. Avec l'augmentation du niveau de vie, la taille des familles s'est réduite, mais les enfants sont toujours considérés comme parmi les plus grands bonheurs de la vie, et en avoir quatre ne fait nullement de moi une exception.

Malgré notre réputation de tolérance quant à la façon de vivre, les femmes en Islande subissent encore de fortes pressions qui les incitent à faire des enfants, même si le modèle n'est pas forcément celui de la famille nucléaire. Celles et ceux qui décident de ne pas se soumettre aux conventions déclenchent chez les autres une curiosité quasi scientifique, pas toujours empreinte de compréhension. Gudni et moi étions ensemble depuis cinq ans quand je suis arrivée en Islande. Je n'avais pas trente ans. Dès le début, on nous a lancé des clins d'œil, adressé toutes sortes de signes, et nous avons souvent affronté les questions directes de proches pleins de bonnes intentions ainsi que de nos nouveaux amis qui voulaient savoir quand nous comptions fonder une famille (puisque Gudni avait déjà une fille, il était évident pour eux que c'était moi qui freinais les choses). Nous nous sommes mariés un an plus tard : la pression n'a fait que s'accroître. La majorité des premiers bébés naît hors mariage en Islande (se marier coûte cher, et il n'existe aucune injonction morale dissuadant les gens de « vivre dans le péché »), mais puisque j'étais étrangère, certaines personnes pensaient que je ne pouvais envisager la chose avant d'avoir épousé Gudni. Après le mariage, cette excuse n'a plus eu lieu d'être. On m'a même demandé si j'avais peur d'avoir des enfants.

Les coûts de la garde d'enfant et des études supérieures, qui peuvent revenir si cher dans certains pays, sont relativement faibles en Islande, ce qui évite aux parents d'avoir à grever leur budget pour mettre de l'argent de côté dans le but de financer l'université et les colonies de vacances. Certains biens comme les couches et autres accessoires importés nécessaires coûtent ici deux fois moins cher que sur Amazon. L'État verse aux parents isolés qui s'occupent seuls de leurs enfants (en général des mères) une pension alimentaire de base, qu'il va ensuite récupérer auprès de l'autre parent, évitant de ce fait une relation financière compliquée avec un ex-conjoint, et l'anxiété de ne pas savoir si la pension sera bel et bien versée[11].

Cette politique publique allège la charge mentale des mères célibataires, mais la difficulté à gérer une famille est universelle. La plupart des jours ressemblent à une course sans fin pour trouver l'équilibre entre engagements professionnels rémunérés ou pas, et contraintes parentales du quotidien, comme emmener les enfants à leurs activités après l'école, leur faire faire leurs devoirs, prendre leur maillot de bain le jour où ils vont à la piscine, les moucher, leur mettre des pansements aux genoux, et toutes sortes d'autres détails essentiels à la vie d'une famille. Même une aide sociale solide ne peut alléger cette sensation de charge mentale.

*

Je fais partie de ces femmes qui ont eu la chance de tomber enceintes très vite après avoir décidé de tenter l'aventure. Quand la petite ligne bleue est apparue sur le test de grossesse par un sombre matin de décembre 2006, aucune petite voix intérieure ne m'avait prévenue que j'étais enceinte et je ne me suis pas sentie différente. Mais j'avais passé beaucoup de temps

11. Les parents peuvent aussi se mettre d'accord sur une pension plus élevée que le minimum légal et s'arranger directement entre eux pour le paiement de ce supplément. Pour plus d'information, voir : https://www.tr.is/en/child-support.

sur Internet – en anglais, ce qui naturellement m'avait menée sur des sites basés aux États-Unis, en Grande-Bretagne ou au Canada (voire encore plus loin), qui bien entendu m'avaient informée sur les protocoles en vigueur dans ces pays. J'ai donc suivi les conseils qu'on me donnait et j'ai appelé le cabinet médical local en expliquant que j'étais enceinte et que je voulais prendre rendez-vous avec un médecin qui, j'imaginais, me ferait faire une prise de sang pour confirmer mon état et me donnerait toutes sortes de conseils à suivre avec un calendrier de rendez-vous pour mon suivi de grossesse.

Je suis donc dûment allée chez le médecin quelques jours plus tard, j'ai payé les 700 *krónur* pour la consultation (environ 5 dollars) et j'ai expliqué ma situation. Même si ce montant n'est pas le prix réel de la consultation, en tant que Canadienne j'ai été étonnée de devoir payer pour voir un médecin (en Islande, seuls les adultes entre dix-huit et soixante-sept ans qui ne touchent pas les minima sociaux paient quelque chose, et il y a un seuil maximum par an). Les visites régulières aux sages-femmes en revanche sont entièrement prises en charge, comme tout ce qui concerne la grossesse et la naissance (tout étant couvert par les impôts, dont une partie finance le système de santé universel).

« Félicitations ! m'a dit en souriant le médecin quand je lui ai appris la nouvelle. N'oubliez pas de prendre les vitamines prénatales. »

Et voilà tout. Pas de mise en garde contre la listériose, la nécessité de changer la litière du chat, d'éviter certains sports, sans parler du test sanguin. J'ignorais alors qu'en Islande seules les sages-femmes et non les médecins s'occupent des femmes enceintes. Cette première visite était donc superflue, et j'ai quitté le cabinet avec les instructions pour prendre contact avec la sage-femme locale.

J'ignorais aussi alors que ce premier appel téléphonique à Gígja Sveinsdóttir serait le début d'une relation longue et intime. Gígja m'a répété le conseil du médecin au sujet des vitamines, ajoutant l'acide folique, puis, en apprenant que j'étais en bonne santé, sans aucun problème particulier, elle m'a dit de revenir la voir quand j'en serais à environ trois mois de grossesse.

Voilà comment j'ai été initiée à ce qui fait l'essence de l'approche naturelle de la grossesse et de la naissance dans les pays d'Europe du Nord. Il a fallu que je m'adapte, mais au bout du compte j'ai trouvé cela très positif. Après tout, la grossesse est un état naturel, et les recherches tendent à indiquer que, quand les risques sont faibles, il y a moins d'interventions médicales lors des accouchements menés par les sages-femmes que par les médecins. L'Islande est également le pays qui a le taux de césarienne le plus bas parmi les pays développés, environ 16 % des accouchements (aux États-Unis, en comparaison, c'est presque un tiers), avec l'un des taux de réussite les plus élevés au monde[12].

Pendant ma grossesse, Gudni et moi avons fait comme beaucoup d'autres parents. Nous avons peint la chambre du bébé, nous lui avons acheté des vêtements, et je me suis inscrite à un cours de natation prénatale. Nous sommes allés au seul cours de préparation à l'accouchement en anglais : il s'agissait avant tout d'informations pratiques, comme où garer sa voiture à l'hôpital, et nous avons regardé une vidéo sous-titrée en suédois intitulée « Lina et Lars » qui montrait leur voyage de naissance. Mais les techniques de respiration n'en faisaient pas partie. Pas plus que la *baby shower*, fête lors de laquelle on offre des cadeaux de naissance, qui n'est pas dans les usages de ce pays.

---

12. Voir par exemple Jacqueline Howard : « The Least and Most Dangerous Countries to Be a Newborn », CNN, 20 février 2018 (https://thesafiablog.com/2018/02/27/the-least-and-most-dangerous-countries-to-be-a-newborn/) ; Nanna Árnadóttir, « Iceland Has a Low Rate of C-Sections », *Reykjavík Grapevine*, 18 janvier 2016 (https://grapevine.is/news/2016/01/18/iceland-has-lowest-rate-of-c-sections/).

Les conseils de Gígja étaient pragmatiques et faciles à suivre : je ne devais pas manger de sushis et autre nourriture crue, mais au pays des merveilles aquatiques, elle savait qu'il était inutile de déconseiller aux futures mamans l'usage des Jacuzzis. « N'allez quand même pas dans ceux qui affichent une température de 44 degrés. »

Sur le plan professionnel, je continuais à voyager à l'étranger pour écrire des articles destinés au magazine *Atlantica*, mais j'étais beaucoup moins exigeante avec moi-même quand j'étais prise de maux de tête ou de nausées matinales. Étrangement, l'incroyable miracle en gestation dans mon ventre ne déclenchait ni l'émerveillement ni même la sympathie que j'estimais mériter ! On ne me témoignait aucun égard particulier en raison de ma grossesse – même si lorsque j'avais besoin d'une aide spécifique, comme par exemple pour soulever un objet lourd, cette assistance venait tout de suite.

En Islande, la galanterie n'existe pas. Lors d'un cours sur l'allaitement, j'ai vu tous les sièges de la salle d'attente occupés par des femmes enceintes et leurs conjoints… alors que de nombreuses autres femmes devaient attendre debout ! J'ai dit à Gudni qu'en Grande-Bretagne on n'aurait jamais vu ça, il m'a répondu : « Oui, mais en Grande-Bretagne il y aurait eu beaucoup moins de futurs papas présents dans l'assistance. »

Ma première grossesse a été une aventure facile et insouciante, pleine d'enthousiasme dans l'anticipation de l'événement à venir.

Et puis il a fallu que j'accouche.

*

« Lors de mon accouchement, j'ai pensé que toutes les femmes qui avaient eu plus d'un enfant étaient folles. Après, pendant un moment j'ai été en colère contre tous les hommes. Je me suis demandé pourquoi on ne nous portait pas en triomphe sur un trône doré partout où nous allions », m'a avoué en plaisantant la comédienne de stand-up Saga Gardarsdóttir, l'une des rares en Islande à exercer cette profession. À trente-trois ans, elle n'a pas mâché ses mots au sujet de ce qui constitue une des expériences les plus banales, les plus douloureuses et les plus joyeuses de notre vie.

Saga et moi avons discuté de grossesse, d'accouchement et de maternité tout en nous prélassant dans les eaux peu chlorées du Jacuzzi de la piscine locale d'extérieur, l'une des dix-sept qui existent dans la région de la capitale. Grâce à une abondance d'eau chaude puisée dans des poches très profondes et filtrée à travers la roche volcanique particulièrement poreuse, l'Islande compte sans doute plus de piscines d'extérieur per capita que n'importe quelle autre nation. Si vous voulez rencontrer les gens du coin, en Angleterre vous allez au pub, en France, au café, mais en Islande le meilleur moyen de faire connaissance avec les locaux, c'est de s'asseoir dans un Jacuzzi d'extérieur. Faire trempette dans l'eau à moitié nu efface les hiérarchies sociales et résume en soi l'égalitarisme que la société islandaise essaie par tous les moyens de préserver. Impossible de faire la différence entre un plombier et un homme politique (ou bien entre une première dame et une comédienne, dans le cas présent), mais comme on y passe un certain temps, il y a des chances pour que vous engagiez la conversation sur des thèmes plus approfondis que le temps ou les résultats sportifs de l'équipe locale.

Il était donc tout à fait naturel que Saga et moi évoquions certains des moments les plus intimes de notre vie à portée d'oreille des autres. Et beaucoup de femmes qui ont eu des enfants trouvent une espèce de satisfaction douloureuse à entendre le récit terrible de l'accouchement des autres. Cette franchise ne m'a donc pas étonnée. Dans le vestiaire qui précède la douche nue obligatoire avant d'entrer dans l'eau, Saga m'a prévenue d'une chose qui pouvait sembler inhabituelle : « J'ai mis du ruban adhésif sur mes seins. C'est le dernier rempart pour décourager ma fille de téter. » Edda Kristín, sa fille, avait deux ans et demi.

« Comme toutes les femmes qui se focalisent sur la nature fugitive de l'existence, j'étais convaincue d'être stérile, m'a-t-elle raconté en riant, m'expliquant qu'elle était tombée enceinte par accident et l'avait découvert après une soirée à New York en compagnie d'amis comédiens qui faisaient de l'improvisation. Ma grossesse est donc le fruit de l'insouciance et d'une mentalité genre *que será será.* »

La chose n'était peut-être pas prévue, mais son compagnon, Snorri Helgason, rencontré quelques années plus tôt à la piscine (évidemment !), s'est montré enthousiaste. Tout en bavardant, Saga a mentionné le fait qu'elle et son mari venaient de célébrer leur sixième anniversaire lors d'un dîner romantique dans un restaurant à la lumière tamisée. Il ne s'agissait pas de leur anniversaire de mariage (l'événement en question avait eu lieu deux ans plus tôt), mais du jour « où nous sommes rentrés pour la première fois ensemble à la maison ».

Au fil de notre discussion sur la manière de rencontrer des mecs en Islande, nous avons également comparé nos expériences de l'accouchement et ses tribulations.

L'Islande fait beaucoup d'efforts en matière d'aide à la naissance. On cherche à respecter le processus naturel le plus possible, depuis l'éclairage tamisé dans la salle d'accouchement jusqu'aux nombreuses options pour soulager la parturiente avant de passer à la péridurale (parfois acceptée à contrecœur).

À l'époque où j'ai mis au monde mes enfants, le standard absolu en matière de lieu de naissance s'appelait « le Nid[13] ». Il s'agissait d'une aile séparée de l'hôpital de Reykjavík : imaginez

13. Le Nid a fermé en 2014 en raison de coupures budgétaires ; il existe aujourd'hui à Reykjavík une petite maison de naissance tenue par des sages-femmes qui a ouvert depuis et se révèle très prisée car les femmes y reçoivent des soins en continu et connaissent bien les soignantes.

une chambre privée, un lit *king size*, un fauteuil inclinable, un Jacuzzi pour les mères quand débute le travail, et un espace dédié à l'accouchement et à la récupération post-partum. Les jeunes mères parlaient avec le plus grand respect du Nid, expliquant que c'était le lieu le plus confortable, le plus serein et relaxant en ce moment si capital. Le Nid ne recevait pas les mères dont les grossesses étaient jugées à risque, et les nourrissons et jeunes mamans qui présentaient des complications ne pouvaient y séjourner après l'accouchement. Pour toutes les autres, c'était un rêve, voire une récompense dûment méritée.

Quand le travail a commencé pour Saga, son compagnon, Snorri, guitariste folk, est venu avec son instrument. « On pensait que ce serait relaxant, m'a-t-elle expliqué. Il devait jouer une musique apaisante, sauf qu'il a commencé par Nick Drake, et j'ai trouvé ça tellement agaçant qu'il chante des chansons sur des mecs qui s'apitoient sur leur sort !

» J'ai vécu un accouchement linéaire qui a duré six heures, a continué Saga dans le Jacuzzi à 38 degrés. Mais sur le moment, je me suis trouvée nulle. C'est vrai, ce n'était sûrement pas normal de trouver ça si douloureux et si difficile, non ? »

Mais pour elle, il n'était pas question de demander une péridurale.

« En fait, mon ex, avec qui j'étais restée sept ans, était l'anesthésiste de service, a admis Saga. C'est un type super, il a dû soulager de nombreuses femmes, mais ce n'était vraiment pas la personne à qui j'avais envie de faire la conversation dans mon état, alors que j'étais à poil et en sueur. »

Heureusement pour moi, je n'avais pas d'ex islandais que je risquais de croiser dans des circonstances délicates !

Arrivée à environ huit mois de ma première grossesse, j'étais à peu près sûre d'accoucher au Nid. Tout s'était bien passé, les risques étaient faibles et, surtout, j'avais « une attitude et une vision de la vie positives ». Ces femmes qui hurlaient, gémissaient, criaient et juraient en accouchant dans les reportages à la télévision ? Elles étaient forcément du genre à voir le verre à moitié vide. Elles ne prenaient pas leurs vitamines tous les jours et ne s'étaient pas suffisamment musclé le périnée.

Comme beaucoup de parents qui attendent leur premier enfant, j'avais dévoré semaine après semaine des livres sur la grossesse et consulté toutes sortes de sites afin de savoir si mon bébé atteignait déjà la taille d'un abricot ou d'un pomelo. Je m'étais particulièrement intéressée aux chapitres sur l'organisation de la naissance, prenant note du fait que je voulais pouvoir boire et manger pendant l'accouchement, que je n'étais pas contre l'idée d'une naissance dans l'eau, et que je voulais que le bébé soit d'abord déposé sur moi avant qu'on le mesure et le nettoie.

La réalité m'a rattrapée environ quarante-cinq minutes après le troisième comprimé de prostaglandine qu'on m'a administré à la maternité de l'hôpital national Landspítali – pas du tout le Nid ! – pour déclencher l'accouchement car le terme était déjà dépassé de deux semaines, et que mon fils ne manifestait pas le moindre désir de vouloir sortir.

Quoi qu'il en soit, mon programme si soigneusement préparé correspondait pour l'essentiel à ce qui est la norme en Islande, où quand on parle d'aiguille, en général, il s'agit plus volontiers d'acupuncture que de péridurale. (Lors d'un cours de préparation à l'accouchement, la sage-femme nous a appris que seules 20 % des femmes avaient recours à la péridurale en Islande, sans doute parce que beaucoup d'autres alternatives moins invasives existaient, tandis que cette moyenne s'élevait à 85 % au Canada, où elle avait mis au monde ses propres enfants.) Certaines des sages-femmes qui travaillent là ont suivi des formations en aromathérapie, et de nombreuses salles de naissance possèdent un Jacuzzi – pas seulement le Nid. En outre, en Islande, personne ne se précipite pour envelopper les bébés dans une couverture, les peser, les mesurer ; bien au contraire, on installe l'enfant sur la poitrine de sa mère pour qu'il se repose, bien au chaud.

Je fais partie des 20 % de femmes qui ont demandé sans aucune honte à avoir une péridurale lors de chacun de mes quatre accouchements – malheureusement cela n'a marché que dans deux cas sur quatre. À l'exception de la première fois, qui a nécessité une intervention médicale, la naissance de mes trois autres enfants a été exclusivement supervisée par des sages-femmes, mais il ne s'agissait pas, hélas, de la fiable Gígja que je voyais régulièrement. En effet, les services de santé font la distinction entre les sages-femmes comme Gígja, qui surveillent les grossesses, et celles qui travaillent à l'hôpital. Je n'avais jamais rencontré celles qui ont aidé mes enfants à naître, les choses se sont faites au hasard de leurs plannings de travail.

Deux fois, j'ai également pu monter en classe affaires – voilà comment je désignais le Nid, aile de l'hôpital également consacrée aux soins postnataux. Là-bas, la sage-femme m'a installée avec mon bébé dans un grand lit douillet, elle m'a donné des brochures sur l'allaitement et une sonnette au cas où j'aie besoin de quoi que ce soit. Après, on m'a laissée tranquillement contempler avec adoration mon tout-petit en essayant d'attraper au vol un clin d'œil.

Une fois que je suis rentrée à la maison – avec un enfant sans nom car en Islande il est rare de l'annoncer avant le baptême, et encore plus dans le sillage de la naissance –, Gígja est venue me voir presque chaque jour pendant une semaine pour peser le bébé avec un pèse-bébé suspendu et un support en tissu dans lequel elle le posait délicatement – et sans doute aussi pour s'assurer que je ne vivais pas dans de mauvaises conditions. En dehors d'un bref check-up à l'hôpital cinq jours après la naissance, ni la mère ni l'enfant ne retournait là-bas avant les six semaines du bébé.

*

Devenir mère a été un choc bien plus grand que je ne m'y attendais. Je pensais que m'appuyer sur mon expérience de belle-mère un week-end sur deux, mes vastes lectures sur la grossesse et les soins aux bébés, ainsi qu'une attitude positive (que je n'avais pas réussi à avoir lors de l'accouchement) suffiraient. Le manque de sommeil, la difficulté à allaiter (une attitude positive ne sert à rien face à une crevasse ou une infection) et le défi que présentait la nécessité de bricoler une routine dans cette vie chamboulée rendaient les choses bien plus difficiles que je ne l'aurais cru. Je trouvais que je méritais une médaille pour m'être habillée avant midi, même si mon fils Duncan, sur lequel je ne cessais de m'extasier, était l'incarnation même de tous les clichés de bébés trop mignons. Comme beaucoup d'autres femmes, il m'a fallu du temps pour apprendre à avoir confiance en moi en tant que mère (ce qui s'est révélé bien plus facile avec mes trois autres enfants). Par chance, je disposais de beaucoup de temps devant moi grâce aux généreux congés parentaux.

Avant la naissance de Duncan, je passais la moitié de mes journées à travailler pour un magazine, et je consacrais l'autre à toutes sortes de projets, pour lesquels j'avais le statut de travailleuse indépendante, ce qui m'obligeait à m'acquitter auprès de la Sécurité sociale des frais supplémentaires que les employeurs versent habituellement pour leurs salariés. Toutefois, bien qu'étant employée à mi-temps par ce magazine, j'avais droit à des congés de maternité pleins et entiers.

Le programme islandais de congé parental est l'une des pierres angulaires qui permettent à notre nation de tendre vers l'égalité. L'un des éléments clés est la politique du « à prendre ou à laisser ». À l'époque de mon congé de maternité, un parent avait droit à trois mois de congé parental, l'autre parent, trois mois de plus, et ils pouvaient se partager (ou pas) une période de trois mois supplémentaires[14]. Cette allocation avait pour but d'encourager les deux parents à prendre des congés, au

14. Ce programme a été porté à douze mois au total, chaque parent pouvant bénéficier de cinq mois de congé parental, les deux derniers mois étant laissés au choix.

risque d'en perdre le bénéfice s'ils n'en profitaient pas. C'était une véritable innovation par rapport à la pratique standard qui concerne presque exclusivement les mères.

Saga et moi avons continué à comparer nos expériences de jeunes mères tout en profitant de cette agréable soirée d'août où régnait une délicieuse température de 14 degrés. Bien sûr, son statut d'indépendante ne l'avait pas empêchée de profiter de son congé de maternité. Quand il s'était terminé, elle était revenue dans le circuit du stand-up – elle avait fait le plein de nouvelles blagues.

« Avant, je donnais beaucoup de spectacles devant des salles remplies d'hommes, ils adoraient mon humour un peu limite. Quand je suis remontée sur scène, j'ai ajouté toutes sortes d'anecdotes sur la vie de jeune maman, et j'ai vu qu'ils restaient de marbre. Par contre, j'ai eu de très bons retours de la part de femmes qui s'identifiaient complètement à ce que je disais. Dans le domaine du stand-up, il y a beaucoup de sujets "masculins", parce qu'on nous a appris que c'est ça qui est drôle ou intéressant. Mais quand j'ai commencé à évoquer des sujets plus féminins, les gens m'ont témoigné beaucoup de gratitude. »

Parmi les blagues de Saga qui ont le plus de succès, beaucoup sont nées des doutes et de la culpabilité qu'éprouvent les jeunes mères – plus rarement les pères – malgré toute l'aide que la société leur apporte. « Si j'allume la télé, est-ce que ma fille risque de devenir le genre d'addicts aux jeux vidéo qui chient dans les cartons de pizza ? Si j'interdis la télé, est-ce qu'elle finira en poétesse maudite ? » Ou encore : « Elle a deux ans et demi. Est-ce qu'il est déjà trop tard pour l'envoyer chez le psy ? »

J'ai demandé à Saga ce que sa fille pourrait bien penser de tout cet humour à ses dépens dans quinze ou vingt ans. « C'est sûr qu'on va devoir l'envoyer chez le psy », a-t-elle répondu en souriant.

*

Les bénéfices de cette répartition des congés parentaux sont évidents. Puisque les jeunes pères sont aussi susceptibles de les prendre que les mères, et que c'est l'État et non l'entreprise qui paie, les femmes rencontrent moins de préjugés dans le monde du travail. Autre résultat positif : les pères s'impliquent davantage dans la vie quotidienne des enfants dès leur plus jeune âge.

À Reykjavík, on croise souvent de jeunes pères qui poussent des landaus avec des bébés endormis. Ces landaus sont pareils à des berceaux car la sagesse populaire dit que l'air frais est vital pour le développement du bébé. Quand l'enfant est prêt pour sa sieste, on l'habille très chaudement (il ne fait jamais bien chaud en Islande, même l'été), on le glisse dans une gigoteuse et on le met dans le landau qu'on laisse ensuite sur le balcon, ou dans le jardin avec un transmetteur qui alerte les parents quand l'enfant se réveille. Il n'est pas rare de voir des parents qui habitent par exemple au troisième étage laisser leur bébé sur la pelouse devant l'immeuble, ou encore une mère ou un père fatigué entrer boire un café au comptoir en laissant le landau et son précieux chargement dehors, sur le trottoir. Si le bébé se réveille, en général un passant joue le rôle de moniteur et entre en demandant : « Il est à qui, l'enfant qui pleure ? »

Gudni a pris quatre mois de congé parental à la naissance de chacun de nos enfants, ce qui a permis de forger le lien très fort qui existe entre eux. Il allait faire des recherches aux Archives nationales, un de ses endroits de prédilection, pendant qu'ils dormaient dans leur landau. Il assistait aux réunions de parents hebdomadaires à l'église locale et rentrait en me questionnant sur la nouvelle façon d'être mère, afin de pouvoir prendre part aux discussions auxquelles seules des femmes participaient. (« Est-ce que toi aussi, tu perds tes cheveux maintenant ? » m'a-t-il un jour demandé très sérieusement après l'une de ces réunions.) Toutefois il ne semblait jamais s'interroger sur l'absence d'autres hommes à ces réunions, alors même qu'ils étaient si nombreux à prendre leur congé parental. Mais on ne les voyait pas non plus aux Archives nationales.

Comme beaucoup d'Islandais, il avait une vision de l'éducation très relax. Un jour, je l'ai vu se préparer pour la journée : il devait aller à la bibliothèque, puis à une réunion de parents à l'église, et peut-être s'arrêter chez un ami. Pourtant, Gudni n'emportait rien d'autre avec lui que le bébé – pas de couches, pas de sac pour les couches sales, ni nourriture ni boisson ni lingettes ni vêtements ni rien de la longue liste d'objets sans lesquels je ne pouvais quitter la maison. J'ai essayé de résister à l'envie de faire un commentaire – après tout, il avait des enfants depuis plus longtemps que moi –, mais j'ai craqué en lui demandant s'il n'avait vraiment besoin de rien pour la journée. « Oh, a-t-il tranquillement répondu, je m'arrêterai en chemin pour lui acheter une banane. »

Si les rôles avaient été inversés, j'aurais entendu des commentaires dans mon dos, et j'aurais surpris des échanges de regards réprobateurs parce que, quand même, j'aurais pu me préparer un peu mieux pour cette journée où le bébé pouvait régurgiter, salir sa couche, ne pas vouloir de sa banane, tacher ses vêtements, etc. Ça lui ressemblait tellement de sortir en ville avec notre fils comme ça, deux gars insouciants prêts à conquérir le monde ! Pas de couche de rechange ! Une banane en guise de déjeuner ! De l'eau directement au robinet dans un lieu public ! Les vieux stéréotypes de genre ont la vie dure, même en Islande.

Mais à mesure que nos enfants devenaient plus nombreux et prenaient de l'âge, l'attitude sérieuse mais décontractée de Gudni en tant que père s'est révélée un bon contrepoids à ma tendance obsessionnelle à tout organiser dans les moindres détails. Les enfants pouvaient se reposer sur leurs deux parents. Sans doute que l'aspect le plus important de son congé parental fut tout simplement le fait qu'il soit présent. Il savait quels étaient leurs aliments préférés, quelle était la grenouillère qui leur allait le mieux, quelle était la chanson qui les faisait le plus rire.

Mes impressions en observant Gudni ont été confirmées par mes recherches. Les pères qui prennent des congés parentaux sont davantage impliqués dans l'éducation des enfants par la suite, mais aussi dans les tâches ménagères. En outre, ils divorcent moins. Les garçons dont les pères se sont occupés de manière active et régulière présentent moins de troubles du comportement, et les filles, moins de problèmes psychologiques. En fait, les études montrent que les liens entre les enfants et leurs pères sont plus forts et plus sains en Islande que dans n'importe quel autre pays. Même s'il est tout à fait possible d'avoir un lien très fort avec son père en l'absence de congé de paternité, le temps est précieux, et un congé généreux et facile à prendre permet de vivre l'expérience d'un moment qui ne reviendra jamais[15].

« Regardez ! s'est écrié mon troisième fils un soir de printemps en écoutant un caneton pousser des petits coin-coin tristounets au bord d'un étang, en quête d'un adulte. Son papa lui manque ! »

*

Unnur Brá Konrádsdóttir fait partie des dizaines de milliers de mères islandaises qui luttent pour trouver un équilibre

---

15. Pour consulter davantage de données sur les pères et les congés de paternité, voir par exemple Ásdís A. Arnalds, Gudný Björk Eydal, and Ingólfur V. Gíslason, "Equal Rights to Paid Parental Leave and Caring Fathers: The Case of Iceland," Icelandic Review of Politics and Administration 9, no. 2 (December 2019): 323– 344, http://dx.doi.org/10.13177/irpa.a.2013.9.2.4; Arna Ólafsson and Herdís Steingrímsdóttir. "How Does Daddy at Home Affect Marital Stability," Economic Journal 130, no. 629 (July 2020): 1471–1500, https:// doi.org/10.1093/ej/ueaa009. Voir aussi « The Nordic Gender Effect at Work », qui affirme que les Islandais sont ceux qui prennent le plus volontiers leurs congés de paternité dans les pays d'Europe du Nord.

entre leur travail, le temps qu'elle consacrent à leurs enfants, leur vie sociale et ce temps à soi qui, malgré le soutien de la société et du gouvernement, demeure un rêve impossible à concrétiser dans la réalité. Benjamine de neuf enfants, Unnur Brá a grandi dans une ferme, elle a fait des études pour devenir avocate, a travaillé pour les municipalités de la région reculée des Fjords de l'Ouest et dans le sud du pays, enfin elle a été élue au Parlement pour la première fois en 2009. Des élections législatives anticipées nécessitant de faire activement campagne fin 2016 l'ont contrainte à retourner travailler seulement six semaines après avoir accouché de sa benjamine, Hervör Úlfdís Gná. Mais dans ce pays favorable aux jeunes parents, elle jouissait d'une certaine flexibilité. Personne n'a bronché quand elle a amené Hervör avec elle aux réunions du comité général, la laissant dormir dans son landau alors qu'elle présidait les séances.

Réunions, campagne électorale, responsabilité de ses deux aînés âgés de huit et douze ans à l'époque : cela faisait beaucoup, mais sur le plan politique Unnur Brá ne pouvait pas se permettre de lâcher le terrain. Elle n'avait pu mener la campagne qu'elle aurait voulue au cours des primaires précédant les élections générales, qui étaient arrivées plus tôt que prévues, à la fin de sa grossesse[16]. À présent, les sessions

16. En Islande, le mode électoral suivi est le scrutin de listes à la proportionnelle. Le pays est divisé en six circonscriptions, chacune possédant un nombre de représentants proportionnel à sa population. Les partis soumettent une liste d'individus qui se présentent aux élections législatives dans leur circonscription ; cette liste est en général constituée lors de primaires qui peuvent se révéler plus compétitives encore que les élections générales. Les électeurs votent souvent pour un parti précis (même s'ils ont la possibilité de barrer les noms des candidats qui ne leur plaisent pas), et non pour la personne qui représente ce parti. Les sièges sont attribués à la proportionnelle, en fonction du pourcentage des suffrages obtenu par un parti. Pour dire les choses simplement, si par exemple un parti obtient 30 % des suffrages dans une circonscription où il y a dix sièges à pourvoir, alors les trois premières personnes de sa liste sont élues au Parlement.

parlementaires reprenaient, et Unnur Brá voulait se rendre la plus visible possible. « Je n'avais pas d'autre option », dit-elle.

Et puis il y a eu ce jour d'octobre, qui avait pourtant commencé comme les autres, où tout a changé lorsqu'un membre du Parlement a soulevé un point d'une loi sur laquelle travaillait le comité dont Unnur Brá faisait partie. À l'Althing, le Parlement islandais, qui compte soixante-trois femmes et hommes élus, les places sont distribuées au hasard au début de chaque session parlementaire, et toute personne qui prend la parole doit venir s'exprimer à la tribune devant le reste des parlementaires. Tout est retransmis à la télévision.

Les parents connaissent bien cette loi de Murphy qui veut que si votre enfant suit toujours la même routine, *le* jour où vous avez impérativement besoin que cette routine soit respectée est justement celui où il va s'en écarter. C'est exactement ce qui est arrivé à Unnur Brá ce jour-là au Parlement. Au moment précis où elle devait se lever pour prendre la parole, Hervör ne dormait pas paisiblement comme d'habitude dans son landau : elle avait réclamé à manger inopinément et sa mère l'allaitait.

« Il a fallu que je décide entre l'arracher à mon sein et la donner, en pleurs, à un collègue pour qu'il tente de la calmer, ou y aller en continuant de lui donner la tétée », m'a raconté Unnur Brá. La prise de décision devait être immédiate, et c'est peut-être l'instinct maternel qui lui a fait choisir la seconde solution.

Comme le montrent les images enregistrées par la télévision, personne au Parlement n'a paru surpris. Les membres officiels qui se tenaient derrière elle à la tribune affichent le même regard las qu'on accorde à tous les parlementaires qui s'expriment à la fin d'une journée de travail. Unnur Brá a parlé pendant quarante-huit secondes, Hervör serrée contre sa poitrine, silencieuse et apaisée. Ensuite, elle est retournée s'asseoir à sa place.

« Après, la tempête s'est déchaînée », m'a-t-elle déclaré.

C'était en effet la première fois en Islande qu'une députée allaitait son bébé au Parlement. Beaucoup de gens l'ont remarqué et ont envoyé à Unnur Brá des messages la félicitant d'avoir brisé de nouvelles barrières. Les journaux locaux ont repris l'histoire, puis un média en anglais lui a offert son quart d'heure de célébrité sur Internet.

Pourtant ce moment n'avait rien de spécial pour Unnur Brá. « Bien sûr qu'on donne à manger à son enfant quand elle a faim, qu'il s'agisse d'un sandwich ou de lait maternel ! Mais c'est intéressant de voir combien d'autres personnes ont trouvé ça singulier, a-t-elle concédé. J'ai été un peu surprise, mais par la suite ça m'a paru très beau. »

L'expérience vécue par Unnur Brá a attiré pendant quelques instants l'attention du monde sur les politiques publiques mises en place en Islande afin de permettre un retour en douceur vers le monde du travail pour tous les parents. Ce qui explique peut-être pourquoi l'Islande a l'un des taux d'emploi des femmes le plus fort au monde[17].

Beaucoup d'éléments essentiels ont déjà été mis en place afin d'encourager les mères à retourner travailler et faciliter la transition. Lors d'un discours, en 2020, la sénatrice américaine Elizabeth Warren a affirmé que les modes de garde d'enfants à des prix abordables étaient comme une « infrastructure pour les familles ». C'est en effet l'un des piliers de l'égalité femmes-hommes.

---

17. Les études varient dans leurs résultats, on peut consulter par exemple « Gender Equality in Iceland » : https://www.stjornarradid.is/media/velferdarraduneyti media/media/acrobat-skjol/jafnrettisstofa_stepping_stones.pdf; "Iceland Leads the Way to Women's Equality in the Workplace," Economist, March 4, 2020, https:// www.economist.com/graphic-detail/2020/03/04/iceland-leads-the-way-to-womens-equality-in-the-workplace; Esteban Ortiz-Ospina, Sandra Tzvetkova, and Max Roser, "Women's Employment," Our World in Data, March 2018, https://ourworldindata.org/female-labor-supply.

Le gouvernement islandais le sait. Quand les bébés atteignent l'âge de un an, ou quand les parents arrivent au bout de leurs congés, un service subventionné d'aide à la petite enfance se substitue aux allocations de congé parental[18]. Ces services de garde sont administrés et financés par les municipalités qui déterminent les tarifs et, très souvent, font bénéficier de réductions supplémentaires les familles monoparentales, les jeunes qui sont encore étudiants et les parents handicapés. Les frères et sœurs ont la plupart du temps également droit à des tarifs avantageux, déterminés pas les municipalités. En général, ces services sont d'excellente qualité.

Notre nounou habitait à cinq minutes à pied de chez nous et elle était d'origine colombienne. Sa mère et elle préparaient pour les enfants des recettes de leur pays (à vous en mettre l'eau à la bouche !), et souvent elles leur chantaient des chansons, si bien que mes enfants connaissaient toutes sortes de mots espagnols avant même d'avoir appris l'islandais ou l'anglais. À la maternelle, où ils sont allés jusqu'à ce qu'ils entrent à l'école élémentaire obligatoire, l'accent était mis sur le jeu et les interactions sociales plutôt que sur les apprentissages purement scolaires.

À la naissance de mon quatrième enfant (et première fille), alors que les autres avaient cinq, trois et deux ans, être encore en pyjama à midi n'était plus pour moi un problème. Les trois aînés étaient à l'école maternelle ou chez la nounou, et je profitais de mon congé maternité pour me concentrer exclusivement sur ma fille avec l'assurance gagnée en élevant les autres.

« Je suis très fière de notre système de congé parental, m'a dit Unnur Brá. Bien sûr, il y a toujours des améliorations à apporter, et nous y veillons. Ce n'est pas facile de tout gérer, mais bon, la vie n'est pas toujours facile. Le fait que nos enfants puissent constater que ce que nous décidons fait la différence,

---

18. 95 % des bébés sont gardés par des tierces personnes (statistiques de 2016). Voir « The Nordic Gender Effect at Work ».

c'est important, même si, bien sûr, il faut savoir préserver du temps de qualité avec les siens.

» Je trouve intéressant qu'il existe des sociétés qui ne pensent pas qu'un congé parental prolongé soit important, a-t-elle poursuivi. Ces sociétés ont-elles les moyens de laisser la moitié de leurs habitants en dehors du marché du travail ? Sans qu'ils contribuent à l'économie ? Sans qu'ils développent d'idées ? Créent des entreprises ? Je ne comprends pas. Imaginez si tous les hommes en Islande restaient à la maison ; la société y perdrait beaucoup. »

Aujourd'hui, Hervör est une petite fille de quatre ans heureuse et pleine de vie. « Ma fille trouve qu'il n'y a rien de mieux que d'aller à la maternelle le matin pour jouer avec ses amis, même si elle est aussi heureuse de me retrouver quand je viens la chercher. Elle apprend la vie en société », dit Unnur Brá.

*

Février 2014 : mes enfants ont six ans, quatre ans, deux ans et six mois. Voici une soirée ordinaire telle que je l'ai notée dans mon journal :

19 h 30 : Edda (six mois) au lit.

19 h 50 : Sæthor (deux ans) au lit.

20 h 30 : Duncan (six ans) et Donnie (quatre ans) au lit.

23 heures : Au lit à mon tour.

23 h 40 : Edda se réveille.

23 h 40/0 h 10 : J'essaie de la rendormir avec la tétine, en marchant, etc.

0 h10/0 h 40 : Je donne le sein à Edda et je la recouche.

1 h 45 : Sæthor se réveille. Gudni va le voir.

2 h 15 : Edda se réveille. S'endort en tétant.

3 heures : Je change Edda de sein.

3 h 20 : Edda remise dans son berceau.

3 h 30 : Sæthor se réveille. Gudni va le voir.

3 h 35 : Ça a réveillé Edda.

3 h 35/3 h 55 : Edda gazouille pour elle-même (et pour nous).

4 h 45 : Donnie se réveille. Vient dans notre lit.

5 h 30 : Edda se réveille. Je la prends dans notre lit pour l'allaiter.

5 h 45 : Sæthor se réveille. Gudni va dormir dans l'autre lit avec lui.

6 heures : Je change Edda de sein.

6 h 45 : Donnie se réveille pour de bon.

6 h 45 : Je remets Edda dans son berceau.

6 h 50 : Edda se réveille pour de bon.

7 heures : Sæthor se réveille pour de bon.

Bon an mal an, nous avons maintenu cette routine, jonglant avec le manque de sommeil comme cela se fait partout ailleurs dans le monde. Je pense que cela aurait été impossible si j'avais été mère célibataire, si je n'avais pas disposé d'une grande flexibilité dans mon emploi du temps professionnel, d'une tolérance certaine par rapport à toutes les choses que je faisais à moitié par ailleurs, sans oublier de copieuses quantités de café.

« J'étais au bout du rouleau, m'a avoué Unnur Brá quand je lui ai demandé si elle croyait qu'il était possible pour les femmes de tout avoir dans un pays qui mettait autant l'accent sur l'égalité que l'Islande. Se préparer chaque jour, avoir la poussette, les couches, tout bien prévu dans la voiture, arriver à l'heure, s'assurer que la petite ait tété au bon moment pour qu'elle dorme quand c'est nécessaire. Présider des comités, voter, puis tout ranger et repartir à la maison pour préparer le dîner, faire le ménage, programmer le petit déjeuner des deux autres enfants, leur goûter du lendemain, faire une lessive. J'étais épuisée. »

Unnur Brá dit que les Islandaises doivent encore supporter la charge mentale domestique car elles agissent telles les « directrices générales de la famille », qui savent tout ce qui se passe à l'intérieur et à l'extérieur pour chacun des membres de la maisonnée. « Certaines de mes amies me disent qu'à la fin de l'année scolaire leurs maris ne savent toujours pas quel jour les enfants ont sport et doivent emporter les affaires adéquates. Tant que ce genre de choses n'aura pas changé, il n'y aura pas d'égalité. »

Malgré les croyances de la société en matière d'égalité femmes-hommes en Islande, les études montrent que, comme dans les autres pays, dans les couples hétéros les responsabilités domestiques reposent de manière complètement déséquilibrée sur les femmes[19].

Cela marche dans les deux sens. « Mon mari se rappelle toujours quand il faut vérifier le niveau d'huile dans la voiture ; je n'y pense jamais, a poursuivi Unnur Brá. Mais si j'étais seule et que ma voiture tombe en panne, je paierais pour qu'on la répare à ma place. On ne peut payer personne pour organiser votre vie familiale, et si jamais vous employez quelqu'un pour vous aider avec les enfants, vous faites l'objet de critiques et vous vous culpabilisez parce que vous croyez que vous n'en faites pas assez. »

Unnur Brá est l'une des rares mères à avoir embauché une fille au pair quand ses enfants étaient petits et qu'elle avait des horaires de travail atypiques.

« J'ai rencontré une femme qui m'a dit : "Eh bien moi, j'ai choisi d'élever mes enfants moi-même." C'est douloureux à entendre. On n'a jamais dit ça à mon ex-mari, bien sûr. »

---

19. Voir par exemple Thoroddur Bjarnason et Andrea Hjálmsdóttir : « Egalitarian Attitudes Towards the Division of Household Labor Among Adolescents in Iceland », *Sex Roles* 59, n° 1 (juillet 2008) : 49-60 (https://www.researchgate.net/publication/226780409_Egalitarian_Attitudes_Towards_the_Division_of_Household_Labor_Among_Adolescents_in_Iceland).

Les familles sont les fondements d'une société fonctionnelle et prospère. Pour que ça marche, nous avons tous besoin d'aide. Un suivi de grossesse régulier et gratuit auprès d'une sage-femme, de généreux congés parentaux pour tout le monde, et des modes de garde d'enfants accessibles, subventionnés et de bonne qualité servent de colonne vertébrale à la société et aplanissent les difficultés afin que les personnes se voient offrir les mêmes chances quels que soient leur situation et leur milieu d'origine.

Rien de cela ne garantit que les femmes puissent « tout avoir ». Il y a beaucoup de choses à améliorer en Islande. En Finlande, la garde d'enfant est gratuite à partir de l'âge de huit mois. En Suède, les crèches sont ouvertes sur une amplitude d'au moins douze heures par jour, et parfois vingt-quatre heures sur vingt-quatre. Alors que les femmes ont de plus en plus de responsabilités dans le monde professionnel, elles accomplissent encore l'essentiel du travail domestique et subissent cette fameuse charge mentale qui engloutit tellement de temps.

En vérité, le but n'est pas de tout avoir, mais d'apprendre l'art du compromis et de se dire qu'on tire davantage de satisfaction en sachant hiérarchiser ses priorités. Je n'ai pas réussi à tout avoir, mais j'ai choisi à quoi j'acceptais de renoncer – aller régulièrement à la salle de gym, faire un grand ménage de printemps, avoir plus d'un tailleur dans ma penderie en plus de mes jeans et de mes vieux hauts de grossesse, dont beaucoup me vont encore hélas très bien.

L'Islande offre une infrastructure dans laquelle on peut maximiser le potentiel de nombreux outils pour les faire interagir. Saga a le statut de travailleuse indépendante et peut néanmoins bénéficier du congé parental afin de passer un temps précieux avec sa fille sans être stigmatisée dans son milieu professionnel. Unnur Brá n'a pas à redouter les regards désagréables quand elle doit faire son devoir de mère. J'ai réussi à ne pas devenir folle grâce aux personnes parfaitement formées qui gardaient mes enfants pendant que je travaillais, puis lorsque j'ai pris un congé maternité pour m'occuper de ma dernière-née.

La liberté de choisir d'avoir des enfants sans tenir compte de l'aspect financier ; l'assurance que, du ventre maternel à l'école et même au-delà, le filet de sécurité de l'aide sociale sera toujours là ; le fait qu'en maternelle le système d'éducation est basé sur la socialisation et non sur des notes obtenues grâce à des tests standardisés : tout cela, pour moi, c'est la cerise sur le gâteau, ou « le raisin au bout du hot dog », comme on dit bizarrement ici, et c'est peut-être grâce à cet ensemble de mesures que la nation islandaise est près de réussir le défi de l'égalité femmes-hommes.

Pourtant, tout espoir n'est pas perdu pour celles qui ne peuvent compter sur un pareil réseau d'aide. Je ne suis pas là pour donner des leçons sur la possibilité de tout faire en même temps alors que j'ai moi-même tellement bénéficié de l'aide publique sur les plans financier et pratique. Même aujourd'hui, malgré tous mes privilèges, une grande capacité d'organisation, une grosse consommation de café, je suis obligée de renoncer à bien des choses. Mais je reste saine d'esprit parce que je suis à l'aise avec mes choix : j'ai laissé tomber provisoirement certaines choses pour me consacrer à d'autres qui me paraissaient plus importantes. Chacune doit avoir ses propres priorités auxquelles consacrer son énergie jour après jour. Le plus grand gâchis consisterait à contempler tout ce qu'on a laissé tomber en redoutant d'avoir fait les mauvais choix. Il faut accepter de n'être pas parfaite. Savoir demander de l'aide. L'offrir soi-même aux autres. Personne n'est une île. Si notre filet de sécurité est plus restreint, voire totalement absent, alors il est d'autant plus important d'écouter ce conseil qu'on nous donne quand nous prenons l'avion : « Mettez votre masque à oxygène avant d'aller aider les autres. » Et reprenez votre souffle.

LA *SPRAKKI* QUI DÉFIAIT LES CONVENTIONS À L'ÈRE DES SAGAS

« Je suis très exigeante avec les hommes », confia Hallgerdur Höskuldsdóttir à son fiancé, Gunnar d'Hlídarendi, lorsqu'il la demanda en mariage juste après l'avoir rencontrée.

Elle n'exagérait pas. Déterminée et rancunière, Hallgerdur se maria trois fois, et Gunnar fut son dernier époux. En raison d'une intense querelle avec Bergthóra, l'épouse du meilleur ami de Gunnar, plusieurs hommes furent tués au nom des deux femmes. Et son dernier mari ? Hallgerdur fut là aussi directement responsable de son funeste destin.

Hallgerdur avait un surnom bien connu, « Longues Jambes », qui en réalité faisait référence à sa haute stature et à ses cheveux doux comme de la soie, qui lui tombaient jusqu'à la taille.

Cette femme magnifique vivait à la fin du xe siècle. Nous connaissons son histoire grâce à *Njáls Saga*[20], la plus longue et peut-être la plus fabuleuse des nombreuses sagas islandaises. Femme d'honneur pleine de fierté, elle n'hésitait pas à montrer son mécontentement face au comportement de son mari ou aux indignités qu'elle disait subir.

Alors que la famine ravageait l'île, Hallgerdur ordonna à son serviteur Malcolm d'aller dérober de la nourriture à la ferme voisine. Il faut savoir que, dans les sagas, le vol est l'un des pires péchés qu'on puisse commettre. En rentrant chez lui, Gunnar découvrit un festin ; les ordres d'Hallgerdur avaient attiré le déshonneur sur sa maison et il la gifla.

Elle ne réagit pas mais lui dit qu'elle se rappellerait cette injustice et la lui ferait payer.

Des années plus tard vint le moment de la vengeance.

20. En français, *La Saga de Njáls le Brûlé*.

Gunnar était acculé par ses ennemis dans sa maison. Il avait réussi à les repousser d'une manière incroyable, quand soudain la corde de son arc cassa. Forcé de trouver une solution, il demanda à sa femme deux mèches de ses cheveux légendaires afin de réparer l'arc pour retourner se battre.

Hallgerdur lui demanda alors ce qui était en jeu.

« Ma vie, répondit-il avec franchise.

– Dans ce cas je me souviendrai de cette gifle que tu me donnas, et je me moque que tu résistes longtemps ou pas. »

Elle lui refusa ce qu'il lui demandait et Gunnar fut tué par ses assaillants.

À cause de cette histoire, Hallgerdur est considérée comme cruelle et sans cœur. Les derniers mots qui la concernent dans la saga sont exprimés par Skarphédinn, fils de Njál, qui la qualifie comme étant « soit une sorcière mise au ban, soit une catin ».

Pourtant, elle se servait des armes mises à sa disposition pour livrer ses propres batailles. Quand Hallgerdur désobéit à son mari, Gunnar, vanté comme « un des plus grands hommes » de toutes les sagas, elle défie les conventions, et elle est jugée pour cela, mais si l'on analyse les choses avec un regard plus contemporain, on peut voir en elle une des premières féministes islandaises[21].

---

21. Les sagas médiévales constituent le plus grand apport de l'Islande à la littérature mondiale. Écrites entre le XIIe et le XIVe siècle, elles rapportent avec plus ou moins d'exactitude des événements qui se sont déroulés entre le début de la colonisation et le XIe siècle. Elles racontent de manière captivante (mais souvent pleine de circonvolutions) des querelles familiales, des batailles violentes, des histoires d'amour tragiques et des récits de voyages pleins d'aventures. Les thèmes de l'honneur, de la vengeance et des conflits armés sont très présents, ce qui nous donne une idée des valeurs et du mode de vie des premières générations d'habitants de ce qui n'était pas encore l'Islande. Ces sagas sont pour l'essentiel anonymes, mais d'après les études modernes elles ont sans doute majoritairement été écrites par des hommes et narrées d'un point de vue masculin. Ainsi, dans *Njáls Saga*, sur les six cent cinquante personnages cités, seulement cent sont des femmes.

3

LA FORCE DE LA SORORITÉ

« En avant avec le beurre[22] ! »

L'Atlantique Nord qui entoure l'Islande est une mer tempétueuse, glaciale et plutôt hostile. Elle est très froide, menaçante, voire dangereuse. Ce fut donc une vraie surprise pour moi de découvrir que les bains de mer – s'enfoncer dans les vagues gelées et salées avant de faire quelques brasses – ont la cote en Islande.

J'ai pris mon premier bain de mer en janvier, quelques mois seulement après avoir emménagé dans ce pays. Mon cours d'« islandais langue étrangère » était un cocktail de gens de différents âges et nationalités, y compris trois architectes du Mexique. Ce trio singulier, dont l'un au moins avait grandi sur les rivages semi-tropicaux du Pacifique, dans la péninsule de Basse-Californie, avait pris l'habitude de se retrouver tous les dimanches avec d'autres immigrés naïfs à Grótta, une réserve naturelle située à la pointe sablonneuse de la péninsule Seltjarnarnes, aux abords de Reykjavík. Là, ils se passaient une bouteille de vodka pour avaler en vitesse une gorgée de courage liquide pur, puis dans la lumière du soleil d'hiver qui se levait lentement à l'horizon, ils se mettaient en maillot de

22. *Áfram með smjörið !* signifie qu'il faut continuer, bouger.

bain et s'élançaient vers les vagues. Au bout d'un moment passé à folâtrer, ou à nager pour de bon pour les plus hardis, ils ressortaient en courant, se séchaient et remontaient en voiture pour se rendre à la piscine géothermale toute proche afin de se réchauffer, avant d'aller s'offrir un bon brunch bien gras en ville.

Quand ils m'ont proposé de me joindre à eux, je me suis sentie dans l'impossibilité de refuser, ne serait-ce que par goût des expériences nouvelles. Aussi, un matin, j'ai traîné Gudni hors du lit, alors que la température frisait le zéro, et nous avons fait la totale : se changer sur la plage, boire la rasade de vodka, nous « baigner », puis le Jacuzzi et le brunch. Impressionné de voir tous ces étrangers dans la mer, mon mari a pris l'habitude de se joindre à eux régulièrement. En revanche, si j'ai été heureuse de cocher une case dans la liste (inexistante) des choses que je voulais accomplir au cours de ma vie, je me suis laissé une note mentale : ne plus jamais m'exposer à ce « plaisir » masochiste.

Quand on immigre à l'étranger, nos nouveaux amis constituent aussi notre nouvelle famille internationale. En l'absence de nos anciens amis et de notre famille proche, on célèbre les anniversaires et autres fêtes avec eux, on s'appelle les uns les autres lorsqu'on subit de plein fouet le choc des cultures, ou tout simplement pour échanger des conseils pratiques.

Pour celles et ceux qui sont nés en Islande, c'est la famille élargie qui remplit cette fonction, or pratiquement tous les Islandais qui ne descendent pas d'immigrants des dernières décennies sont liés les uns aux autres au maximum à la septième génération, ce qui n'est pas aussi surprenant qu'on pourrait le croire puisque la population actuelle, comme on l'a dit plus haut, se situe à environ 365 000 habitants. Une petite famille comptant deux enfants profite le plus souvent du soutien de grands-parents relativement jeunes, d'oncles, de tantes, de cousins et cousines à différents degrés, ainsi que de leurs maris et femmes. En général, les familles nucléaires ne sont pas des unités autonomes vivant dans une bulle. Et sans la classification par noms de famille, on fait moins la distinction entre les Joneses et les Jónssons[23]. En effet, tout le monde possède son propre nom – maman, papa, les enfants – et avec l'aide d'une base de données ouverte qui référence géographiquement les relations familiales en Islande, il n'est pas difficile de constater que tout le monde est lié.

L'Islande est le pays qui compte le plus de femmes au monde à avoir un emploi, et la mentalité « il faut un village pour élever un enfant » joue un rôle crucial. Il est rarement question qu'un parent reste à la maison pour s'occuper des enfants plutôt que de les envoyer à la maternelle, à la crèche ou chez une assistante maternelle. À tel point que la plupart des gens en Islande s'étonneraient que quelqu'un ne préfère pas avoir un travail rémunéré. Pour les rares parents qui font néanmoins ce choix, il peut même se révéler difficile de trouver des activités ou des endroits où aller dans la journée avec leurs enfants car la demande est très faible. Ainsi le concept des ateliers où les mères se rendent avec leurs enfants est totalement inconnu en Islande : on ne voit ça qu'à la télévision.

Les petits Islandais jouissent d'une liberté qui a disparu dans beaucoup de pays depuis quelques décennies. Cette autonomie prend sa source dans la nécessité puisque, la plupart du temps, les parents travaillent à l'extérieur ; surveiller les jeunes

---

23. La plupart des gens en Islande n'ont pas de nom de famille, mais en général un patronyme, c'est-à-dire qu'ils utilisent le prénom de leur père au génitif, suivi du suffixe *« -son »* ou *« -dóttir »*. (Il est de plus en plus fréquent, même si c'est encore minoritaire, d'utiliser le prénom de la mère de la même manière, ou encore d'avoir un nom double regroupant les deux.) Ainsi, le père d'Anna Magnúsdóttir s'appelle-t-il « Magnús ». Si Anna a une fille avec Sigfús Matthíason, leur fille pourrait s'appeler « Katla Sigfúsdóttir », et les trois membres de la famille auront chacun un patronyme différent. Les trois garçons que j'ai eus avec Gudni portent le patronyme « Gudnason » (« fils de Gudni »), alors que notre fille porte mon nom de famille, « Reid ». Cette convention a pour autre conséquence que les Islandaises ne changent pas de nom lorsqu'elles se marient. Le mariage ne fait pas de vous la fille de votre beau-père, n'est-ce pas ?

devient alors beaucoup plus difficile. Sans doute est-ce aussi parce que les Islandais n'ont jamais manifesté la paranoïa des « parents hélicoptères » qu'il leur paraît normal de laisser les enfants faire leurs expériences, explorer et apprendre, chacun à sa manière. Si la distance et le climat le permettent, dès l'âge de six ans, voire plus tôt, la plupart des enfants vont à l'école seuls ou avec un frère ou une sœur plus âgée. Dès huit ou neuf ans, on les laisse prendre seuls le bus pour aller à l'école et se rendre à leurs activités extrascolaires. La société islandaise encourage les écoliers à participer à des activités extrascolaires subventionnées comme l'équitation, le tir à l'arc, le théâtre voire le cirque. Pendant que les jeunes font du trapèze, ils ne sont pas en train de boire et de fumer. Le taux de consommation de drogues et le vandalisme chez les adolescents islandais a considérablement baissé depuis que ces espaces d'activités ont été mis en place[24].

Ainsi n'est-il pas rare de voir un enfant de sept ans effectuer une course au supermarché, ou aller chercher sa petite sœur au foot. À dix ans, les enfants sont autorisés à venir seuls à la piscine. Beaucoup dès le CE2 rentrent chez eux après l'école à 14 heures, et restent seuls à la maison jusqu'au retour des parents. Mon fils âgé de six ans commençait à aller à l'école primaire, quand un jour, à ma grande stupéfaction, la mère d'un de ses camarades de classe a téléphoné pour savoir si son fils était bien chez nous. Il n'était pas rentré à la maison après la classe, quelques heures plus tôt, m'a-t-elle calmement expliqué, aussi téléphonait-elle un peu partout pour savoir où il était. Bien entendu, elle l'a trouvé dans la troisième maison où elle a appelé.

Dans les régions où les distances sont plus grandes et les transports publics moins accessibles, ou encore par mauvais temps (ce qui est loin d'être inhabituel) et quand les jours sont

24. Richard Kenny, « How One Country Persuaded Teens to Give up Drink and Drugs », BBC News, 15 novembre 2017 (https://www.bbc.com/news/av/stories-41973296).

très courts, d'autres membres de la famille peuvent suppléer aux parents qui travaillent. Si les grands-parents sont à la retraite, en général ils sont heureux de pouvoir dépanner en amenant les enfants à leurs activités, ou en leur offrant un goûter. Les grands-parents plus jeunes, encore en activité – en Islande, il n'est pas rare d'avoir des petits-enfants avant l'âge de cinquante ans –, ont souvent assez d'énergie pour accueillir chez eux les petits pour une nuit, voire pour de plus longues périodes. Les familles s'entraident, et si l'on additionne cette manière de fonctionner individuelle mais organisée avec le généreux système d'aide qu'offre la société, sans oublier un faible taux de criminalité, tout se passe bien la plupart du temps. Cela ne signifie pas que l'ensemble des familles jouisse de ce système gratuit de garde, de taxi et autres formes de service – certains ont grandi dans un autre environnement, ou bien leur famille vit à l'étranger. Souvent cette solidarité de groupe s'étend au collectif ; ainsi les employeurs, enseignants et autres institutions font preuve de flexibilité quand les réseaux traditionnels se montrent défaillants. Si par exemple votre fils participe à un gala de danse en plein après-midi, vous n'avez pas besoin de prendre une demi-journée de congé : vous êtes autorisée à disparaître de votre bureau pendant une heure. Et si un jour il n'a pas cours, la plupart des entreprises disposent d'une pièce (non surveillée) où vous pouvez le laisser tandis que vous travaillez.

Comme on dit en Islande, « En avant avec le beurre » (ce qui veut dire qu'on graisse les rails de la norme sociale afin qu'il soit plus facile de passer d'un monde à l'autre) ; cela signifie que davantage de femmes peuvent avoir un emploi, et que davantage d'hommes font le taxi pour leurs enfants. Cela participe à l'élaboration d'une confiance qui permet aux gens d'être flexibles afin de pouvoir travailler et affronter davantage de défis et de responsabilités dans les domaines professionnel ou personnel.

En arrivant dans ce pays pour y construire ma vie avec un Islandais, j'ai découvert la présence d'une belle-famille solide qui a été pleinement présente auprès de nos enfants après leur naissance. Faire marcher ce réseau ne m'est pas venu de façon naturelle. J'étais à des milliers de kilomètres de ma ville natale, que j'avais quittée à l'âge de dix-huit ans pour ne plus y retourner – c'était facile, puisque j'étais seule. J'ai très vite découvert que le fait de s'appuyer sur ses proches, associé à l'entraide entre familles avec des enfants en bas âge avait fait naître un réseau de soutien qui s'étendait à travers toutes les strates de la société. Quand mes enfants ont grandi, ils ont pu prendre le bus pour aller chez *amma* (leur grand-mère) afin d'y goûter après l'école, aux fêtes d'anniversaire des cousins et cousines, sans parler des anniversaires des enfants d'autres immigrés dont les familles habitaient loin.

*

Quand j'ai rencontré Gudni en Grande-Bretagne, je lui ai demandé s'il était de Reykjavík afin d'étaler mes connaissances en géographie. « Non, a-t-il répondu avec fermeté. Je viens de Gardabær. C'est un village près de Reykjavík. »

Le centre de Gardabær se trouve exactement à 9 kilomètres de l'hôtel de ville de Reykjavík. Même si vous avez tout du long des feux rouges, vous pouvez y être en dix minutes. Il est facile d'effectuer le trajet à vélo. Mes enfants préados l'ont fait à pied.

Mais quand un Islandais explique cela à quelqu'un qui vient d'un autre pays, il insiste bien sur le fait que Gardabær est une ville à part entière, pas la banlieue de la capitale – surtout pas ! Fait ironique, dans une société aussi minuscule, les petites distances sont très significatives en termes d'identité.

Notre premier appartement en Islande était un modeste studio meublé, non loin de l'université d'Islande. Nous étions tout près des principaux restaurants, des pubs et autres endroits où je souhaitais me rendre. Un soir, quelque temps après mon arrivée, ma belle-mère m'a ramenée en voiture après que j'eus dîné chez elle. Elle m'a dit qu'elle était heureuse que finalement Gudni soit revenu au pays. Elle a ajouté qu'elle comprenait parfaitement que, puisque j'étais fraîchement arrivée en Islande, je veuille vivre dans le centre-ville, où il m'était facile de me déplacer et d'aller au travail.

« Mais quand tu seras mieux habituée, a-t-elle conclu, j'espère que tu penseras à te rapprocher un peu de chez toi. »

Pour elle, « chez moi », c'était Gardabær, où Gudni allait courir lors des dimanches matin paresseux – absolument pas l'endroit où j'avais grandi, à 4 000 kilomètres de là.

J'ai compris que je devais réinitialiser ma perception des distances, ma belle-mère ne faisant ici qu'exprimer son sens de la communauté ; chacune ayant sa propre identité, cela donne au pays un sens de la proximité qui serait difficile à recréer dans n'importe quelle autre capitale du monde. Ces communautés, fortes et solidaires comme le voisinage d'un quartier, s'emboîtent les unes dans les autres, à la manière des poupées russes, au sein d'un espace plus vaste où elles ont également leur place. À chaque niveau, elles forment un réseau d'entraide familiale, mais c'est souvent dans la communauté de base, la plus petite, qu'une mère espère voir revenir son fils. Même dans la région capitale, il n'est pas inhabituel de voir les brus et gendres vivre à côté de leur belle-famille.

Les grands rassemblements familiaux sont une tradition profondément inscrite dans le mode de vie islandais. Le premier a lieu lors du baptême. Même si l'Islande est un pays peu religieux, il y existe une religion officielle – le luthéranisme – et la plupart des bébés sont baptisés par des pasteurs, souvent chez les particuliers, mais rarement lors de l'office. La famille au sens large et les amis y sont conviés, on sert ensuite du café et des gâteaux recouverts de pâte d'amande ou de crème fouettée. La première fois que nous sommes allés à un baptême en Islande, j'ai proposé à Gudni de s'arrêter à la boutique d'alcool pour acheter une bouteille de mousseux. « C'est un baptême ! » s'est-il écrié, horrifié à l'idée d'apporter de l'alcool à une fête où l'on célébrait un enfant. Cela fait partie des nombreux pièges culturels dans lesquels je suis tombée au fil des années.

Les familles se rassemblent aussi lors de la confirmation, événement lui aussi sans alcool qui signifie que l'adolescent devient adulte, lors des anniversaires qui coïncident avec le passage à la dizaine supérieure, et parfois pour les anniversaires de mariage. En général, s'il y a des enfants présents, il n'y a pas d'alcool – en revanche, il coule à flots en leur absence ! On sert toujours du Coca, ainsi que des plats savoureux constitués de pain prétranché, d'asperges ou de champignons en boîte, et de mayonnaise. Les desserts à eux seuls pourraient faire l'objet d'un livre. Je n'ai jamais assisté à un anniversaire où l'on dénombre moins de trois gâteaux.

Chaque week-end, les familles se rendent au moins à un baptême, un anniversaire ou une autre fête de famille, au cours de laquelle elles dégustent une pavlova ou un autre gâteau en sirotant du Coca glacé à la bouteille. Ce sont presque toujours les femmes de la maison qui préparent tout : elles planifient l'événement, s'occupent de la décoration, font les courses, la cuisine et le ménage. Les matriarches islandaises savent toutes faire de merveilleuses crêpes fourrées de crème fouettée, elles confectionnent également les meilleurs beignets à la cardamone et les plus belles décorations en meringue.

Quand leurs enfants ou leurs conjoints ont quelque chose à fêter, ce sont toujours les femmes de la famille qui s'occupent de tous les préparatifs, même si elles travaillent toutes ou presque – et il ne fait pas de doute qu'elles ressentent de la pression et de la culpabilité si, à leurs yeux, la fête n'est pas à la hauteur des standards espérés, décrétés par les autres. Certaines choses sont assez universelles, quel que soit le pays.

Pour les Islandaises, comme pour toutes les femmes du monde, même le réseau familial le plus efficace ne peut apporter qu'une aide restreinte, limitée au domaine pratique. Les amitiés entre femmes, aussi bien dans des groupes constitués que de manière plus informelle, sont des sources inestimables d'assistance et d'accompagnement, qui permettent aussi de participer au développement de la société. Elles contribuent également à repousser les limites et favorisent l'épanouissement individuel – pour paraphraser les manuels de développement personnel à la mode.

L'époque où l'on jugeait les Islandaises sur leurs talents de pâtissière et de maîtresse de maison est encore présente dans les mémoires ; ce genre de phénomène existe toujours, en particulier au moment des anniversaires et autres fêtes traditionnelles incontournables. Ces talents étaient souvent mis en concurrence lors de rassemblements locaux au sein des *kvenfélög*, sortes d'associations formelles de femmes qui nécessitaient une participation financière, un règlement et un conseil d'administration. Davantage qu'une instruction et un apprentissage social pour devenir épouse et maîtresse de maison, ces associations proposaient un cadre propice à l'amitié et à toutes sortes d'interactions. En outre, à une époque où on ne le leur permettait guère dans le monde du travail, celles-ci offraient à leurs membres la possibilité d'endosser des rôles de dirigeantes et de s'engager en se chargeant de responsabilités sociales lors de campagnes de levée de fonds et de donations à des institutions ainsi qu'à des personnes dans le besoin.

Ma belle-mère a fait partie de la seule association de femmes catholiques du pays pendant des décennies. Elles se rassemblaient chaque semaine dans la salle du personnel désaffectée d'une école catholique pour tricoter des moufles et coudre des torchons pour la kermesse annuelle de l'église. Je suis également membre honoraire de l'association des femmes d'Álftanes, le quartier de la capitale où se trouve la résidence présidentielle

– j'avoue que je suis très en deçà de mes camarades en termes aussi bien de présence que d'habileté à tricoter.

Les associations d'aujourd'hui continuent à peu près sur le même modèle qu'autrefois, tout en essayant de s'adapter à la société d'aujourd'hui où les femmes sont de plus en plus tiraillées dans toutes les directions mais recherchent toujours la compagnie de leurs semblables et la satisfaction de donner de leur temps en œuvrant pour le bien de la communauté. Certains de ces groupes exercent toujours une influence prépondérante dans les campagnes peu peuplées, où l'on trouve peut-être moins de possibilités d'entreprendre une action collective. Ils sont toujours en activité dans la plupart des régions, même si la moyenne d'âge ne cesse d'augmenter, car les jeunes femmes, dont la vie sociale est centrée sur le monde du travail, sont moins en demande. En outre, aujourd'hui, beaucoup plus de femmes vivent dans les zones urbaines et se sentent par conséquent moins isolées.

Les « clubs de couture » sont une version plus moderne est moins structurée de ces associations de femmes. En général, ce sont des groupes d'amies d'enfance qui continuent de se voir à l'âge adulte et jusqu'à la vieillesse. Ce sont en quelque sorte des sororités informelles comptant cinq à dix membres. Au début, il devait sans doute être obligatoire de venir aux réunions en exhibant des travaux d'aiguille, mais les clubs de couture du XXIe siècle (les *saumó*, comme on les appelle communément) ne sont plus que des excuses pour se voir, manger, boire, échanger les derniers potins, et tenter de remédier aux malheurs du monde, petits et grands. Imaginez un club de lecture sans livres mais avec encore plus de boissons et de victuailles. Autre particularité du *saumó* : ce sont les membres du club qui choisissent qui peut en faire partie. Je suis arrivée en Islande peu avant trente ans, et qu'importe le nombre d'amies que je me suis fait depuis, j'ai raté la fenêtre de tir du *saumó* de plusieurs années.

En plus des familles, ces groupes de femmes ont le vent en poupe dans l'Islande moderne car elles offrent de la compagnie, des personnes de confiance et un soutien entre femmes.

*

En 1942, le comté rural de Hrunamannahreppur, dans l'est de la région capitale d'un pays qui n'était alors pas encore complètement indépendant, comptait un peu plus de 400 habitants. Dans une zone vaste comme Los Angeles, deux fermes étaient raccordées au téléphone, deux à l'électricité, et il y avait un seul pick-up pour toute la région[25]. Les routes, conçues pour les chevaux, étaient souvent d'accès difficile, voire impossible l'hiver. Plusieurs rivières ne possédaient pas de pont. À une heure de route dans une voiture moderne, Reykjavík était un autre monde, une communauté lointaine où l'on se rendait rarement.

C'est dans ces conditions que l'association des femmes de Hrunamannahreppur a été fondée lors d'une soirée d'hiver de 1942 par dix-sept femmes. C'était l'une des dernières créées dans le sud du pays, la plus ancienne remontant à 1888, ce qui en fait l'une des plus vieilles associations de femmes au monde. Le but était le même que d'habitude : lever des fonds pour les nécessiteux de la communauté, et offrir aux femmes un lieu et une occasion de se retrouver.

Environ quatre-vingts ans plus tard, l'association des femmes de Hrunamannahreppur compte soixante-dix membres, et tient trois réunions formelles par an (sauf pendant l'épidémie de Covid-19), auxquelles une douzaine de personnes assistent en moyenne. Celles-ci prennent part à toutes sortes d'activités, se tiennent au courant des réunions et s'informent de manière plus générale via un groupe Facebook. La région demeure largement

25. D'après les documents, on peut supposer que les deux fermes qui avaient le téléphone étaient les mêmes qui avaient l'électricité, mais ce n'est pas parfaitement clair dans les documents.

rurale, même si aujourd'hui les fermes possèdent des tracteurs dernier cri et des connexions Internet par fibre optique. Dans la commune la plus proche, le village de Flúdir, un restaurant éthiopien attire de la capitale des gens qui viennent pour la journée. Flúdir est également connu à travers le pays pour ses serres intensives qui fonctionnent à l'énergie géothermique et permettent de faire pousser une proportion ahurissante des légumes frais produits en Islande, et tout ça avec une empreinte carbone proche de zéro.

Gudjörg Björgvinsdóttir, soixante-quinze ans, ancienne présidente de l'association connue sous le surnom de « Bubba », m'a invitée à prendre le café chez elle, à Flúdir. Deux autres membres de l'association étaient présentes, ainsi que deux autres personnes d'un groupe voisin, l'association des femmes de Gnúpverja, fondée en 1929, qui compte aujourd'hui trente-cinq membres.

Au bout de vingt ans de présence en Islande, je sais bien qu'une invitation à prendre le café est beaucoup plus qu'un prétexte pour aller boire une simple tasse de café chez quelqu'un – ce qui en soi constitue l'un des passe-temps favoris de mon pays d'adoption. Il s'agit, surtout chez les générations plus anciennes, d'un festin miniature entre le déjeuner et le dîner, essentiellement sucré.

Bubba ne m'a pas déçue. La table était recouverte d'une nappe sur laquelle trônaient un bouquet de fleurs et des bougies chauffe-plat dans des bougeoirs en cristal de Finlande. Les tasses et les assiettes de porcelaine étaient ornées des motifs de roses rouges et jaunes en tout points semblables à celles dont je faisais collection quand j'étais enfant[26]. Toutes les six, nous avons

26. Je faisais collection de porcelaine quand j'étais petite : pendant les vacances, je gagnais de l'argent de poche en ramassant les pommes tombées dans le jardin de mes grands-parents dans le nord de l'Ontario, voilà comment je finançais ma collection. Quel dommage qu'il n'ait pas existé d'association de femmes pour une gamine de neuf ans là où j'ai grandi, car avec mes goûts pour la cuisine et la porcelaine, j'étais la candidate parfaite.

partagé des plateaux de crêpes roulées saupoudrées de sucre, de pancakes nappés de confiture et de crème fouettée (des standards dans n'importe quelle association de femmes qui se respecte), des roulés maison, quatre variétés de biscuits et trois fromages différents, de la confiture, du pesto de dattes fait maison, ainsi qu'un autre antipasto fait maison. Le bouquet final s'est présenté sous la forme d'une immense pavlova crémeuse – deux couches de meringue craquante fourrées de crème fouettée, le tout nappé d'une épaisse sauce au chocolat au lait, parsemée de quartiers de fraises et de généreux morceaux de chocolat fourré au caramel. Quelque part un pot de café bien serré attendait son heure. (Si vous ne buvez que du thé et ne consommez pas de sucre, n'allez surtout pas en Islande !)

Les quatre autres femmes que Bubba avait conviées chez elle ce jour-là avaient occupé diverses fonctions au sein de deux associations. Âgées de cinquante-huit à quatre-vingt-cinq ans, elles en étaient toutes devenues membres entre vingt et trente ans parce qu'elles avaient besoin d'interaction sociale et voulaient se rendre utiles. Après des décennies de bénévolat auprès de leurs associations, il était inévitable qu'elles aient emmagasiné toutes sortes d'anecdotes tendres et amusantes. Avec un délicieux formalisme, elles m'ont expliqué ce qui est si important dans ces sociétés de femmes, parlant à tour de rôle en se référant fréquemment aux notes préparatoires qu'elles avaient apportées avec elles.

Petit à petit, je me suis ajustée à la douce solennité avec laquelle ces femmes m'accueillaient. Peut-être recevaient-elles avant tout la première dame, et non une autrice novice. Elles voulaient m'aider autant que possible en se montrant aussi respectueuses que mon rôle l'exigeait d'elles. J'aimerais parfois que les choses soient différentes, pourtant je sais que même quand je ne suis pas « de service », on me considère toujours comme représentante du Président, et je dois faire de mon mieux pour être à la hauteur de ma fonction. Seulement je suis aussi toujours Eliza, l'enfant qui collectionnait les tasses en porcelaine dans une petite ville du Canada, et il est important que je préserve le lien avec la position que je symbolise tout en restant moi-même sans pompe ni prétention. Je fais de mon mieux pour séparer ma vie professionnelle de ma vie de femme de chef d'État. J'ai peut-être déçu Bubba et ses amies en arrivant dans mon minivan familial d'occasion, sans même un chauffeur. Peut-être ont-elles regretté de ne pas voir débarquer une voiture de luxe avec la plaque d'immatriculation n° 1, mais elles se sont bien gardées de le montrer.

Une fois les rouages de la conversation bien huilés par la quantité journalière de sucre avalée en un seul repas, nous avons échangé des plaisanteries en riant, et tout formalisme s'est envolé.

« Au début, nos contacts se faisaient principalement par téléphone », s'est rappelée Rosemarie Brynhildur Thorleifsdóttir, ancienne présidente de l'association de Gnúpverja. Avant de rejoindre celle-ci, en 1964, ses relations sociales se limitaient au nombre de lignes téléphoniques implantées dans la région, qui permettaient aux femmes de discuter toutes ensemble, un peu comme un Zoom sans l'image.

Ce lien social était certes vital pour elles, car l'association, à l'époque de même qu'aujourd'hui, proposait toutes sortes d'activités. Rosemarie Brynhildur était venue à notre petite réunion avec une liste de thématiques. Celle-ci incluait la préparation du café, de gâteaux et de sandwichs lors des réceptions qui suivaient les enterrements. Le groupe vendait des cartes de Noël et faisait ensuite des dons à l'hôpital local. Les membres tricotaient des bonnets pour tous les nourrissons de la région. Elles avaient fourni à toutes les ambulances des peluches pour accompagner les enfants qu'elles convoyaient. Elles offraient à toutes les ménagères de la région la possibilité de prendre quelques jours de vacances en les déchargeant des nécessités domestiques. En 2010, a joyeusement ajouté Rosemarie Brynhildur, soixante-dix-huit ans, elles ont même bloqué la circulation sur l'un des ponts principaux afin de protester contre des coupes budgétaires dans le financement de l'hôpital local qu'elles soutenaient avec une grande loyauté.

« Depuis 1999, nous avons levé 50 millions de *krónur* [environ 390 000 dollars] pour soutenir différentes causes », a-t-elle fièrement conclu.

En plus de ces fonds, l'association œuvre à améliorer les conditions de vie de ses propres membres. Ainsi, les femmes malades peuvent se faire aider par d'autres membres de l'organisation.

« C'est aussi une véritable école », m'a expliqué Rosemarie Brynhildur. On y enseigne la couture, l'anglais, éléments importants pour des femmes qui, pour la plupart, avaient quitté l'école à quatorze ans. Mais elles apprenaient aussi de manière informelle à devenir comptables et psychologues.

« J'appelle ça "l'école de la vie", a dit Bubba en souriant.

– Il faut une certaine tournure d'esprit pour rejoindre une association de femmes, a ajouté Arnfrídur Jóhannsdóttir, productrice de lait, tout en étalant un peu de confiture de fraises sur son morceau de brie. Il faut être prête à donner de son temps et de son énergie, mais bien sûr on y gagne toujours quelque chose en échange. »

Ces femmes aimables et chaleureuses, qui ont passé cet après-midi d'automne ensoleillé à me confier leurs souvenirs, ne se définissaient peut-être pas comme féministes – je ne leur ai pas posé la question. Elles ont cependant vécu à une époque où leur travail était sous-estimé, voire pas du tout reconnu, en tout cas pas de la manière formelle dont on récompense ceux du Lions Club ou du Kiwanis Club, essentiellement composés d'hommes.

« On dit toujours aux femmes de ne pas faire de vagues, ni en paroles ni en actions », a rappelé Sigrún Símonardóttir, coiffeuse de profession, et ancienne présidente de l'association de Gnúpverja. Ça change seulement peu à peu.

« La moitié du travail que j'ai accompli au cours de ma vie était bénévole », a estimé Rosemarie Brynhildur, qui a également été membre de nombreuses autres associations et conseils d'administration, et fut la première femme à diriger l'association équestre locale, bastion masculin par excellence.

« Mon fils travaille avec moi, mais je suis propriétaire de l'exploitation et c'est moi qui la dirige, a expliqué Arnfrídur. Pourtant, quand les gens appellent, c'est à lui qu'ils s'adressent pour prendre toutes les décisions. »

« Beaucoup de femmes ont un emploi rémunéré aujourd'hui, aussi ont-elles moins de temps et moins besoin de ce type d'organisation. Mais grâce à l'association, nous avons accumulé tant d'expérience, et nous nous sommes fait tant d'amies, a dit Bubba. C'est formidable aujourd'hui de voir les jeunes couples élever ensemble leurs enfants et se partager les tâches ménagères. Quand j'étais jeune, il allait de soi qu'on ne quittait pas la maison avant d'avoir préparé le dîner et tout prévu pour le café de l'après-midi. »

Avant que je reparte, ces femmes m'ont officiellement présenté le livre publié en 1978 pour commémorer les cinquante ans de leur association à l'échelon régional. En Islande, ce genre d'anniversaire est souvent célébré par la fabrication d'un livre, et le demi-siècle de cette association ne faisait pas exception. Chacune d'elles, dans le sud de l'Islande, y est représentée, racontant dans le détail comment le groupe a été fondé, quelles sont leurs priorités en matière de levée de fonds, sans oublier quelques anecdotes et souvenirs des décennies passées. Les photos en noir et blanc sanctifiant la fondation, ainsi que celles du conseil d'administration de l'époque et autres montrent toujours des femmes coiffées du chapeau traditionnel, le *peysuföt*, avec de longs glands noirs, surmontant les visages sérieux qu'on réservait alors aux rares photographies. Le groupe de Gnúpverja, dont j'ai rencontré les membres actuelles, avait également publié dans ce livre un poème d'une certaine Ólöf Ó. Briem, écrit en réponse à une remarque lancée sans doute avec humour par une formatrice qui jugeait qu'elle ne progressait pas assez vite dans le cours de couture sponsorisé par son association :

La tâche formidable est arrivée à terme.
Les fruits de ce labeur, exploit exceptionnel.
Et maintenant, je comprends ça :
Jamais vous ne verrez femmes si obstinées.

Elles se sont rassemblées si longtemps à leur place
Pour tailler, coudre, nouer les fils sans attache.
Nuit et jour elles œuvraient, sans pause pour manger,
Sans jamais s'arrêter même pour se reposer.

« Dis-lui ce que t'a confié cet homme, a demandé Bubba à Gudrún Sveinsdóttir avant que je reparte, le ventre rempli de café, de meringue, de biscuits et de fromage.

– Eh bien... a commencé la doyenne du groupe et la plus bavarde. Un jour, nous avons rencontré un homme dans un foyer pour les personnes âgées, et il m'a déclaré : “Les gens qui vaquent à leurs occupations quotidiennes ne comprennent pas combien les associations de femmes sont importantes quand on mène une vie où il ne se passe pas grand-chose à part regarder le soleil se lever et se coucher.” J'ai trouvé ça plutôt gentil. »

« Plutôt gentil », c'était un euphémisme. Même si les Islandaises bataillent toujours pour voir leurs efforts reconnus à l'égal de ceux des hommes, ces derniers ne sont pas restés aveugles face à tout ce travail. Les associations de femmes forment une sorte de matrice communautaire dans les zones rurales, auparavant si peu en contact avec le reste du monde. Elles constituent un ciment vital.

*

Avec une population aussi minuscule, il n'est guère surprenant que, quand les gens se rencontrent pour la première fois, la plupart des conversations commencent par recenser les inévitables contacts communs. Ce fut le cas en 2018 quand se rassemblèrent les femmes qui allaient former le groupe connu sous le nom des « Méduses ». Thórey et Soffía étaient allées à l'école ensemble. Les filles de Birna et Brynhildur étaient amies. Halldóra et Thórey étaient cousines – mais elles ne s'étaient jamais rencontrées en famille. Brynhildur et Soffía avaient travaillé ensemble… en Arabie saoudite ! Enfin Thórey et Soffía faisaient partie des membres fondatrices du groupe de marche à présent dissous mais toujours très en vogue, baptisé de ce nom intrigant : « Tais-toi, Magnús ».

C'étaient Birna et Thórey qui avaient rassemblé cet ensemble disparate, avec comme objectif fantasque de traverser la Manche à la nage afin de lever des fonds pour une bonne cause et sans doute de gagner le droit de se vanter de leur exploit. En dehors des liens déjà mentionnés, elles aimaient toutes les activités en extérieur (de diverses natures) et avaient dépassé quarante ans, arrivant dans cette douce maturité du « j'en ai rien à battre », où la volonté d'impressionner les autres cède la place à l'ambition pour soi-même.

Seize ans après mon premier bain de mer, je me suis retrouvée au milieu de ce groupe de nageuses encore plus aguerries que mes amis mexicains, cette fois par un bel après-midi d'août exceptionnellement chaud (19 degrés), à la plage géothermale de Nauthólsvík à Reykjavík.

Nauthólsvík est le lieu de baignade le plus fréquenté de la capitale car il se trouve dans une anse protégée et compte un

Jacuzzi, des vestiaires et, fait inhabituel, une plage de sable fin. En outre, la ville rejette une grande quantité d'eau naturellement chaude directement dans ce lagon artificiel, ce qui, l'été, fait grimper la température de la mer jusqu'à une confortable fourchette entre 15 et 19 degrés. Ce qui est suffisamment chaud pour qu'on ait installé un stand de glaces tout près – même si les Islandais n'attendent pas les vagues de chaleur pour s'offrir ces plaisirs bien froids.

Bien entendu, un océan où l'eau est chauffée de manière artificielle n'est pas assez authentique pour les Méduses. Chaque mercredi à l'heure du déjeuner, elles vont ensemble faire quelques longueurs dans les eaux fraîches de la baie réservées aux nageuses les plus endurcies.

« Avance dans l'eau jusqu'au cou, reste comme ça le temps que ta respiration revienne à la normale puis compte jusqu'à dix, m'a conseillé Sigrún Geirsdóttir, qui a traversé quatre fois la Manche à la nage (dont une fois en solo), et a été décorée de l'ordre du Faucon pour ses efforts, titre honorifique le plus élevé en Islande. Au début c'est toujours horrible, pour tout le monde, chaque fois. »

Respirer normalement ? Était-ce la version pour adulte de la gorgée de vodka que j'avais avalée lors de mon premier bain de mer, seize ans plus tôt ? Ou bien, à présent que j'avais dépassé les quarante ans et que j'étais mère de quatre enfants, me sentais-je moins audacieuse que dans ma jeunesse ?

Pourtant, les Méduses sont du même âge que moi, voire plus âgées. Ce sont des célébrités à Nauthólsvík, où les autres habitués les saluent joyeusement.

En ce jour d'été, l'eau atteignait les 12 degrés, quelques degrés de plus que la fois où je m'étais baignée nue dans le lac Baïkal en Sibérie avec un jeune couple de Suisses en voyage de noces. Vêtue de mon petit maillot de bain acheté pas cher dans un supermarché, j'ai fait ce qu'on m'avait dit et je suis entrée dans l'eau jusqu'au cou. Je n'ai pu retenir quelques cris, et j'ai employé un mot que je n'avais pas utilisé depuis mon dernier accouchement. Puis j'ai compté jusqu'à dix à une allure normale et j'ai été autorisée à retourner sur le rivage. Après que je me fus félicitée intérieurement d'avoir « pris un bain » avec les Méduses, celles-ci m'ont raconté qu'en temps normal elles nageaient quelques kilomètres avant de sortir et ne se contentaient pas de cette version pour aspirante baigneuse qu'elles avaient mise au point pour moi.

Après avoir accepté des compliments polis vantant mes capacités inexistantes de nageuse, je me suis entretenue avec les Méduses sur l'importance de leur amitié pour leur propre bien-être, et sur l'influence qu'elles pouvaient exercer sur les autres, surtout les femmes, en leur donnant le courage de se fixer des objectifs ambitieux défiant tout pronostic. Comme les membres des associations de femmes, les Méduses elles aussi œuvrent pour de bonnes causes, mais il ne s'agit pas d'une organisation formelle, malgré leur nom si bien trouvé. Cela ressemble davantage à un club de couture, un *saumó*, avec en plus de vrais bénéfices pour la santé – un lieu où des femmes très prises par leur carrière peuvent faire passer en premier leur bien-être personnel.

« C'est vraiment important. C'est en quelque sorte notre moment thérapeutique, a expliqué Sigrún, la super nageuse. On parle de tout, mais ce qui se dit dans l'eau reste dans l'eau. »

Dégager du temps pour soi sans se culpabiliser, voilà le thème général de notre conversation. « Il est important pour les femmes d'avoir quelque chose dans les tuyaux, a confié Soffía Sigurgeirsdóttir, qui s'occupe de la logistique et des relations publiques du groupe mais n'a pas traversé la Manche, même si je ne doute pas qu'elle en soit capable. Les hommes pensent qu'ils peuvent quitter le travail quand bon leur semble : un projet comme le nôtre offre aux femmes la possibilité de relâcher un peu la pression, elles aussi. »

Leur entraînement pour le relai de 34 kilomètres à travers la Manche consistait en un mélange de randonnées en montagne, de natation et même de consultations avec un psychologue spécialisé dans le sport. Les règles qui président à un relai officiel à travers la Manche sont strictes : elles précisent quel genre de maillot de bain peut être porté (pas de combinaisons thermiques, aucun accessoire en dehors des lunettes et du bonnet), jusqu'à l'ordre dans lequel les nageuses doivent se relayer à raison d'une par heure (si l'une d'entre elles ne peut tenir l'heure prévue, tout le système s'effondre). À un moment de leur entraînement, les Méduses ont nagé à travers la baie depuis Nauthólsvík jusqu'à Bessastadir, le palais présidentiel où nous habitons, à la rencontre de Gudni, qui n'a eu qu'à faire quelques mètres dans l'eau pour venir à leur rencontre[27].

Il fallait pour cela à la fois de la discipline, et un véritable effort physique et mental. Mais les Méduses ont tenu la marée.

« Il est important que nos enfants voient que nous occupons l'espace et que nous nous autorisons à prendre le temps de vivre, a dit Thórey Vilhjálmsdóttir Proppé, consultante. Il est peu fréquent que des groupes de femmes se lancent dans pareils challenges sportifs comme le font les hommes. Il y a toujours des gens pour faire des remarques du genre “Qui va s'occuper des enfants ?”, ou “Qu'en pense votre mari ?”. On ne pose pas ces questions aux hommes.

– Quand on entend des commentaires pareils, il faut faire exactement l'inverse, a ajouté Birna Bragadóttir, qui dirige un institut d'urbanisme. Rien ne doit vous arrêter.

– Nous avons pourtant eu de si nombreux exemples, a dit Soffía en croisant les jambes façon Bouddha sur l'herbe près de la plage. On peut remonter jusqu'à Hallgerdur “Longues Jambes” dans les sagas, ou à Vigdís, la présidente d'Islande. Cela fait vraiment la différence. Nous avons toutes aussi dans

27. Ma mémoire, ici, a pris quelques libertés. Quand mon mari a lu un des premiers jets de ce chapitre, il a fait très peu de commentaires, sauf sur ce point précis : il a écrit en majuscules en travers de la page : « J'AI NAGÉ PLUSIEURS DOUZAINES DE MÈTRES. »

notre entourage des exemples de femmes fortes : nos mères, nos grands-mères et arrière-grands-mères. Beaucoup ont participé à des œuvres de charité grâce à des associations de femmes et d'autres groupes qui sont encore en activité à travers le pays. Il est important en grandissant de découvrir ces histoires de femmes qui ont fait la différence au sein de leur communauté et ont su faire entendre leur voix. »

Les Méduses jouent le rôle de modèles les unes pour les autres mais aussi pour leur entourage. « Au début, j'étais nerveuse, à cause du froid », a admis Halldóra Gyda Matthíasdóttir Proppé. [Le nom du milieu, en Islande, n'est pas un simple ornement sur l'acte de naissance. Il est utilisé communément et avec une grande fierté.] Mais on s'est donné du courage les unes aux autres. On a toutes inventé notre petite formule magique ; la mienne, c'est que je suis positive et aussi dure qu'un clou. J'y pense chaque fois que j'entre dans l'eau.

– Mon mantra a moi, c'est que je suis calme et posée, a ajouté Silla M. Jónsdóttir, qui est psychologue.

– J'étais très loin de ma zone de confort. Mentalement, physiquement, c'était rude, mais ensemble, on est vraiment plus fortes », a conclu Halldóra.

Thórey s'est demandée si cela aurait été plus difficile pour les femmes d'autres pays d'organiser et de mener à bien un tel challenge sans rencontrer de résistance : « Beaucoup d'hommes n'apprécient pas que les femmes prennent leur place.

– J'ai participé à beaucoup d'ultratrails à l'étranger, a expliqué Halldóra. On trouve souvent des Islandaises dans ces compétitions. Et dans des pays comme la France, l'Italie, l'Espagne, si vous doublez un homme, il est furieux. Ils veulent bien laisser passer un autre homme, mais si vous êtes une femme, ils essaient de vous bloquer. Ça n'arriverait jamais ici. Nous nous considérons bien plus égaux. On n'est pas obligée d'être la première ou la meilleure, mais il faut montrer de la confiance, prendre des risques.

– Maintenant, quand je pars faire une randonnée, mes enfants me demandent si c'est un parcours de difficulté normale ou de difficulté "pour maman" », a commenté Thórey en souriant.

*

Accroché au mur jaune de mon bureau, à la maison, se trouve un agrandissement format A4 d'une photo de moi lors d'un voyage en solo en Afrique de l'Ouest en 2006. L'image a été prise au Kakum National Park au Ghana. Le parc se visite en hauteur pour donner une autre perspective sur la faune et la flore ; on se balade sur sept ponts de corde suspendus, à 40 mètres au-dessus du sol, chacun de la largeur d'une personne.

J'ai le vertige. Cela fait partie des nombreuses peurs irrationnelles que j'éprouve dans certaines situations physiques où je cours un risque éventuel. Alors que j'ai voyagé seule dans des pays peu touristiques sans jamais me sentir en danger, je n'ai jamais fait de ski alpin, ni ne suis montée sur une trottinette électrique filant à toute vitesse, pas plus que sur les montagnes russes à la fête foraine. Pourtant, en voyage, on est plus encline à tester ses limites et à tenter des choses qu'on ne ferait jamais chez soi.

Il en allait ainsi de cette excursion dans la canopée. Alors que les autres avançaient en sautillant et en faisant trembler les ponts aussi fort qu'ils le pouvaient, ce qui déclenchait chez eux de grands sourires, moi, je mettais avec précaution un pied devant l'autre, m'agrippant de chaque côté, tout en essayant de respirer lentement et de ne pas regarder la jungle sous mes pieds, mais en me concentrant plutôt sur la sécurité qui m'attendait au bout du pont, et tant pis pour la chance gâchée de me prendre pour un oiseau.

La photo qui est dans mon bureau me montre à mi-chemin d'un de ces ponts, les doigts agrippés aux cordes, blancs de crispation, le visage empreint de concentration, tentant de rester calme. En guise de légende, j'ai écrit : « TU PEUX Y ARRIVER ! » Ainsi, lorsque je rencontre une difficulté, je me rappelle que si j'ai su défier le vertige et franchir tous ces ponts dans la canopée, je saurai affronter le nouvel obstacle que la vie me réserve, ou du moins je ne devrais pas avoir peur de tenter de nouvelles expériences.

Nous avons chacun notre définition du confort, de l'espace où nous nous sentons à l'aise. Quand les facteurs extérieurs bougent, il est utile d'avoir une boîte à outils mentale pour pouvoir s'en sortir : veiller à notre santé mentale de façon régulière en prenant l'air, en faisant de l'exercice, et en sollicitant l'aide de sa famille et de ses amis ; cela peut signifier aussi apprendre de nouvelles techniques, se sentir récompensée pour ce qu'on apporte à un groupe organisé comme les associations de femmes, ou bien se rassembler pour littéralement se jeter à l'eau avec ses camarades. Cette boîte à outils est bien pratique lorsque nous naviguons sur les eaux tumultueuses de l'existence et gagnons en confiance, en expérience et en capacités.

*

Brynhildur Ólafsdóttir, membre intimidante des Méduses, a fait un master en relations internationales à New York. Elle m'a parlé de manière très positive de son expérience aux États-Unis et des amies qu'elle s'y est faites.

« C'est après avoir eu des enfants que j'ai commencé à voir les différences apparaître, m'a-t-elle raconté après qu'on eut nagé ensemble. Une de mes amies se plaignait, elle voulait vraiment avoir des enfants, mais elle était célibataire, et moi, je n'arrêtais pas de lui dire que ce n'était pas grave. “Si tu le veux tant que ça, fais-le”, je lui disais. Mais pour elle c'était impossible.

« Ma vision est sans doute typiquement islandaise, car ici nous bénéficions d'un tel soutien. Le fait que moi et mon compagnon ayons tous les deux des professions très prenantes et qu'on ait malgré tout des enfants, c'est une chose que mes amies américaines ne peuvent concevoir. »

Les Méduses ont le privilège de pouvoir dégager du temps afin d'entretenir leur amitié, et elles ont les moyens de relever des défis sportifs audacieux, doublés de levées de fonds à but caritatif. J'ai également trouvé cette sororité pleine d'affection chez les membres des associations de femmes : la satisfaction d'œuvrer pour le bien de la communauté, d'apprendre des choses nouvelles, de s'entraider dans la maladie, les moments de crise personnelle, les catastrophes naturelles sans jamais se plaindre, malgré le peu de bienveillance extérieure.

Ces solides réseaux, ainsi que les liens familiaux ont beaucoup contribué à l'indépendance des femmes en Islande, car tout le monde reconnaît qu'on ne peut pas s'en sortir seule, mais qu'en revanche on peut toujours repousser ses limites. La charge mentale liée aux activités domestiques, la culpabilité qu'on ressent à prendre du temps pour soi existent toujours, et c'est un vrai frein à l'égalité totale entre femmes et hommes. Mais nous ne sommes pas seules dans cette lutte : nos amies et nos familles font beaucoup pour nous aider – sans oublier les gâteaux à la crème !

4

UNE SEXUALITÉ SANS JUGEMENT

« En avoir sous le pied[28]. »

La langue de mon pays d'adoption, l'islandais, est ancienne. Elle n'a quasiment pas changé depuis que les Vikings et autres colons arrivèrent au IXe siècle avec leurs esclaves celtes. Les anglophones peuvent remercier les Islandais pour des mots comme *berserk*, *geyser*, ainsi que d'autres, encore en vigueur dans les îles Britanniques, tels *fell* pour « montagne » et *bairn* pour « enfant ». Même le terme français « homard » est une relique laissée par les Normands qui écumèrent les mers plus au sud.

Les visiteurs qui se rendent en Islande sont souvent étonnés de la maîtrise de l'anglais et d'autres langues par les populations locales. Toutefois, l'islandais demeure une source d'orgueil et d'identité. Ainsi, plutôt que d'adopter un terme étranger pour décrire une nouvelle technologie ou un concept, différents comités inventent de nouveaux mots qui entrent dans le lexique : *tölva* (mélange de « chiffre » et de « prophétesse ») pour « ordinateur » ; *friðþjófur* (« voleur de paix ») pour un *pager* ; ou encore *skriðdreki* (« dragon rampant ») pour un tank.

28. *Gefa undir fótinn* peut aussi vouloir dire « flirter », « draguer ».

Il existe une Journée nationale de l'islandais, et de nombreuses agences gouvernementales insistent désormais pour défendre la langue et la protéger en cette ère de globalisation où l'anglais devient une sorte de *lingua franca*. Une fois par an, le gouvernement publie les nouveaux mots et expressions entrés en usage au cours de l'année passée. En voici des exemples qui font désormais partie du dictionnaire via les illustres auspices de cette annonce officielle : *loftslagskvíði* (« anxiété liée au changement climatique »), *líkamsvirðing* (« respect de son propre corps ») et *smitskömm* (« honte d'avoir été contaminé par le Covid-19 »). Ils rejoignent ainsi tout un groupe d'autres termes absents du lexique anglais.

On y trouve également un vocable qui n'existe sans doute dans aucune autre langue, et qui reflète à la fois la petite taille du pays et son approche de la sexualité : *kviðsystur*, littéralement « sœurs de ventre », et qui désigne deux femmes qui ont couché avec le même partenaire.

Comme dans les autres pays d'Europe du Nord, la société islandaise est très ouverte en matière de sexualité. On enseigne aux enfants la contraception dès l'école élémentaire. Seuls 30 % des bébés nés en 2019 avaient des parents mariés (la majorité des couples vivait néanmoins ensemble au moment de la naissance). Même si l'âge moyen des femmes au moment de la naissance de leur premier enfant n'a cessé d'augmenter au fil des décennies, passant de moins de vingt-deux ans entre 1960 et 1980 à vingt-huit ans et demi en 2019, le fait d'être mère très jeune n'est absolument pas stigmatisé. Quant aux membres des communautés LGBTQIA+, ils rencontrent rarement de préjugés négatifs et la loi les soutient dans leur combat pour l'égalité, même si nous devons rester vigilants, en particulier lorsqu'il s'agit de codifier les droits et besoins des personnes transgenres.

Il n'existe pas d'explication précise à ce comportement ouvert et libéral en matière de sexualité. J'ai lu une interview où l'on suggérait que c'était à cause du roi du Danemark (l'Islande était sous domination danoise à l'époque) qui au XVIIIe siècle avait encouragé les femmes à avoir six enfants pour repeupler le pays après une épidémie de variole dévastatrice. Peut-être est-ce dû au mode de vie tolérant, à cette attitude de « vivre et laisser vivre », à cette espèce de philosophie nationale qui dit, pour citer l'ancien Premier ministre canadien, Pierre Trudeau (parce que moi aussi, je souffre du complexe du petit pays) : « L'État n'a pas sa place dans la chambre à coucher ». Je me demande aussi si cela n'est pas lié à ce principe essentiel de la vie en Islande. Quand les choses vont bien, on ne va pas enquiquiner les autres pour des histoires de morale. Et comme nous ne sommes pas très nombreux, beaucoup de personnes cisgenres connaissent des transgenres. Ou peut-être est-ce juste que les Islandais aiment marcher au rythme de leurs propres tambours.

Quelle qu'en soit son origine, cette attitude ouverte bénéficie aux femmes dans tous les aspects de leur vie. Une étudiante dont l'enfant a la varicelle peut rendre sa dissertation en économie avec quelques jours de retard sans être pénalisée. Une femme de trente ans qui passe la nuit avec un inconnu rencontré dans un bar peut en parler à ses amis sans risquer d'être jugée. Cela ne ferait sourciller personne qu'une femme de quarante-deux ans fasse un troisième enfant avec un troisième père et prenne des congés pour rester auprès de sa fille de vingt ans, elle-même enceinte. La pasteure d'une église peut se rendre à une fête avec sa femme et ses enfants chez des membres de sa congrégation. Ce genre de situations se produit si régulièrement qu'au quotidien elles n'ont plus rien de surprenant.

*

Il est 3 h 45 du matin, un quart d'heure avant la fermeture des légendaires bars et boîtes de Reykjavík. De la mi-mai au début d'août, les jours sont si longs qu'un observateur qui se retrouverait soudain projeté en plein dans Laugavegur, l'artère principale de la capitale, pourrait croire en voyant la lumière et la foule dans la rue qu'il est 15 heures, et non 3 heures du matin. Enfin, jusqu'à ce qu'il réalise que presque tout le monde a moins de quarante ans, et que beaucoup ont l'air un peu ivres.

Si le but de la soirée est de trouver quelqu'un pour finir la nuit, c'est le moment de rassembler votre courage : « le quart d'heure avant 4 heures », dernière chance pour *gefa undir fótinn* (« en avoir sous le pied »), c'est-à-dire draguer. Si vous trouvez la personne en question, celle-ci sait très bien qu'elle ne s'engage à rien, que c'est juste une manière agréable de finir la nuit.

Ce n'est pas nécessairement aux hommes de faire le premier pas non plus, ni de passer du temps à faire la cour aux personnes du sexe opposé. Peut-être est-ce le caractère imprévisible de la vie en Islande. C'est vrai, lorsque vous ignorez quand aura lieu la prochaine éruption volcanique ou la prochaine famine, vous n'avez pas de temps à perdre.

J'étais jeune à mon arrivée en Islande, mais j'étais déjà engagée auprès de quelqu'un, aussi je n'ai pas fait l'expérience de cette culture du « quart d'heure avant 4 heures ». Un ami à moi l'a faite.

La première année où nous vivions dans ce petit appartement du centre de Reykjavík, Gudni et moi avons reçu un ami étranger. Après une journée de visites, il a rencontré une fille dans un bar juste au moment du fameux « quart d'heure avant 4 heures ». Le lendemain, il nous a dit qu'il devait dîner avec elle. Il connaissait seulement son prénom et son numéro de téléphone, griffonnés sur un bout de papier. Toutefois une recherche rapide sur Internet nous a permis de découvrir quelques détails sur la fille en question : c'était une lycéenne de dix-huit ans, qui avait menti sur son âge, prétendant qu'elle en avait vingt (âge légal pour consommer de l'alcool) afin d'entrer dans la boîte où ils avaient fait connaissance. Après quelques encouragements amicaux de notre part, il a décidé certes d'aller au rendez-vous, mais qu'il lui parlerait de son âge.

En fait, nous a-t-il raconté, la fille est arrivée avec l'intention de lui dire la vérité. Elle a aussi avoué qu'elle ne suivait pas des études d'ingénieure, mais que c'était son but après le lycée. Mon ami a souri. Elle était drôle, intelligente et intéressante, mais il avait quelques années de plus qu'elle et n'était là que pour quelques jours. De plus, a-t-il dit, elle vivait encore chez ses parents et était soumise aux mêmes règles que tous les ados qui sortent à travers le monde. Enfin, presque.

« Ma mère est tellement stricte, s'est lamentée la future ingénieure. Quand je ramène un mec pour la nuit, elle insiste pour que je le lui présente le lendemain matin ! »

*

« Exprimer votre sexualité et réclamer le droit d'avoir votre espace en tant qu'être sexuel est très important pour atteindre l'égalité des genres, a affirmé la sexologue Ragnheidur Eiríksdóttir. Il est nécessaire que ma fille de dix-sept ans et son amie conquièrent leur autonomie pour les autres femmes à travers le monde. Il n'existe qu'une seule planète. »

Comme la plupart des Islandais, Ragnheidur porte de nombreuses casquettes. Dotée de lunettes à l'épaisse monture rouge vif, avec ses tatouages sur les mains et les pieds, et beaucoup d'autres encore, à quarante-neuf ans la charismatique « Ragga », ainsi qu'on la surnomme, a été infirmière, journaliste, sexologue, coach, et surtout elle a fait des tournées de tricot à travers le pays. Je la connais justement à cause de ça, car je l'ai interviewée pour la première fois en 2009, après l'effondrement économique de l'Islande, quand a ressurgi la tradition de tricoter dans les moments difficiles. La dernière fois que nous nous sommes vues, nous avons parlé de sexe.

Ragga tricotait diligemment, assise en tailleur sur son canapé, s'arrêtant de temps en temps pour compter ses mailles, sans pourtant que jamais le pull jaune qu'elle confectionnait pour sa petite-fille ne lui fasse perdre le fil de sa pensée.

« Je travaille à la fois dans les domaines du tricot et de la sexualité, alors les gens me demandent parfois comment je fais pour combiner deux activités si différentes, m'a dit Ragga tout en faisant cliqueter ses aiguilles. En réalité, dans ma tête, ce sont deux choses très proches. Dans un cas comme dans l'autre, j'essaie de donner du courage aux gens et de développer leur créativité. Et les deux ont un lien avec la santé mentale.

» Je pense que les femmes en Islande sont plus affirmées. Quand nous avons rendez-vous avec un homme, nous ne sommes pas soumises à la tradition patriarcale qui veut que l'homme décide de tout et paye. Bien sûr, c'est toujours sympa d'être invitée quelque part, mais dans le cadre d'un rendez-vous galant, ça n'est pas à l'ordre du jour. » Elle s'est arrêtée pour boire son café. « De toute façon, en général, quand on sort ensemble quelque part, on a déjà couché. »

Cette liberté sexuelle n'a pas échappé aux étrangers de passage. Il y a environ vingt ans, une campagne publicitaire perverse lancée par une compagnie aérienne locale encourageait les usagers du métro de Londres à se rendre en Islande pour « une aventure d'un week-end ». Les affiches montraient un sauna géothermal situé en pleine nature, mais le double sens était évident. Récemment, une rumeur s'est propagée selon laquelle les Islandaises étaient prêtes à payer des hommes étrangers pour avoir le privilège d'épouser ceux-ci. Heureusement, les femmes d'ici n'ont aucun scrupule à remettre à leur place les hordes de touristes masculins paternalistes et malotrus qui confondent « femmes libres » et « femmes faciles » en leur disant clairement ce qu'elles pensent de leur arrogance.

Il y a quelques années, une appli islandaise a connu son heure de gloire internationale. Le projet en soi n'était pas nouveau, mais la forme, oui. Surnommé « l'appli de rencontres » par les médias étrangers, il s'agissait d'un concept généalogique qui permettait à toutes les personnes de voir quel était leur degré de parenté avec une tierce personne grâce à leur numéro de carte d'identité[29] (sachant que les registres des naissances ont été très bien tenus au fil des siècles et que la population est relativement homogène). La petite histoire disait qu'avant de passer une nuit avec quelqu'un on pouvait vérifier grâce à cette appli qu'on n'allait pas commettre un inceste, ce qui était socialement inacceptable. Mais les gens procèdent-ils vraiment ainsi ?

« Non, bien sûr, m'a assuré Ragga. Mais si vous passez la nuit avec quelqu'un, le lendemain vous pouvez avoir envie d'en savoir plus et d'utiliser l'appli pour voir quel est votre degré de parenté ! »

Cette approche dénuée de jugement sur la sexualité permet aussi de limiter (mais pas hélas d'éliminer) le *slut shaming*.

« Les jeunes filles et les femmes n'ont plus autant honte de montrer qu'elles ont des besoins sexuels, qu'elles sont des êtres sexuels. Mais c'est à double tranchant, car plus on a de liberté et plus la sexualité est ouverte, plus il est nécessaire de savoir où sont les limites et où commence le consentement. Les filles qui ont grandi dans le sillage du hashtag #MeToo sont beaucoup mieux préparées pour fixer les limites. En y réfléchissant, je n'avais aucune idée de ce qu'était le consentement ni même l'envie véritable quand j'avais leur âge. »

*

29. Dans sa version plus innocente, l'appli a été utilisée pour savoir quel lien de parenté vous avez avec des gens célèbres, ou des personnes que vous rencontrez. Cela m'intriguait, alors un jour j'ai entré les informations concernant Gudni dans l'appli en les comparant à celles de deux de mes collègues ; il s'est révélé qu'il était cousin au troisième degré avec l'une et l'autre.

Vous vous rappelez les enfants indépendants du chapitre précédent, ces adorables petits qu'on traite tels des adultes miniatures et qui vont par exemple faire une course à l'épicerie ou chercher un frère ou une sœur cadette à l'école ? Lorsqu'ils atteignent l'adolescence, là aussi ils se comportent avec davantage de maturité.

En Islande la majorité sexuelle est fixée à quinze ans. Une fille ou un garçon qui sort avec la même personne depuis un an peut très bien se référer aux parents de l'autre comme à ses beaux-parents. Cette fille ou ce garçon passe sans doute plusieurs fois par semaine la nuit dans les bras de son copain ou sa copine, niché au creux de son lit double d'adolescent, tandis que les parents dorment au bout du couloir.

Les grossesses chez les adolescentes posent-elles problème ? Oui et non. « Quand une adolescente tombe enceinte chez nous, ce n'est pas un drame absolu comme ça peut l'être aux États-Unis », m'a dit Ragga. D'abord, c'est de moins en moins fréquent car l'accès à la contraception est facile et peu coûteux, et que l'avortement ne représente pas un sujet brûlant comme dans certains pays. En outre, les jeunes filles n'ont pas besoin de l'accord de leurs parents pour mettre fin à une grossesse.

» Quoi qu'il arrive, nous sommes proches les unes des autres. Les familles sont soudées, les bébés sont toujours les bienvenus, et nous participons tous quand il s'agit de s'en occuper. » Elle a haussé les épaules puis fait une pause pour ajouter une nouvelle couleur au pull jaune.

Quelques années plus tard, quand les jeunes adultes commencent à mener des vies indépendantes dans des villes où les loyers sont chers, voire prohibitifs, beaucoup décident de s'installer dans le même logement alors qu'ils sortent ensemble depuis quelques semaines seulement. Si les choses sont assez sérieuses pour que vous laissiez une brosse à dents chez l'autre, pourquoi ne pas économiser quelques centaines de *krónur* en n'ayant plus qu'une seule brosse à dents dans un seul appartement ? Et si ça ne fonctionne pas, il reste en général une chambre inoccupée chez les parents. En outre, vous risquez d'entendre autant de remontrances parce que votre couple n'a pas marché que pour avoir appelé par son prénom votre prof ou votre médecin : c'est-à-dire que ça ne peut pas arriver.

Depuis vingt ans, Ragga anime avec succès des ateliers destinés aux femmes sur la santé et la confiance dans le domaine de la sexualité. « Quand l'exercice nécessite de se mettre nue, je les laisse le faire chez elles », a-t-elle déclaré en plaisantant. Elle m'a aussi raconté qu'elle avait assisté à une évolution du comportement des femmes avec le temps. Au début du siècle, celles-ci lui demandaient, nerveuses, comment se rendre à l'atelier, s'il y avait une plaque sur la porte indiquant « CONSEILS EN SEXUALITÉ » et que par conséquent « tout le monde saurait » qu'elles venaient s'instruire sur les relations de couple ouvertes, le consentement et les exercices de renforcement du périnée. Mais ces dernières années, les participantes ont tendance à publier des photos d'elles sur les réseaux sociaux où elles paradent avec leurs nouveaux sex-toys, achetés pendant l'une des sessions. Pourtant, malgré cette conscience de soi grandissante, Ragga a aussi vu émerger un manque de confiance.

« C'est sans doute lié aux réseaux sociaux et aux exigences qui pèsent sur chacune. À l'époque où j'ai grandi, on avait des doutes sur nous-mêmes quand on feuilletait *Vogue*, mais ma fille est bombardée de messages sur TikTok et Instagram qui décrètent à quoi doit ressembler un corps de femme.

« Pourtant je vois aussi beaucoup d'autonomisation, a-t-elle poursuivi tout en revenant, avec adresse quelques mailles en arrière dans son tricot. Je constate que les jeunes sont tout à fait conscientes de la manière dont on doit parler de son corps, et de leurs droits en tant que personnes. Elles nous qualifient de "parents" quand on est trop vieux jeu pour elles. »

Voici le genre d'évolution de la société islandaise qui peut déboucher sur un changement de législation. Même si l'éducation doit désormais englober les thèmes de la communication, du genre, de l'orientation sexuelle, de l'image de soi positive, tout ce qui rentre dans le cadre de l'éducation sexuelle du point de vue médical est en général conduit par l'infirmière de l'établissement. C'est aux enseignants, aux écoles, voire aux municipalités de décider s'ils désirent aller plus loin dans ces domaines. Leurs contributions sont alors aussi diverses que les établissements et les villes eux-mêmes[30]. Une ONG, Stígamót (centre de conseil et d'éducation pour les victimes de violences et d'abus sexuels), a pris l'initiative de produire des petites vidéos divertissantes diffusées dans les écoles (elles ont été interdites sur les réseaux sociaux comme Facebook et Instagram car le contenu en a été jugé « offensant »), où l'on voit des ados islandais de tous les styles donner des conseils sur des sujets comme la masturbation, le consentement, promouvoir une image positive du corps, et expliquer la différence entre le porno et la réalité.

Cette liberté sexuelle, cette multiplicité des partenaires ont-elles conduit à un déclin moral ou à une dégradation quantifiable du niveau de vie ? Pas du tout. Mais il y a eu quelques couacs, comme par exemple la plus importante proportion d'infection aux chlamydias en Europe, et d'autres niveaux élevés de transmissions de MST (tout cela per capita, comme vous vous en doutez). Entrez l'expression *Reykjavik handshake* dans Urbandictionary.com si vous voulez des preuves.

« Peut-être est-ce parce que nous vivons dans un pays aussi petit que parfois nous nous sentons invincibles », a suggéré Ragga.

Le nombre de plaintes pour agression sexuelle est pourtant

30. Le programme est accessible en anglais grâce au lien suivant : https://www.government.is/topics/education/curriculum/. On peut aussi avoir une vision globale de l'éducation sexuelle dans le cadre des services de santé ici : https://www.heilsugaeslan.is/um-hh/frettasafn/stok-frett/2018/02/14/Kynfraedsla-i-skolum/. Fin 2020, le ministère de l'Éducation, des Sciences et de la Culture a créé un comité pour améliorer l'éducation sexuelle en primaire et dans le secondaire.

élevé en Islande (comme dans les autres pays d'Europe du Nord, phénomène connu sous le nom de « paradoxe nordique »). Il est difficile de savoir s'il y a effectivement plus d'agressions sexuelles qu'ailleurs, ou si ce chiffre résulte de la combinaison d'une confiance plus forte dans les forces de police, d'une plus grande facilité à porter plainte et d'une définition plus large de ce qui constitue une agression sexuelle. En Islande les femmes semblent mieux capables de déterminer ce qui constitue une violence sexuelle que dans d'autres pays où ce genre de sujets reste plus tabou. Elles ont moins peur de saisir la justice ici que dans les sociétés plus patriarcales. La culture de l'alcool joue aussi un rôle. Quand les bars et les boîtes devaient fermer plus tôt en raison de la pandémie de Covid-19, on a enregistré une baisse notable des plaintes pour viol dans la région capitale (mais une augmentation des plaintes pour violences conjugales). En général, les femmes – moi y compris – se sentent plus en sécurité en Islande que partout ailleurs lorsqu'elles marchent seules dehors la nuit. Toutefois, les avances non désirées, le harcèlement verbal et physique et parfois les agressions se produisent ici aussi. Et il va sans dire qu'aucune forme de harcèlement n'est acceptable.

Cette attitude progressiste nourrit un activisme de plus en plus fort, aussi la loi aide-t-elle à faire évoluer les mœurs dans le bon sens et contribue à promouvoir l'égalité des genres. Ainsi par exemple en 2009, le Parlement a promulgué une loi qui rend le travail du sexe légal en soi, mais criminalise le fait d'acheter les services sexuels d'une personne ou d'en tirer profit. La notion de crime repose donc entièrement sur les clients et les souteneurs, pas sur les travailleuses du sexe. Dans un autre domaine, la loi se réfère désormais aux « parents » et non plus aux « mères » et aux « pères ». En 2019, la loi sur l'avortement a été modernisée pour la première fois en quarante ans, éliminant la nécessité de recueillir l'approbation d'un comité avant que la procédure puisse avoir lieu entre la seizième et la vingt-deuxième semaine de grossesse. En février 2021, une nouvelle loi est passée qui criminalise le *revenge porn* et toutes les formes d'atteintes à l'intimité sexuelle[31].

« Quelqu'un a dit que le corps des femmes était un champ de bataille politique, et il n'y a pas besoin d'aller loin pour le constater, a déclaré Ragga. Regardez ce qui se passe en Pologne, aux États-Unis. Le corps des femmes ne leur a jamais appartenu au sens global, or le corps et la sexualité sont indissociables, si bien que la manière dont une femme est autorisée à exprimer sa sexualité est un bon indice du degré d'autonomie dont elle dispose par rapport à son corps. »

On a vu émerger des initiatives très créatives pour promouvoir le changement social. Ainsi en Islande a lieu chaque année la Slut Walk depuis 2011, quelques mois après la première à Toronto, au Canada. Cette marche est destinée à faire taire tous ceux qui rendent la victime responsable de l'agression, et à remettre l'agresseur au centre du jeu comme seul responsable. En 2015, le maire de Reykjavík, Dagur B. Eggertsson, a posé pour une affiche annonçant la marche cette année-là, avec ce sous-titre : *I am a slut* (« Je suis une salope »).

En 2015, une usagère dans une piscine locale a été vertement critiquée parce qu'elle nageait seins nus. Le hashtag #FreeTheNipple (« Libérez le téton ») est apparu, et des femmes se sont mises à poster des photos de ces seins qu'on voulait cacher. Dans la société égalitaire d'Islande, une parlementaire (et future ministre de l'Environnement), Björt Ólafsdóttir, n'a pas hésité à participer en publiant une photo d'elle sur Twitter, seins nus, avec cette légende en islandais : « Ceci sert à allaiter les bébés. Enfoncez-vous bien ça dans le patriarcat. »

---

31. Gréta Sigrídur Einarsdóttir, « Digital Sexual Violence Now Punishable by up to Four Years in Prison », *Iceland Review*, 18 février 2021 (https://www.icelandreview.com/politics/digital-sexual-violence-now-punishable-by-up-to-four-years-in-prison/).

*

Le soutien plein et entier des politiques (enfin, de certains), les jeunes femmes qui refusent le *slut shaming*, et toutes celles qui revendiquent d'être seules à décider de leur corps, tout cela a contribué à renforcer le combat pour l'égalité parmi un groupe marginalisé de la population, la communauté LGBTQIA+. Le terme islandais qui les désigne, *hinsegin* (littéralement « à l'envers »), comprend toutes les personnes qui ne s'identifient pas comme hétérosexuelles.

« Je pense que le mouvement féministe avance main dans la main avec les lesbiennes. C'est vrai, on a encore plus de raisons de revendiquer l'égalité quand on est en couple avec une autre femme ! » m'a dit Eva María Thórarinsdóttir Lange dans son confortable et élégant penthouse d'architecte au sixième étage, en plein centre de Reykjavík, d'où l'on a une vue panoramique sur la capitale.

Pleine de charme et d'assurance, Eva María, quarante ans, est la directrice de la Marche des fiertés depuis sept ans, et elle fait autorité sur le plan national au sujet de la communauté LGBTQIA+. Je la connais mieux comme cofondatrice et propriétaire de Pink Iceland, l'agence de voyages qu'elle dirige avec sa femme, Birna Hrönn Björnsdóttir et leur ami Hannes Pálsson, qui s'occupent d'événementiel LGBTQIA+ tel que des mariages et des voyages touristiques en Islande.

Du point de vue légal et sociétal, l'Islande possède une réputation bien méritée de leader en matière de droits pour les personnes LGBTQIA+. En 1996, ce fut le quatrième pays au monde à reconnaître l'union entre personnes de même sexe (loi sur le concubinage). De même, les couples homoparentaux peuvent adopter depuis 2006 (mais la Colombie est le seul pays avec lequel l'agence d'adoption islandaise a des accords ; quant à l'adoption de bébés islandais, elle est très rare car il existe presque toujours un membre de la famille élargie prêt à s'occuper du bébé en cas de besoin). Le gouvernement a légalisé le mariage entre personnes de même sexe en 2010. Nous n'étions pas les premiers, mais nous sommes l'une des rares nations où cette proposition de loi n'a rencontré aucune opposition.

En 2009, l'Islande a recueilli des louanges internationales quand Jóhanna Sigurdardóttir est devenue la première Première ministre ainsi que la première cheffe de gouvernement ouvertement lesbienne du pays. Je me rappelle ce moment surtout parce que la presse à l'époque a parlé de la nomination de Jóhanna en soulignant le fait qu'avant d'entrer en politique elle avait été hôtesse de l'air. Il était de notoriété publique en Islande qu'elle était lesbienne et en couple avec l'écrivaine Jónína Leósdóttir depuis plus de dix ans. En tant qu'immigrante, et par conséquent moins au fait de ce genre de choses, j'ai eu l'agréable surprise de constater que son orientation sexuelle ne méritait pas l'attention des médias.

Jóhanna a été Première ministre jusqu'en 2013, mais déjà avant elle de nombreux leaders politiques hétéros avaient eux aussi exprimé leur soutien à la communauté LGBTQIA+. L'ancien maire de Reykjavík, Jón Gnarr, père hétéro de cinq enfants, est célèbre pour avoir défilé dans un costume de drag-queen lors de la Marche des fiertés annuelle, très ouverte aux familles. Le maire actuel assiste lui aussi à l'événement, mais pas costumé. Mon mari est l'un des soutiens de l'association nationale LGBTQIA+ Samtökin '78 ; c'est aussi le premier chef d'État à avoir assisté à la Marche des fiertés nationale. (Justin Trudeau, le Premier ministre canadien, y a participé lui aussi plusieurs fois, mais en tant que chef de gouvernement, pas chef d'État.)

Quand il est devenu soutien de l'association Samtökin '78, Gudni a reçu un petit bracelet en coton couleur arc-en-ciel, tels que les jeunes aiment à en tisser. Il le porte tous les jours, et le remplace chaque fois qu'il se casse ou s'effiloche. Il l'avait au poignet sur les photos officielles lorsqu'il a serré la main au président russe Vladimir Poutine au forum de l'Arctique en 2017, puis lors de la visite éclair du vice-président des États-Unis Mike Pence en 2019.

Il n'en a pas toujours été ainsi. La communauté LGBTQIA+ a dû lutter âprement pour la reconnaissance de ses droits. Il n'y a pas si longtemps que l'activiste Hördur Torfason a dû fuir au Danemark après avoir été menacé de violence en raison de son orientation sexuelle, ni que des couples ouvertement gay se sont vus attaqués en public parce qu'ils s'étaient témoigné de l'affection. En Islande, comme partout dans le monde, il faut du temps pour que la société reconnaisse ses préjugés et tente d'y remédier.

Eva María a comparé l'Islande à d'autres pays, à l'aune de son expérience. Entre ses huit et quinze ans, elle a vécu à Naples, en Italie, avec sa mère, islandaise, et son beau-père, italien, même chose.

« Là-bas, être lesbienne n'était pas une option. Je n'avais même pas le mot pour le dire. Aussi, pour moi, l'Islande était un paradis, l'endroit où je voulais vivre. Pour la famille, en Italie, je ne peux pas être lesbienne, même aujourd'hui. »

Faire son coming out en Islande à l'adolescence n'a toutefois pas été un problème pour Eva María. « J'étais tellement soulagée de pouvoir être enfin moi-même ! Quand ça arrive et que vous vous sentez enfin bien dans votre peau, alors vous pouvez tout affronter. »

Toutefois le manque de modèles à suivre dans la communauté lesbienne compliquait la tâche. « Au début, les gens me disaient "Tu n'as pas l'air d'une lesbienne", m'a-t-elle raconté en souriant. J'allais dans un bar pour filles avec une jupe, du vernis à ongles et du rouge à lèvres, et on me prenait pour une hétéro qui s'était trompée d'adresse. Nous avons toutes et tous besoin de modèles : le gay super flamboyant, la butch, la lesbienne fem. »

On trouve tous ces stéréotypes en Islande bien sûr, où la communauté LGBTQIA+ n'est pas enfermée dans un quartier précis. Des couples de même sexe ont des gestes de tendresse en public, les registres d'inscription à l'école ne mentionnent plus les « mère » et « père », mais « parent 1 » et « parent 2 », et les gens se sentent autorisés à draguer une personne du même sexe dans n'importe quel bar, et pas seulement dans ceux qui leurs sont « réservés ».

« Les gens viennent ici parce que la société est très tolérante, pas seulement en raison de la loi », dit Eva María au sujet de ses clients.

Eva María travaille aussi ce qu'elle appelle les « tout petits pas », visant à améliorer les comportements et manières de s'exprimer. « Au cours d'une réunion, quelqu'un a dit à un autre qu'il avait fait ça "comme un homme", alors j'ai attendu et un peu plus tard j'ai dit à une autre qu'elle se comportait "comme une vraie dame". Les autres ont compris et je pense qu'ils feront plus attention à leur manière de s'exprimer. »

Moi aussi, je fais désormais plus attention aux mots que j'emploie après que Eva María m'a fait une remarque sur un discours que j'avais prononcé au sujet de l'égalité femmes-hommes, disant que je n'avais aucune critique à faire à propos de la politique de notre pays en matière de congé parental, qui accordait plusieurs mois de congés à la mère, et plusieurs mois de congés au père. « Mieux vaut dire "à un parent", puis "à l'autre" », m'a-t-elle poliment corrigée. J'ai appris la leçon et je pense toujours à elle quand j'évoque les mesures d'aide aux parents, sans préciser le genre.

*

Eva María se souvient d'un certain nombre des clients de Pink Iceland. Ce couple de West Hollywood, « sans doute la partie la plus gay de n'importe quelle ville au monde », d'après elle. Dans un minuscule village du nord de l'Islande, ils lui ont dit en se tenant la main que ce geste signifiait qu'ils étaient « juste des gens normaux » qui n'avaient pas besoin de se conformer aux stéréotypes des couples gay. Le premier mariage qu'elle a organisé pour Pink Iceland, sur le site de Thingvellir, classé par l'Unesco, a été célébré entre un médecin militaire américain qui s'apprêtait à partir pour le Moyen-Orient et son compagnon allemand, qui voulait se marier « au cas où il arrive quelque chose ». Pendant la noce, la sœur d'un des mariés a lu une lettre très touchante de sa mère, avec laquelle la relation était mauvaise, mais qui lui souhaitait le meilleur. Et ces deux quinquagénaires de la bourgeoisie indienne, en couple depuis un quart de siècle, qui ont dit que malgré les virées en hélicoptères, les randonnées sur les glaciers et les balades à cheval sur les plages de sable noir, le meilleur moment du voyage, c'était quand elles s'étaient promenées main dans la main dans l'artère commerçante de Reykjavík : c'était la première fois qu'elles se donnaient la main en public.

« Le besoin d'appartenance est ce qu'il y a de plus fort chez l'être humain. Si vous avez l'impression de n'avoir nulle part votre place, vous ne serez jamais heureuse », a expliqué Eva María à propos des effets que ce genre d'expériences avaient sur ses clients.

Même la loi a fini par rattraper la société, et l'homosexualité n'est plus stigmatisée comme autrefois, même s'il reste encore des étapes à franchir, déclare-t-elle.

« Pour la première fois, nous rencontrons des personnes âgées ouvertement gay ou lesbiennes. Est-ce qu'un gay de quatre-vingt-dix ans qui s'installe dans un foyer peut exprimer son identité sans se cacher ? Je n'en suis pas sûre. Les jeunes en revanche n'ont même plus besoin de faire leur coming out de nos jours. Peut-être que les identités sexuelles sont devenues fluides. Les anciens, eux, ont dû se battre pour exister, et continuent encore de faire face à des préjugés auprès des gens de leur génération.

» Si j'avais pu choisir à l'âge de quinze ans d'être hétéro, je ne l'aurais pas voulu parce que être lesbienne a rendu ma vie plus intéressante et m'a ouvert davantage de possibilités. Jamais je n'ai pensé que je ne pouvais pas faire ceci ni cela parce que j'étais une femme ou parce que j'étais lesbienne. Jamais cela ne m'a traversé l'esprit. Est-ce que c'est lié au fait de vivre en Islande ? Bien sûr que oui. »

*

Si les lesbiennes islandaises se sentent bien dans leur société, ainsi que sur le plan législatif, les femmes transgenres et les personnes non binaires doivent en revanche toujours se battre pour que leurs droits soient protégés par la loi.

Ugla Stefanía Kristjönudóttir Jónsdóttir a fait son coming out auprès de ses parents, un couple d'agriculteurs, dans une lettre de cinq pages, avec une FAQ et tout le reste, où ielle leur expliquait que le genre qu'on lui avait assigné à la naissance ne correspondait pas à ce qu'ielle ressentait en tant qu'individu, c'est-à-dire qu'ielle était non binaire, pas exclusivement femme ni homme.

« “Prenez le temps de digérer ça, lisez-le bien, et puis allez traire les vaches, je leur ai dit. Quand vous serez prêts, on en parlera” », m'a raconté Ugla Stefanía lors de notre rencontre au siège de l'association LGBTQIA+ d'Islande.

Ses parents ont respecté ce qu'ielle demandait, puis ils se sont tous assis autour de la solide table de cuisine vieille de quarante ans et, après avoir assuré à Ugla tout leur soutien, la première question que son père a posée, c'est : « Tu vas utiliser quel vestiaire à la piscine ? »

« C'est tellement islandais de penser en premier à la piscine ! m'a dit Ugla en souriant. J'ai répondu que j'aborderais les choses tranquillement, l'une après l'autre. »

Ugla Stefanía a grandi dans une ferme près du village de Blönduós, dans le nord-ouest de l'Islande. Le village est connu pour sa piscine et son musée du textile. C'est une région verdoyante aux collines dépourvues d'arbres et aux ruisseaux d'eau claire, réputée pour ses terres fertiles, mais qui passe aussi pour avoir la police la plus sourcilleuse du pays : elle adore arrêter les conducteurs qui filent entre la capitale et Akureyri, la plus grande ville du nord. À l'école d'Ugla, il y avait moins de cent élèves, allant du CP à la seconde. Les voisins habitaient à cinq minutes en voiture. Les portables ne passaient pas. Le père d'Ugla, Jón Gíslason, né à la ferme en 1959, y a vécu toute son enfance sans électricité. Avec sa femme, Kristjana Stefanía Jóhannesdóttir, ils l'exploitent ensemble depuis qu'ils ont respectivement dix-neuf et dix-sept ans.

« Les gens croient que quand on passe sa jeunesse à la campagne on reçoit une éducation très conservatrice, mais grandir ici a été pour moi une chance, cela me convient très bien car j'ai pu nouer des liens bien plus profonds avec la nature que mes amis qui ont été élevés en ville. Quand j'étais enfant, je ne ressemblais pas aux autres garçons, et mes parents ont toujours été gentils avec moi. Ma différence ne leur a jamais posé de problème. »

Ugla Stefanía se définit comme une personne trans, féminine et non binaire qui utilise le pronom « ielle ». En islandais, un nouveau pronom, *hán*, qui représente la troisième personne du singulier au neutre, est de plus en plus utilisé. Contrairement à d'autres mots nouveaux comme *tölva* et *sími* (« ordinateur » et « téléphone »), celui-ci a été créé par la communauté LGBTIA+ et ne figure toujours pas dans le lexique officiel.

« Les femmes se montrent plus solidaires et compréhensives », m'a dit Ugla qui n'a « aucun problème » à se classer dans la catégorie des femmes en faveur de l'égalité des genres en Islande.

« Mon univers et mon expérience font qu'on me considère comme une femme, et dans presque tous les domaines je vis la même chose que les femmes. Donc je me sens vraiment lié.e à elles, même si mon identité de genre est plus vaste. » Ugla est aussi activiste trans en Grande-Bretagne et en Europe en général, et son nom était sur la liste des cent femmes choisies par la BBC en 2019[32].

Tout en discutant avec ielle, j'ai noté mentalement la fréquence à laquelle revenaient les mots « chance » et « reconnaissance » dans son discours. Ugla est plus célèbre en Grande-Bretagne où ielle vit, et utilise le pseudo « Owl Fisher » (*owl* est la traduction du mot islandais *ugla*, qui signifie « chouette »). Il est frappant de constater combien ielle voit des opportunités à la place des obstacles à surmonter, et des bénédictions plutôt que des malédictions. Pas d'accès à Internet avant le début de ce siècle ? « Comme ça, j'apprécie plus la technologie aujourd'hui. » Un nombre impressionnant d'identités différentes tentent de prendre part au débat qui anime la communauté LGBTQIA+ ? « Notre langage crée de la solidarité à travers le mot *hinsegin ;* nous avons tellement de chance. »

La situation des personnes trans reste néanmoins sombre. Celles-ci risquent davantage de tomber en dépression, de souffrir d'anxiété et de tenter de se suicider. Beaucoup n'osent pas utiliser les toilettes publiques. Dans de nombreux pays, les jeunes trans sont harcelés, stigmatisés et on leur refuse l'accès aux services publics de base[33]. Il est difficile de trouver des statistiques sur la santé mentale des jeunes trans en Islande, mais si l'on est en droit de penser que la situation est meilleure qu'ailleurs, il y a encore beaucoup à améliorer.

---

32. « BBC 100 Women 2019 : Who is on the List This Year ? », BBC, 16 octobre 2019 (https://www.bbc.com/afrique/region-50059133).
33. Owl Fisher, « Too Many of Us Young Trans People Are Crying Out for Help. Will You Listen ? », *The Guardian*, 28 mars 2018.

Lentement mais sûrement, nous accomplissons des progrès qui sont actés sous forme de lois. En Islande, les jeunes trans peuvent commencer à faire un blocage hormonal dès le début de la puberté, ce qui revient à appuyer sur le bouton « stop ». Dès quinze ans, ielles peuvent changer de nom ou de genre officiellement. Après seize ans, avec l'aide de médecins qui évaluent leurs caractéristiques physiques et leur état émotionnel, les trans peuvent commencer à prendre des hormones du sexe opposé. En 2020, les droits des mineurs intersexes ont été renforcés avec l'interdiction des actes chirurgicaux non nécessaires pratiqués sans leur consentement.

Ugla trouve que les jeunes trans aujourd'hui en Islande sont « incroyables ». « Ielles font exactement ce qu'il faut faire, et sont très cool avec ça. La transidentité n'est qu'une facette de leur personnalité. »

Depuis 2021, les procédures de transition sont couvertes par la Sécurité sociale et il existe une « équipe trans » à l'hôpital national qui aide à coordonner les myriades de procédures et de services choisies par les jeunes – depuis le traitement au laser pour retirer des poils jugés disgracieux jusqu'aux conseils psychologiques en passant par la chirurgie génitale.

« Si les gens ne peuvent faire leur transition médicale, ils ne peuvent littéralement être eux-mêmes », souligne Ugla.

En Islande, vous pouvez choisir l'option « neutre » quand vous faites une demande de passeport ou que vous renouvelez votre carte d'identité. Ces personnes se voient ensuite proposer un suffixe neutre pour leur nom, *-bur* (« qui descend de »), au lieu des traditionnels *-son* et *-dóttir*.

Le discours général au sujet de la situation des personnes trans est de plus en plus banalisé. En 2020, un bus municipal a arboré les couleurs du drapeau trans pendant tout le mois où avait lieu la Marche des fiertés. La même année, un show télévisé sur les jeunes trans en Islande a reçu beaucoup de critiques positives. Même l'Église luthérienne, qui est l'Église d'État, a conçu une publicité pour l'école du dimanche en représentant un Christ de type caucasien avec une barbe et des seins, ce qui a déclenché certes controverse et débat musclé, mais pas un tollé national[34].

« Je pense que la majorité des gens veut vraiment que les personnes trans se sentent bien dans leur peau et puissent être partie prenante de la société, a déclaré Ugla. Pour moi, la société islandaise se veut ouverte et respectueuse des autres, peu importe leur identité. »

Ugla vit dans le sud de l'Angleterre depuis cinq ans, et la différence en matière de droits des trans est énorme, m'a-t-ielle dit. « En Islande, la plupart des gens ont déjà rencontré une personne trans, tandis qu'en Grande-Bretagne les chances sont beaucoup plus faibles. Les préjugés et la peur naissent de l'inconnu.

» Quand je fais une interview en Angleterre, ça vire très vite au pugilat. Il faut se battre, et ça peut être vraiment épuisant. Je n'ai jamais connu d'interview en Islande où l'on se montre grossier avec moi, même quand on me posait des questions délicates. »

Ugla Stefanía lutte pour faire évoluer la manière dont on considère les personnes trans, et pour que le sujet reste dans l'actualité. « Trouver des points communs, des terrains d'entente, c'est là que commence le véritable activisme : quand les gens se mettent à voir en vous une personne à part entière. »

L'égalité gagnée dans un domaine permet ensuite de l'étendre à d'autres. Ainsi le mot *hinsegin*, qui rassemble tant d'orientations différentes : pour l'activiste de la ferme de Blönduós, cela montre que les méthodes employées dans un cas peuvent être appliquées de manière plus large.

---

34. Vala Hafstad, « Big-Breasted Jesus Causes Controversy », Iceland Monitor, 14 septembre 2020 (https://icelandmonitor.mbl.is/news/culture_and_living/2020/09/14/big_breasted_jesus_causes_controversy/).

« Les féministes se concentrent souvent sur un type de femme précis. Les handicapées, les immigrées, les femmes racisées ne participent pas au débat. Or il faut les entendre car autrement on risque d'élaborer un modèle où elles ne seront pas inclues, et les mêmes dynamiques d'exclusion seront à nouveau à l'œuvre. »

*

Ugla Stefanía et moi avons discuté ainsi par un bel après-midi d'été, cette année où les Islandais ont eu leur pays rien qu'à eux, car pendant la pandémie de coronavirus les voyageurs n'arrivaient plus qu'au compte-gouttes. Ugla et moi portions des masques arc-en-ciel fournis par l'association LGBTQIA+. C'était étrange d'avoir tout cet espace rien que pour nous dans un des quartiers les plus intéressants de la capitale, tout en sachant que l'absence de touristes signifiait pour beaucoup de terribles revers économiques.

Dans le centre-ville, au milieu de ces maisons colorées en tôle ondulée qui figurent sur toutes les cartes postales, se trouve l'une des rues principales de la ville, semi-piétonne. Quand on monte la colline escarpée depuis la rue commerçante animée, droit sur 1 kilomètre jusqu'à cet édifice marquant que constitue l'église luthérienne de Hallgrímskirkja, le premier pâté de maisons de la rue Skólavördustígur est décoré d'un arc-en-ciel. À l'origine il devait saluer le mois de la Marche des fiertés, mais il est resté depuis – il est régulièrement repeint – pour rappeler à la ville et à la société leur engagement en matière de diversité et d'égalité.

Nous avons tous besoin qu'on nous le rappelle. L'égalité n'arrive pas toute seule, et même si nous célébrons les progrès accomplis, il ne faut jamais oublier à quel point les retours de bâton peuvent arriver vite. Cet arc-en-ciel de la diversité, ruban coloré qui s'étend à travers le centre-ville, est un élément tangible qui sert à nous rappeler à la fois ce que nous avons accompli et le chemin qui reste à parcourir. C'est aussi le signe que quoi qu'il arrive nous avons tous notre place dans cette galaxie.

L'appartement d'Eva María donne sur l'arc-en-ciel de Skólavördustígur, ce qui pour elle en fait l'un des charmes principaux. Dans les boutiques de souvenirs qui bordent la rue, les touristes achètent des pulls et des mitaines du même genre que ceux que Ragga, la sexologue, trouve si apaisant de tricoter. Tard le soir, celles et ceux qui désirent profiter du « quart d'heure avant 4 heures » peuvent déambuler main dans la main dans cette partie piétonne de la rue.

Malgré les conditions très particulières dans lesquelles nous avons fait connaissance, Ugla Stefanía était optimiste, en particulier sur la chance de pouvoir revenir dans son pays.

« Chaque fois que je rentre, je prends le temps de souffler », m'a-t-ielle dit. Sans compter les moments passés avec ses amis et sa famille, à chercher des produits alimentaires qui n'existent pas en Grande-Bretagne, à donner des conseils à de jeunes trans timides, ou des interviews à la presse islandaise, ielle a le loisir de se reposer, de s'immerger dans un Jacuzzi, de respirer, d'être soi-même sans avoir à se justifier.

La ténacité et l'optimisme d'Ugla Stefanía sont pour moi une source d'inspiration pour aider à promouvoir la voix des autres quand je le peux, me souvenir des obstacles invisibles ou non dits auxquels tant de personnes sont confrontées, et réfléchir aux mots que j'emploie car ils peuvent avoir un impact majeur pour les autres. Je n'y parviens pas toujours. Sans m'en rendre compte, je retombe parfois dans des stéréotypes qui m'ont été inculqués il y a longtemps, en affichant des jugements sur les choix intimes des gens : la liberté sexuelle est sans doute ce qui m'a le plus surprise à mon arrivée en Islande. Mais rien de tout cela ne m'impacte sur le plan personnel : l'enjeu ici est de laisser les gens vivre leur vie comme ils veulent, selon leur nature. Il s'agit de prendre la parole et de mettre la pression pour faire changer les attitudes puis de transformer cela en lois qui protègent les droits de tout le monde.

Aucune situation n'est parfaite, mais dans notre pays nous essayons de « libérer le téton », de défiler lors des Slut Walk, et d'« en avoir sous le pied » quand on veut et avec qui on veut. Même si les préjugés et l'ignorance demeurent, nous avons la chance que la liberté de mœurs ne soit plus stigmatisée en Islande.

LA *SPRAKKI* DU MOYEN ÂGE

L'Islande au XVe siècle : environ 70 000 âmes sous domination danoise. Tremblements de terre, éruptions volcaniques et tempêtes causaient des ravages totalement imprévisibles. L'arrivée de la peste extermina la moitié de la population qui, au début du siècle, tomba aux alentours de 35 000 personnes.

Dans cette époque misérable, une petite élite d'individus bien nés vivaient des largesses du roi du Danemark et profitaient du commerce en pleine expansion avec les nations lointaines.

Ólöf « la Riche » Loftsdóttir, mariée à un époux influent, fut en quelque sorte l'une des cheffes de l'Islande à l'époque. Fille d'un gouverneur, elle avait grandi dans le luxe et les privilèges. Elle et son mari, Björn Thorleifsson, formaient le couple le plus fortuné de l'île et possédaient d'immenses territoires dans l'ouest du pays. Ólöf achetait et vendait des terres en son propre nom et lançait des campagnes maritimes. Aux yeux de ses contemporains, elle se comportait à la fois comme une femme et un mari.

Le couple jouissait aussi des faveurs du roi Christian Ier, qui paya une forte rançon pour les faire libérer lorsqu'ils furent enlevés par des pirates dans les Orcades, au nord de l'Écosse.

Des années après leur retour chez eux, en 1467, une bande de négociants anglais, mécontents des nouvelles barrières douanières imposées par les Danois sur leur commerce avec l'Islande de plus en plus florissant, attaquèrent Björn et sept de ses hommes. Ils les décapitèrent, puis démembrèrent le corps de Björn, le salèrent et le renvoyèrent à Ólöf dans un sac.

En recevant cet atroce paquet, celle-ci ne broncha pas et la légende dit qu'elle déclara : « Ne pleurez pas Björn, mais rassemblez des hommes et allez le venger. »

Et c'est ce qu'elle fit. Elle rassembla des hommes qui capturèrent des douzaines de marchands anglais et les gardèrent prisonniers. Avec l'aide de son fils aîné, Thorleifur, elle prit encore trois bateaux de pêche anglais et leurs équipages. Bon nombre d'entre eux devinrent ses esclaves et allèrent travailler sur ses terres, elle en renvoya certains en Angleterre et fit périr les autres.

D'après la légende, Ólöf rendit un jour visite au roi du Danemark et lui raconta l'histoire du meurtre de son époux. Le roi fut tellement impressionné par sa force et sa majesté que cet épisode fut peut-être la cause d'une guerre entre le Danemark et l'Angleterre qui dura cinq ans.

Après la mort de son mari, la tenace Ólöf continua à régner sur ses terres et fit construire une église qui demeura trois siècles.

Sur son lit de mort, elle demanda à Dieu qu'Il fasse advenir un événement d'importance. Dans les jours qui suivirent sa mort, en 1479, une terrible tempête balaya la région. Des églises, des maisons, des bateaux furent détruits. En Angleterre, cinquante navires sombrèrent, et en Norvège, des maisons furent arrachées à leurs fondations.

La tempête fut baptisée « la tempête d'Ólöf[35] ».

---

35. Ólöf la Riche est surtout connue pour les mots qu'elle prononça en apprenant la mort de son mari, et la décision de le venger : « Ne cédez pas à la colère, faites justice. » Voilà un symbole de la détermination des femmes qui la lie aux femmes puissantes des sagas. Sa ténacité et son courage sont indiscutables, mais les détails qui entourent la mort de son mari, sa vengeance elle-même, ses voyages, sa visite au roi du Danemark et bien sûr ce souhait sur son lit de mort tiennent davantage de la légende.

5

TENIR LES CORDONS DE LA BOURSE DANS L'ENTREPRISE

« Tu n'as jamais pissé dans la mer salée[36]... »

Comme beaucoup de bonnes idées, celle-ci est née d'une bouteille de vin. Par une sombre journée d'automne 2012, Erica Jacobs Green et moi nous partagions une bouteille de rioja charpenté, quand mon amie s'est mise à me parler du festival littéraire des écrivains américains dont elle revenait.

« Les Islandais aiment tellement l'écriture, je me demande pourquoi il n'y a pas d'équivalent ici.

– Mais oui, tu as totalement raison », ai-je répondu avec déjà deux verres au compteur. Soudain, une petite lumière s'est allumée dans mon esprit. « Et pourquoi on ne le créerait pas nous-mêmes, ce festival ? »

Voilà comment l'aventure de l'Iceland Writers Retreat a commencé. Erica et moi avons bouclé nos ceintures, et nous nous sommes élancées dans les montagnes russes émotionnelles qui consistent à créer un événement à partir de rien, à chercher des sponsors, à mettre au point des plans marketing et des budgets, à inviter les auteurs de nos rêves à animer des

36. *Að míga í saltan sjó* fait référence à une personne sans expérience (comme un homme qui n'a jamais tenté d'uriner par-dessus bord pendant une campagne de pêche).

ateliers, à découvrir les secrets de la promotion à travers les réseaux sociaux, et à inventer des tournées centrées sur le livre pour montrer combien l'Islande est belle à nos auteurs venus de vingt pays différents. Cette idée nous plaisait à toutes les deux : nous adorons organiser, planifier et veiller à la bonne marche des choses. Erica était depuis vingt ans éditrice, quant à moi, j'écrivais depuis des années des articles essentiellement dans le domaine du voyage. J'étais la rédactrice du magazine d'Icelandair, dont je créais moi-même une bonne partie du contenu. L'Iceland Writers Retreat était donc la parfaite combinaison entre ce que nous aimions faire toutes les deux (programmer) et les sujets que nous adorions (l'écriture, l'Islande).

Au bout de dix-huit mois, de douzaines de réunions, de quantité de soucis et au moins d'une caisse de rioja, notre premier festival a eu lieu, et tout a marché comme sur des roulettes. Nous avons dû affronter les tempêtes de neige en avril ; l'une de nos principales autrices a annulé sa venue la veille, alors qu'elle devait animer des ateliers qui déjà affichaient complet ; il a fallu calmer le jeu alors qu'enflait la rumeur que mon mari allait se présenter aux élections présidentielles ; sans oublier les innombrables défis que la pandémie de Covid-19 présentait pour un festival international comme le nôtre.

L'IWR est mon bébé sur le plan professionnel, et sa gestation m'a enseigné beaucoup de choses sur ce que c'est d'être cheffe d'entreprise en Islande. Avant de m'y consacrer à temps plein, j'avais travaillé pour une start-up et un magazine. J'avais appris toutes sortes de choses sur d'autres formes d'organisation professionnelle grâce à mon travail en indépendante dans les domaines du marketing et de la relecture. Mais je n'avais jamais « pissé dans la mer salée » : je n'avais aucune expérience ni habitude de tout décider. La transition entre salariée, puis indépendante, puis cheffe d'entreprise n'a jamais été linéaire. Cela dit, le jeu en vaut largement la chandelle – c'est-à-dire voir des gens du monde entier se rassembler pour participer à ce que certains ont qualifié d'« expérience la plus enrichissante ».

En dehors de mon bref vécu en tant que jeune cadre au Royaume-Uni, où lors des réunions on me prenait souvent pour une secrétaire, je n'ai guère été confrontée au sexisme en Islande. Bien sûr, comme toutes les personnes appartenant à mon genre, on m'a interrompue, ou ignorée. Certains hommes en Islande sont aussi doués que leurs camarades à travers le monde pour jouer les « mecspliqueurs » et élever la voix pour faire taire une collègue plutôt que de s'adresser à elle avec respect. Prétendre que le harcèlement sexuel au travail n'existe pas ici serait malhonnête.

Et pourtant. Plus des trois quarts des Islandaises âgées de plus de quinze ans économiquement actives travaillent à l'extérieur de chez elles, et leur présence se ressent dans pratiquement tous les secteurs économiques (le taux d'emploi des femmes aux États-Unis est de 56 %, au Canada, de 61 % et en France, de 68 %)[37]. Bien entendu, certains domaines comme les professions de santé et l'enseignement sont en majorité féminins et, évidemment, les salaires y sont plus bas. D'autres sphères telles que la pêche et, plus crucial, l'expertise financière restent des domaines très masculins. Toutefois, les enclaves exclusivement masculines sont peu nombreuses et dispersées.

L'Islande n'est pas immunisée contre les problèmes qui existent ailleurs, mais elle cherche à remédier aux inégalités professionnelles liées au genre. Ainsi que dans beaucoup d'autres pays, les emplois les moins bien rémunérés sont souvent occupés par des femmes. En 2020, une grève nationale des travailleuses pauvres, dont les employées municipales et en particulier celles qui travaillent dans les écoles maternelles, a été présentée par les syndicats organisateurs comme une bataille contre le sexisme. Au bout d'un mois de grève,

37. Esteban Ortiz-Ospina, Sandra Tzvetkova et Max Roser, « Women's Employment ».

de nouvelles mesures ont été décidées incluant une hausse des salaires, une semaine de travail plus courte, et une prise en compte plus importante du niveau d'éducation et de formation dans le calcul des salaires. Les syndicats ont déclaré qu'un pas important avait été accompli en mettant à jour les contrats des travailleurs à faible revenu, qui pour l'essentiel sont des femmes.

Comme souvent, les choses paraissent plus encourageantes quand on les voit de l'extérieur. L'Islande est arrivée en tête dans l'index du plafond de verre analysé par *The Economist* en 2020, grâce au nombre de femmes qui possèdent un diplôme universitaire (plus de la moitié) et de la proportion de places qu'elles occupent dans les conseils d'administration des entreprises publiques (grâce à la loi des quotas).

Mais au sein du pays, nous nous préoccupons plutôt des énormes défis qui nous attendent. En 2019, le revenu moyen des femmes était de 30 % inférieur à celui des hommes. Or quand les femmes gagnent moins pendant leur carrière, elles touchent encore moins lorsqu'elles sont à la retraite. À l'instant où j'écris ces lignes, il n'y a pas de femme directrice générale parmi les entreprises cotées à la Bourse d'Islande, et elles représentent seulement 13 % des DG des huit cents premières entreprises du pays[38].

Dans le monde de l'entreprise, on se lamente de plus en plus sur l'absence de parité dans les conseils d'administration et à la direction. Les lois qui rendent obligatoire la parité dans les conseils d'administration, ainsi que la rémunération égale pour un travail égal ont permis de hâter le processus qui mène vers l'égalité. En général les hommes semblent d'accord sur le principe et, dans l'ensemble, s'accordent à reconnaître que la

38. Ce chiffre de huit cents est livré par Creditinfo, une entreprise islandaise, et il recoupe le chiffre établi par le magazine *Fortune 500*, même si le turnover n'est pas le seul critère. https://www.creditinfo.is/um-creditinfo/frett.aspx?NewsID=81

parité et la diversité des origines augmentent le chiffre d'affaires de l'entreprise[39]. Certaines personnes s'assurent que le problème reste sur l'agenda des décideurs. Mais l'argent – les entreprises cotées en Bourse, les investisseurs aussi puissants que les fonds de pension – demeure bel et bien entre les mains des hommes. Parallèlement, un nombre de plus en plus élevé d'immigrées doivent relever un défi unique dans le monde de l'entreprise et du secteur privé. Toutefois, le plafond de verre qui empêche d'accéder à une parité plus grande dans les instances dirigeantes des grandes entreprises – et le défi qui consiste à trouver un équilibre entre la vie professionnelle et la vie familiale – est étonnamment absent de mes échanges avec les femmes que j'ai interrogées pour ce livre, idem dans mon expérience personnelle. Voilà comment les structures sociales en Islande aident à s'engager davantage sur le plan professionnel même s'il nous reste beaucoup de choses à améliorer, surtout en ce qui concerne la parité vis-à-vis de qui tient les cordons de la bourse.

*

En 2010, les regards du monde entier se sont braqués sur un volcan islandais au nom imprononçable, Eyjafjallajökull, car les cendres projetées par l'éruption ont complètement bouleversé la circulation aérienne internationale, d'une manière qu'on n'avait pas connue depuis la Seconde Guerre mondiale.

Par certains côtés, ce phénomène s'est révélé une bénédiction car, tout à coup, les gens se sont aperçus que l'Islande

39. En 2020, un rapport de McKinsey & Company a révélé que les entreprises qui figurent dans le premier quartile pour la parité dans les postes les plus élevés ont 25 % de chance supplémentaires d'avoir des résultats au-dessus de la moyenne que celles qui sont dans le quartile le plus bas. Sundiatu Dixon-Fyle, Kevin Dolan, Viviant Hunt et Sara Prince, « Diversity Wins : How Inclusion Matters », McKinsey & Company, 19 mai 2020 (https://www.mckinsey.com/featured-insights/diversity-and-inclusion/diversity-wins-how-inclusion-matters).

n'était pas si loin que ça. C'est vrai, un volcan était capable d'inonder l'Europe de ses cendres. Et d'après les photos, c'était une merveille naturelle extrêmement photogénique. Grâce à cet événement imprévu, la notoriété du pays acquise pendant l'une des plus grandes faillites financières de l'histoire (il n'y a pas de mauvaise publicité !), plus une campagne publicitaire financée par l'État, les touristes se sont soudain rués sur notre île. Le nombre de visiteurs est passé de 360 000 en 2004 à 2,3 millions en 2018. En 2013, les revenus du tourisme ont dépassé ceux du secteur de la pêche, devenant la ressource principale du pays.

Avec cette augmentation exponentielle et la manne de dollars, euros, yen et roubles, toutes sortes d'offres de services sont apparus. Autrement dit, les entreprises islandaises ont inventé de nouvelles manières d'aider les touristes à dépenser leur argent.

Disons que toute cette publicité autour du volcan et une augmentation du public potentiel vous donnent une idée. Une idée un peu folle qui consiste à faire fondre de la pierre devant le public, pour la déverser sur un glacier, afin de leur faire la démonstration de l'incroyable pouvoir de la nature. À première vue, ce n'est pas simple et ça peut être dangereux. En réalité, c'est encore plus difficile que ça ! Il faut d'abord de la lave véritable qui ne contienne pas plus de 5 % d'oxyde de métal alcalin pour assurer un flot continu. Il faut ensuite un fourneau et un système de ventilation qui puisse supporter une chaleur de 1 250 degrés. Puis il faut 1 800 kilowattheures au cours des quatre ou cinq heures nécessaires pour faire fondre 100 kilos de roche afin de la transformer en lave et la faire couler devant le public. En outre, la pierre en fusion doit atteindre un degré de viscosité précis : ni trop épaisse, ni trop liquide, ce qui gâcherait le spectacle.

C'est exactement ce qu'ont fait Ragnhildur Àgústsdóttir et son mari, Júlíus Ingi Jónsson. En septembre 2018, dans le village de Vík, dans l'ombre de l'énorme volcan Katla, ils ont ouvert l'Icelandic Lava Show, une expérience immersive où environ cinquante spectateurs assis dans le petit auditorium écoutent Júlíus raconter l'histoire de ses ancêtres dans la région. Puis il rappelle calmement au public que si le volcan Katla décidait à cet instant qu'il est temps de se réveiller enfin, dans le pire des scénarios, la ville et toute sa population n'auraient que quinze minutes pour accéder à des lieux situés en hauteur avant qu'un torrent ne jaillisse des glaciers fondus et les balaie de la surface de la Terre.

Ensuite, Júlíus demande à tout le monde de mettre les lunettes de protection qu'on leur a remises en arrivant et leur suggère de retirer leurs vêtements thermiques. « Ça va chauffer un peu, quand même » – euphémisme qu'il a longuement peaufiné pour le spectacle. Ensuite, il fait entrer la lave en scène. Rares sont les personnes qui ne seraient pas stupéfaites devant ce magma qui s'écoule en flot régulier sous les yeux des spectateurs jusqu'à la glace. Dans la salle, la température augmente aussitôt de 10 à 15 degrés, tandis que la coulée rubis crache et siffle au contact de la glace. Tous les regards sont braqués dessus tandis que Júlíus explique le processus scientifique et les formes que prend la lave en refroidissant. Les chanceux pourront rapporter un morceau de la nouvelle roche avec eux.

Le bébé de Ragnhildur et Júlíus a connu un succès fabuleux. Le 1er janvier 2020, ils avaient déjà enregistré des réservations représentant 68 % de leur activité de l'année passée.

Ragnhildur sait ce que c'est d'être une femme dans un monde d'hommes. Non seulement elle est devenue cheffe d'entreprise à l'âge de vingt-cinq ans, mais elle travaille dans l'informatique. Júlíus et elle ne cessent d'avoir en permanence de nouvelles idées, au point qu'avant de devenir parents ils s'enfermaient pour ne pas être distraits, et ensemble échafaudaient des concepts pour des start-up, ou cherchaient des solutions à toutes sortes de problèmes. Charismatique, enthousiaste, le propos clair, Ragnhildur a du pain sur la planche, mais son enthousiasme confiant est contagieux. En discutant avec elle, on se dit très vite qu'on pourrait en faire autant, peut-être même créer sa propre entreprise. Et puis on comprend qu'il existe peu de gens aussi doués pour faire autant de choses en même temps.

« Même en Islande, il y a une différence entre un et une cheffe d'entreprise », a-t-elle reconnu lors d'un échange que nous avons eu en distanciel. Elle se trouvait dans sa maison, en banlieue, et sur une table derrière elle s'entassaient des piles de linge. « Mais il n'existe aucun endroit où les choses puissent mieux se passer. Je pense que beaucoup de femmes ont peur de prendre des risques en général, nous avons moins tendance à mettre en jeu nos carrières. Je pense que nos autres responsabilités, comme éduquer nos enfants, tenir la maison, et puis tous ces petits détails du quotidien que sont les cadeaux d'anniversaire, les rendez-vous chez le médecin, reposent encore surtout sur nous, les femmes, même si les hommes jouent un rôle de plus en plus actif, a-t-elle continué alors que son jeune fils venait d'entrer pour qu'elle l'aide avec ses écouteurs. Rares sont celles parmi nous qui ont le luxe d'avoir un compagnon capable de prendre ses responsabilités. Si un homme est chef d'entreprise, on s'attend que sa femme s'occupe du reste. Mais si vous êtes femme et cheffe d'entreprise, attend-on la même chose de votre mari ? »

La société salue l'audace des hommes qui risquent tout pour mener à terme leurs idées, en revanche, m'a dit Ragnhildur, les femmes sont davantage jugées si elles réfléchissent en dehors des sentiers battus. Femmes et hommes portent à parts égales la responsabilité de mettre fin à ces deux poids, deux mesures.

« Quels sont les messages que nous envoyons ? Essaie-t-on de mettre en avant la qualité ? » a-t-elle analysé sans broncher quand a surgi en l'air au-dessus d'elle ce qui m'a paru être un dinosaure en peluche.

Dans ce domaine et dans beaucoup d'autres, les modèles ont une importance vitale. Ragnhildur n'a pas hésité un instant avant de citer tous les noms de celles qui lui avaient servi de modèles, à la fois dans le monde de l'entreprise et en dehors.

« À huit ans, j'ai dit que je serais présidente. C'était parce que nous avions une femme présidente. Je n'en avais jamais vu d'autre. »

Outre le fait que les femmes sont trop rares dans les conseils d'administration, Ragnhildur insiste sur la nécessité de souligner leur importance dans les différentes strates de la société.

« Nous devons mettre en lumière non pas seulement celles qui servent d'exemple, mais aussi les femmes ordinaires qui font un boulot incroyable sur tel et tel front. Et nous devons aussi trouver des hommes qui servent de modèles dans ce mouvement pour l'égalité. Il faut influencer tout le monde, femmes et hommes. Et nous devons élever nos garçons afin qu'ils deviennent ces hommes. Ça ne suffit pas qu'il y ait *une* femme au conseil d'administration ou parmi les cadres dirigeants. Il faut avoir constamment en tête la notion d'égalité des genres. S'il n'y a qu'une femme à un poste haut placé, alors c'est l'exception qui confirme la règle. »

*

Les modèles à eux seuls ne peuvent accomplir tout le travail encore à faire pour parvenir à l'égalité. La compagnie Marel fait partie des plus belles réussites en Islande. Fondée en 1983 par plusieurs anciens étudiants ingénieurs de l'université d'Islande, elle est à présent l'un des leaders mondiaux en matière de réflexion sur le traitement industriel de la viande et du poisson. Issus de la tradition islandaise, qui excelle dans le domaine de la pêche ainsi qu'en matière d'innovation et de développement durable, les produits Marel comptent le FleXicut, une machine qui optimise la découpe des filets de poisson, et le logiciel Innova, pour une gestion en temps réel de tout le processus de production.

Peut-être que tout cela sonne comme une brochure de marketing destinée aux clients de l'industrie agroalimentaire, et ce n'est pas tout à fait faux. J'ai moi-même travaillé pour le service marketing de Marel en tant qu'indépendante pendant quelques années avant de devenir première dame. J'ai corrigé pour eux des textes en anglais sur le FleXicut et les derniers contrats d'Innova, j'ai repris des slogans destinés aux panneaux affichés lors des salons internationaux de la pêche. J'ai travaillé là-bas avec une équipe de gens motivés et pleins d'énergie ; l'ambiance était positive, gonflée à bloc.

S'il existe un classement des industries traditionnellement dominées par les hommes, la conception et la production de machines pour le secteur agroalimentaire doit briguer l'une des premières places. Au siège de Marel, les femmes représentent moins d'un quart du personnel. Dans cette industrie, de manière globale, elles sont 15 %.

« Nous venons de racheter une entreprise en Allemagne qui compte environ six cents employés, avec très peu de femmes, m'a raconté Gudbjörg Heida Gudmundsdóttir, vice-présidente de Marel Fish, lorsque nous avons discuté du rôle des femmes dans la réussite de cette entreprise dominée par les hommes. Chaque fois que nous rachetons une boîte, c'est comme si les compteurs étaient remis à zéro. »

Elle a éclaté de rire, manifestant une joie de vivre contagieuse. « C'est de la folie. Ici, en Islande, nous nous battons pour l'égalité, mais dans le reste du monde, ce n'est pas la même chose. »

Même ce ratio de genre 25/75 n'est guère impressionnant en Islande. L'équipe de direction est un peu mieux lotie, avec 35/65, quant au conseil d'administration, il compte quatre hommes et trois femmes, et l'ensemble de la direction atteint cinq hommes et quatre femmes. Les prospectives sur une période de dix ans, de 2017 à 2026, prévoient pour Marel une croissance annuelle des revenus de 12 %, donc il semble que cette mixité soit efficace.

Cette quasi-égalité des genres dans les plus hautes sphères de l'entreprise, dans la droite ligne d'une société qui s'enorgueillit d'avoir pour but d'atteindre la parité, résulte d'une loi votée pour pousser les entreprises dans la bonne direction. En 2013, le Parlement islandais a promulgué une loi qui oblige les structures de plus de cinquante employés comme Marel à avoir un ratio femmes/hommes d'au moins 40/60 dans leur conseil d'administration. En 2017, l'Islande a encore fait les gros titres à travers le monde car elle est devenue le premier pays au monde à rendre illégal le fait de payer les hommes plus que les femmes (à travail égal, salaire égal[40]). Marel a obtenu sa certification quant à l'égalité de salaire en 2019.

« Je suis certaine qu'il n'y aurait pas d'égalité au sein du conseil d'administration si cette loi n'avait pas été votée », a affirmé Gudbjörg, première femme chargée de l'état du résultat global de l'entreprise. Dotée d'une formation d'ingénieure, elle a dirigé la branche islandaise de la compagnie jusqu'en mars 2020, puis a endossé de nouvelles responsabilités. Elle est à présent à la tête d'une équipe d'un peu plus de deux cents personnes et elle est responsable d'un chiffre annuel de 150 millions d'euros. Avant la pandémie, cette mère célibataire de deux enfants aurait passé environ cent jours par an à voyager.

Ragnhildur, qui dirige l'Icelandic Lava Show, est d'accord avec Gudbjörg sur l'importance de la loi sur les quotas. « Au

40. Bien sûr, beaucoup de nations, y compris l'Islande, avaient déjà inscrit dans leur arsenal législatif la nécessité d'une égalité des salaires, toutefois c'est la première fois que les entreprises de plus de vingt-cinq salariés ont dû prouver qu'elles le faisaient vraiment, et risquaient des amendes si ce n'était pas le cas. La loi a été votée en 2017, et elle est devenue effective le 1er janvier 2018. Pour plus de détails sur la certification : « Equal Pay Certification », Directorate of Equality Iceland (https://www.jafnretti.is/en/vinnumarkadur/equal-pay/equal-pay-certification).

début j'étais totalement contre. J'étais jeune et certaine que les choses allaient changer d'elles-mêmes, se souvient-elle. J'étais arrogante car je pensais que les femmes des générations précédentes n'en avaient pas assez fait. Mais le temps a passé et j'ai complètement changé d'avis. Je sais que nous avons besoin de ce genre de lois pour accélérer le changement. »

Malgré cette loi, en 2019, le pourcentage des femmes présentes dans les conseils d'administration n'était encore que de 34,7 %, ce qui montrait pourtant déjà une belle évolution depuis 2007, où le chiffre était seulement de 12,7 %. Peut-être que l'augmentation n'a pas été plus significative car il n'y a pas de mesures prises contre ceux qui ne se soumettent pas à la règle[41].

« S'il y avait une amende pour toutes les entreprises qui ne respectent pas la règle du minimum de 40 % de femmes dans les conseils d'administration, je suis sûre que les résultats seraient bien meilleurs, a déclaré Ragnhildur. C'est exactement ce qui s'est passé avec le règlement général sur la protection des données, qui donne un cadre aux entreprises pour stocker leurs données personnelles. Les amendes potentielles pour celles qui ne respectent pas la règle sont énormes [jusqu'à 4 % des revenus globaux], résultat, c'est devenu une priorité pour les entreprises.

« Depuis une dizaine d'années que la loi est passée, nous sommes encore loin de l'égalité. Ça me rend folle. Les choses avancent trop lentement. » Elle a ajouté que cela concernait aussi la loi plus récente « à travail égal, salaire égal ».

Gudbjörg, quant à elle, travaillait depuis des années chez Marel quand on l'a recrutée pour diriger la branche islandaise, et elle n'a pas eu l'impression d'avoir un traitement de faveur

---

41. Il n'est pas légal de créer une entreprise dont le conseil d'administration n'affiche pas l'égalité femmes-hommes. Toutefois, les entreprises qui existaient avant que soit promulguée cette loi ne sont pas passibles d'amendes même si elles ne se plient pas à la loi.

en raison de son genre. En revanche, après avoir été introduite dans l'équipe dirigeante, une opportunité qu'elle décrit comme « un rêve qui s'est réalisé », elle a reconnu que certains des membres de l'équipe commerciale s'étaient montrés réticents à l'idée d'être dirigés par une femme : « Sans doute qu'ils n'avaient jamais eu de femme comme supérieure hiérarchique. Mais lorsque la relation a été établie, on a commencé à remporter des victoires, et ça, c'est ce que tout le monde veut. Après, on oublie le sexe de la personne. »

Gudbjörg pense que la culture d'entreprise en Islande est plus ouverte à l'égalité des genres.

« Je le vois bien aux Pays-Bas, par exemple. Ils en sont encore à se demander s'il doit y avoir des quotas. C'est très inhabituel qu'une femme retourne travailler à plein temps après avoir eu des enfants, là-bas. L'Islande est un pays minuscule, et j'adore voir combien cette idée d'égalité nous passionne. Je crois que nous sommes en avance sur bien des pays. »

Après avoir décroché ce poste élevé dans la hiérarchie, Gudbjörg a décidé qu'il était temps d'introduire des valeurs différentes dans la culture de l'entreprise. « Quand on a le pouvoir, il faut ensuite oser s'en servir pour changer les choses. J'ai envoyé les sept cents employés d'ici suivre une formation sur l'égalité et la communication non violente. J'ai aussi engagé davantage de femmes aux postes d'ingénieures. »

Une loi sur l'égalité imposant des sanctions aux entreprises qui ne s'y soumettent pas est une composante importante qui permettrait d'aboutir à la parité, mais, m'a dit Gudbjörg, la confiance en soi l'est également. Elle a été citée après une interview télévisée parce qu'elle avait dit que le plus gros obstacle à sa réussite était elle-même. « Il faut être capable de croire qu'on peut y arriver. »

« Un jour, un homme m'a demandé quel était mon rêve. Je me suis mise en colère et je lui ai répondu que je n'avais pas les moyens de rêver. Je suis mère célibataire. Je dois subvenir aux besoins de ma famille. Je ne rêve pas, ai-je répondu. Il m'a dit ceci : “En fait, si. Tu vis dans cette société riche, qui t'offre toutes ces possibilités d'égalité. Si toi, tu ne rêves pas, alors je ne sais pas qui en a les moyens.” »

*

Le temps et le soutien pour faire advenir ses rêves sont un luxe que beaucoup de femmes en Islande peuvent se permettre. Mais faire advenir ses rêves dans le monde de l'entreprise ne peut s'accomplir en vase clos. Pendant des décennies, si ce n'est plus, les hommes ont profité de leurs entrées dans des cercles fermés où n'étaient admis que des hommes. Ces clubs privés, cercles sportifs, et comme souvent en Islande ces groupes de chasse et de pêche, sont des lieux où se forment les amitiés masculines. Ainsi, quand Jón cherche un nouveau membre pour son équipe dirigeante ou son conseil d'administration, ou quand Magnús a des *krónur* à investir, la nature humaine fait qu'ils se tournent d'abord vers ceux avec lesquels ils ont déjà établi des liens de confiance personnels.

Pour pouvoir jouer sur le même terrain, les femmes doivent elles aussi pouvoir construire leurs réseaux professionnels. « On n'obtient pas une promotion parce qu'on travaille dur, mais parce qu'on a des relations », m'a dit Gudbjörg. Les groupes tels que les associations de femmes traditionnelles dont j'ai parlé au chapitre 3 offrent aux femmes l'amitié, et souvent la possibilité d'apprendre des choses, mais dans le secteur privé, au cours des dernières décennies, les associations professionnelles de femmes ont également beaucoup gagné en influence.

Moi aussi, je me suis fait de nouvelles amies et j'ai apprécié ces réunions où l'on tente de nouer des relations professionnelles entre femmes en pointe dans leur domaine. L'association des dirigeantes d'entreprises (FKA) et Exedra (du nom latin qui désigne une pièce conçue pour faciliter le dialogue) organisent des conférences et occupent des fonctions sociales mais, chose plus importante encore, elles forment un réseau de femmes qui s'entraident sans souci d'âge, de profession ou de positionnement politique. Si l'une d'entre elles est agressée sur les réseaux sociaux, les autres sont là pour la défendre. Elles s'attaquent aux trolls dans les commentaires, partagent des histoires positives, ou tout simplement s'envoient des petits messages d'encouragement. Nous nous retrouvons lors de déjeuners où une experte renommée vient aborder un sujet d'actualité ; pour ce qui est des postes de direction, nous œuvrons pour que les femmes soient davantage présentes au sein de l'entreprise et dans les médias. Pour celles qui aiment le sport un peu plus que moi, il existe des tournois de golf, des randonnées en montagne et des séances de yoga.

Vis-à-vis du monde universitaire, la FKA organise des commissions de recherche sur la représentation par genre dans toutes sortes de corps constitués, et décerne des récompenses annuelles aux entreprises, aux municipalités et aux organismes publics qui ont atteint au moins le seuil de 40/60 dans leurs instances de direction. La première année, dix-huit entreprises ont atteint ce chiffre. En 2020, elles étaient quarante-cinq, et soixante et onze ont annoncé que c'était leur objectif pour 2027 au plus tard.

Ces récompenses influencent la manière dont les entreprises mènent leurs politiques managériales car elles cherchent toujours à améliorer leur image et veulent passer pour des organisations socialement responsables, sans oublier le fait qu'elles essaient sans cesse d'attirer les meilleurs talents, quel que soit leur genre.

Gudbjörg a tiré tout le parti qu'elle pouvait de ces associations. Après avoir été cadre de direction, puis cinq ans à la tête de la branche islandaise de Marel, elle nourrissait toujours de l'ambition : elle n'était pas encore entrée dans le saint des saints du conseil d'administration.

« Alors j'ai pensé qu'il fallait m'appuyer sur le monde extérieur pour y arriver. Début 2020, j'ai été élue femme de l'année par FKA. » Cette nomination a reçu une belle couverture médiatique en Islande : « Deux semaines plus tard, j'ai été nommée vice-présidente. »

L'une des facettes les plus connues de FKA est une base de données recensant les femmes disponibles pour siéger dans les conseils d'administration ou pour rencontrer les médias. L'idée de base est que ni les entreprises ni les médias ne puissent plus brandir l'excuse qu'ils ne connaissent pas de femmes assez qualifiées pour occuper tel poste ou répondre à telle interview.

Toutefois, Ragnhildur n'est pas convaincue de l'efficacité de cette base de données. « Je fais partie de cette liste depuis de nombreuses années, je ne connais personne qui ait été sollicitée par une entreprise parce que son nom était inscrit sur cette liste. On retrouve toujours les mêmes femmes à différents conseils d'administration. C'est une honte de ne pas en profiter pour faire émerger de nouvelles personnes de talent, qui ont beaucoup à offrir. »

Pourtant, ces puissants réseaux et le nombre grandissant de collaborations qu'ils ont initiées ont eu des effets bénéfiques. Ces réunions ont permis à des femmes de s'associer pour fonder ensemble leur propre entreprise, en racheter d'autres, mais aussi, en se basant sur les encouragements et recommandations des autres, de postuler à de hautes fonctions dans leurs domaines.

*

Si les réseaux professionnels sont importants pour les femmes qui sont nées et ont grandi en Islande, ils le sont encore plus pour celles qui ne peuvent pas se reposer sur un réseau familial ou d'amies d'enfance.

Fida Abu Libdeh a toujours veillé à alimenter son réseau professionnel. À quarante ans, elle est membre du FKA depuis cinq ans et siège au comité des innovations de l'association. Elle siège aussi au conseil d'administration de l'Association des start-up, et elle est membre de l'Association des femmes pour l'énergie géothermique, ce qui permet de développer la solidarité féminine dans un univers très masculin.

« Ensemble nous sommes plus fortes, et nous travaillons à renforcer nos liens », m'a-t-elle dit à propos des autres cheffes d'entreprise.

Fida a quitté la Palestine pour s'installer en Islande à l'adolescence, mais elle est repartie à Jérusalem au début de la vingtaine pour être en lien avec ses racines. Ce fut une époque difficile, car elle avait raté ses études secondaires en raison d'une dyslexie non diagnostiquée et du défi que représentait le fait de poursuivre ses études dans une langue étrangère. Son parcours d'étudiante jusqu'à la création d'une entreprise dans l'énergie géothermique n'en est que plus impressionnant. Sa réussite est la preuve de sa détermination, mais met aussi en relief l'écosystème des start-up dont l'homogénéité est à la fois une malédiction et une bénédiction.

Les personnes qui se rendent en Islande font souvent observer que c'est l'un des rares pays au monde où l'on doit laisser l'eau refroidir quand on ouvre le robinet. Un pays où la douche reste toujours à une température très élevée et dégage une odeur d'œuf. Voilà deux manifestations des importantes ressources géothermiques du pays : on puise directement l'eau chaude dans les entrailles de la Terre.

C'est cette source d'énergie qui chauffe presque toutes les maisons du pays, beaucoup de piscines extérieures, des serres et des fermes pratiquant l'aquaculture. Combinée avec l'énergie hydroélectrique, cela a pour résultat que presque toute l'énergie et le chauffage utilisés dans le pays sont produits par ces sources d'énergie renouvelables[42].

---

42. Voir « Direct Use of Geothermal Resources », National Energy Authority (https://nea.is/geothermal/direct-utilization/).

L'entreprise de Fida, GeoSilica, recycle les minéraux qu'on extrait de l'eau pompée par les usines géothermiques du pays. Le processus d'extraction de ces minéraux (indésirables pour la production d'énergie géothermique) constitue la base de la technologie sur laquelle s'appuie GeoSilica. Néanmoins, c'est leur utilisation, en particulier la silice, qui a permis à Fida d'attirer les investisseurs. La silice qu'extrait GeoSilica est ensuite incorporée à des compléments alimentaires qui permettent d'éviter l'ostéoporose et renforcent la peau et les cheveux, parmi de nombreux autres bienfaits. L'entreprise a l'intention d'extraire d'autres minéraux bénéfiques pour la santé, dont le calcium et le magnésium.

Fida a suivi une longue route semée d'embûches avant de fonder une start-up qui marche. Après son retour définitif en Islande, elle a d'abord terminé son parcours dans le secondaire au sein d'une nouvelle école qui avait ouvert dans une ancienne base de l'armée américaine. Ensuite, elle s'est inscrite à l'université pour devenir ingénieure spécialisée dans les énergies vertes.

« J'ai choisi ça parce que l'école était près de chez moi et de la maternelle où allaient mes enfants. Quand on est immigrée, on fait des choix pragmatiques parce que grand-mère et grand-père ne sont pas là pour aller chercher les enfants à la sortie de l'école.

« Après la fin de mes études, je savais bien que je n'avais aucune chance de décrocher un emploi, m'a raconté Fida en islandais. J'éprouve toujours une espèce d'orgueil quand deux immigrées maîtrisent leur seconde – ou deuxième – langue au point d'en faire leur langue de communication préférée. Immigrée, récemment diplômée, avec de jeunes enfants. Ça n'allait pas. J'ai envoyé une cinquantaine de candidatures et j'ai obtenu un seul entretien. Je savais qu'il faudrait me débrouiller toute seule. »

Le résultat a été GeoSilica, qui marche bien depuis sa création. Les racines palestiniennes de Fida sont à la fois un atout et un handicap pour elle.

« Un jour, je présentais mon entreprise à un forum à Reykjavík, et une femme m'a demandé plusieurs fois : “Oui, mais qui est le propriétaire de cette entreprise ?”, m'a confié Fida, racontant ainsi une histoire qui doit paraître familière à bien des immigrés. La troisième fois, elle m'a même posé la question en anglais : elle pensait que je ne la comprenais pas. Elle ne pouvait concevoir le fait que j'étais derrière tout ça. » Fida s'est hâtée d'ajouter que la majorité des femmes qu'elle avait rencontrées l'avaient néanmoins toujours soutenue.

D'un point de vue plus positif, le parcours de Fida plaît aux médias et organismes soucieux de montrer la diversité sous un jour positif. « C'est vraiment bien d'être cheffe d'entreprise en Islande, et c'est encore mieux quand on est d'origine étrangère. Il faut se battre pour se faire entendre, mais ensuite, on se fait davantage remarquer. »

Pourtant, Fida a admis : « Je reçois davantage d'appels liés à des problèmes de société qu'à des sujets qui relèvent de mon expertise, c'est-à-dire l'énergie et les technologies vertes. Aux yeux des étrangers, je suis islandaise. Mais ici, en Islande, je suis considérée comme une étrangère. »

*

Qu'on soit immigrée ou née ici, qu'on appartienne à une nation qui semble avoir fait reculer le plafond de verre ou à un pays où il reste démesurément bas, Fida, Gudbjörg et Ragnhildur sont d'accord sur une chose : la personne qui contrôle les finances est celle qui prend les décisions. Les équivalentes au XXIe siècle d'Ólöf la Riche – des femmes puissantes ayant suffisamment d'argent pour tenir tête aux hommes – sont hélas rares. Une étude récente montre que seulement 11 % des dirigeants des fonds d'investissements les plus importants en Islande sont des femmes. Seul 1,4 % des capitaux alloués par des fonds d'investissements vont à des entreprises fondées exclusivement par des femmes ; 88 % vont à des entreprises fondées exclusivement par des hommes (ce qui nous montre encore une fois combien il est nécessaire que davantage de femmes lancent leur propre affaire). Tant que les hommes tiendront les cordons de la bourse, ils se moqueront bien de la parité (peut-être par inadvertance).

« Si un homme avait eu la même idée que moi, il lui aurait été beaucoup plus facile de trouver des investisseurs, pense Frida. Les femmes sont beaucoup moins favorisées quand elles cherchent des capitaux pour développer leur entreprise. Pour jouer à jeu égal, il faudrait des fonds mis à disposition des femmes exclusivement. »

Le même constat vaut pour l'Union européenne[43]. « J'ai demandé une subvention européenne, a expliqué Fida, mais seulement 2 % des capitaux sont attribués à des femmes. Si on prend l'exemple d'Össur, Marel, CCP [des entreprises islandaises qui rencontrent le plus grand succès], elles ont toutes été fondées par des hommes. Je ne pourrai jamais atteindre ce niveau de développement si je n'attire pas d'investisseurs. On dirait que pour moi c'est juste un hobby, même si j'ai développé une technologie unique en son genre. »

« Les hommes détiennent 95 % de l'argent, et c'est l'argent qui décide, a révélé Gudbjörg. Donc si les hommes ne veulent pas aider les femmes à s'émanciper, cela n'arrivera pas. En Islande, tout est affaire de réseau. Les hommes qui détiennent tout l'argent s'appellent entre eux le soir, et les femmes n'ont aucune chance face à ça. Il n'y aura pas d'égalité tant que les femmes n'auront pas l'argent.

43. L'Islande fait géographiquement partie de l'Europe, mais pas des vingt-sept pays de l'Union européenne. (Même si, comme la Norvège et le Liechtenstein, c'est un membre de l'Espace économique européen, qui donne accès aux « quatre libertés » : liberté des biens, des personnes, des services et des capitaux.)

« Avec l'argent, on ne prend pas de risques, on n'engage pas quelqu'un parce qu'on a le sentiment que moralement on devrait le faire. On prend la personne qui a le plus de chance de contribuer à la réussite à l'entreprise – parce qu'elle vous est familière. On m'a posé cette question : "Êtes-vous capable de prendre des décisions ?" Je pense qu'on n'a jamais demandé ça à un homme. »

Rares sont également les hommes qui ont été victimes de harcèlement sur leur lieu de travail. Ragnhildur a été l'une des premières femmes à prendre la parole dans le sillage du hashtag #MeToo. Elle a publié un récit détaillé de son expérience alors qu'elle était enceinte de son deuxième enfant. Quelque temps plus tard, dans un programme télévisé de deuxième partie de soirée, elle a raconté cet épisode où deux hommes, membres du conseil d'administration de la compagnie qu'elle dirigeait, l'ont enfermée dans une pièce pour l'obliger à signer une lettre de démission, ce qui lui faisait perdre une prime considérable. Ragnhildur a porté plainte contre ces hommes pour séquestration, même si elle a plus tard retiré sa plainte.

On l'a félicitée d'avoir dénoncé ces agissements, et elle est heureuse de l'avoir fait même si ceux qui lui avaient infligé cela n'en ont pas subi les conséquences. « J'ai eu le sentiment de reprendre la main plutôt que de demeurer une victime silencieuse. J'ai reçu un soutien total de la part des femmes et des hommes. En général, les femmes m'ont complimentée d'avoir eu le courage de parler, et les hommes m'ont dit des choses comme : "Tu as bien fait. Il ne faut jamais laisser les brutes s'en tirer." »

Mais les brutes ne s'en sont-elles pas tirées, puisqu'elles n'ont pas été punies ? Disons qu'elles n'ont pas perdu la bataille, et ce genre d'hommes peut aller très loin avant d'en subir les conséquences. Au moins, Ragnhildur savait qu'elle avait fait ce qu'il fallait, et elle s'est sentie soutenue par les réactions de son entourage.

*

Le matin de notre première rencontre avec un potentiel sponsor pour l'Iceland Writers Retreat, j'ai découvert que j'étais enceinte de mon quatrième enfant en cinq ans. Je me souviens d'avoir été assez distraite tout au long de la réunion, je calculais mentalement les semaines, les dates, et je me disais que si tout se passait bien, mon bébé aurait sept mois lors de notre premier festival. Mais oui, tout se passerait bien ! Si par chance je n'avais pas de nausées matinales, la grossesse ne devrait pas m'empêcher d'assister à nos réunions préparatoires. Je pourrais utiliser mes cinq mois de congé parental pour préparer les discours de la première conférence. Et lorsque nous accueillerions les écrivains du monde entier, mon enfant serait entre les mains expérimentées de son père, à son tour en congé parental.

Tout s'est passé comme prévu – nous avons même conclu un accord avec ce premier sponsor ! Notre petite fille, Edda, a été la plus jeune participante du premier jour de visite, sanglée dans le BabyBjörn où son père la transportait tandis qu'il racontait l'histoire de l'Islande à nos invités (notre budget était très limité et nous avions besoin d'un guide : Gudni ne nous a pas coûté cher).

Aurais-je réussi à créer une entreprise, à mettre au point un festival international tout en poursuivant mon activité d'indépendante (qui consistait entre autres à éditer le magazine luxueux qui a le plus gros tirage du pays) sans le congé parental de Gudni et l'aide à la petite enfance qui nous permettait de faire garder les plus grands ? Bien sûr que non. Voilà sans doute pourquoi je prends tant de plaisir à évoquer les avantages d'être cheffe d'entreprise en Islande quand je fais des discours à l'étranger en tant que première dame. Je sais par expérience quelles sont les joies et les défis que représente la création d'une nouvelle entreprise, et combien la société islandaise nous aide tout au long de ce processus.

Cette aide fait tellement partie de notre culture que la difficulté de mener de front une carrière professionnelle et une vie de famille n'a pas été un facteur déterminant pour Ragnhildur, Gudbjörg et Fida – qui ont toutes des enfants – lorsqu'elles se sont lancées dans la création d'entreprise. Deux des trois préados de Ragnhildur ont des besoins spécifiques et requièrent une attention particulière. Mère célibataire, Gudbjörg a eu son deuxième enfant grâce à un donneur de sperme anonyme – elle ne voulait pas attendre de trouver l'homme parfait pour réaliser son rêve. Les trois enfants de Fida n'ont pas de grands-parents au coin de la rue qui puissent aller les chercher à l'école ou les emmener au foot. Pourtant, aucune de ces femmes n'a connu de difficultés personnelles telles qu'elles les auraient empêchées de mener à bien leur vie professionnelle.

Alors même que j'emmenais mon bébé aux réunions de préparation de l'Iceland Writers Retreat – une tentative sans précédent qui nous a souvent obligées à chercher des sponsors devant lesquels nous devions faire bonne impression –, j'avais le sentiment qu'avoir une toute-petite, deux enfants en maternelle et un autre en CP ne freinait pas ma carrière professionnelle. Il n'y avait pas de nounou ni de fille au pair dans notre petite maison jaune, en revanche il y avait un père attentif, expert en la matière, des possibilités de garde de qualité, et un environnement sûr qui favorisait l'indépendance des enfants sans qu'on ait besoin de jouer les parents hélicoptères. Je ne les ai pas élevés toute seule, car les choses ne se passent pas ainsi en Islande. (Et je suis certaine que personne n'a demandé à mon mari, qui à l'époque enseignait et écrivait un livre en parallèle, s'il était capable de s'en sortir.)

Je considère que cette liberté est la démonstration parfaite du soutien de la société, à la fois formel et informel, dont tout le monde profite à long terme. Il est aussi important de reconnaître qu'il s'agit d'un privilège. Malgré un filet de sécurité très solide, il faut reconnaître que pour les femmes qui sont dans l'industrie des services où le travail est très intense, ou celles qui occupent des emplois mal rémunérés, avec des heures fixes et qui ne peuvent travailler à distance, il est beaucoup plus difficile de tout gérer.

Il faut que davantage de femmes puissent prendre les décisions au sein des entreprises et soient chargées d'accorder des prêts et d'investir dans les nouvelles entreprises. Ce sont là des outils efficaces pour que des femmes éminentes puissent acquérir l'expérience nécessaire afin d'accéder aux postes de direction. Mais il faut aussi continuer à leur faciliter la tâche dans tous les secteurs d'activités, afin qu'elles puissent gérer à la fois leur carrière professionnelle et leur vie personnelle, qu'elles puissent réaliser leurs rêves. Plus essentiel encore, il faut arrêter de mesurer la réussite des femmes en fonction de leur endurance à garder l'équilibre entre leur vie intime et publique, leur carrière et leur investissement familial. Pour cela, il n'existe pas de formule magique qui corresponde à tout le monde, d'ailleurs croire cela ne rendrait pas service aux femmes, cela augmenterait la pression et serait une vaine dépense d'énergie, énergie qui, nous le savons bien, serait plus utile ailleurs.

« Dans notre culture, nous sommes indépendantes, passionnées, et nous avons le moral, a dit Gudbjörg à la fin de notre entretien. Nous avons construit une structure sociale qui peut permettre à tout le monde de réussir, même si nous n'en sommes pas encore là. »

En attendant, il serait bon que le monde de l'entreprise, dominé par les hommes, accueille aussi des hommes convaincus de l'intérêt de défendre l'égalité femmes-hommes, car ils cherchent eux aussi à mettre fin à une culture de la brutalité, de la condescendance, voire de la misogynie lorsqu'elle revêt les oripeaux d'une pseudo-compétitivité ou s'exprime dans un langage plus cru. Ces hommes savent que l'égalité des genres n'est pas un jeu à somme nulle dans lequel ils risquent de perdre quelque chose s'ils soutiennent trop ouvertement les femmes. Bien au contraire : les entreprises où il existe une vraie parité réalisent de meilleurs résultats. En dehors de toute considération éthique, l'égalité des genres facilite aussi la vie aux hommes. Les finances restent de manière disproportionnée concentrées entre leurs mains, mais si nous permettons aux *sprakkar* de s'élever et de réaliser leurs ambitions professionnelles, on peut tout à fait convaincre davantage d'hommes de nous suivre dans cette démarche avec un argument simple, que Gudbjörg cite souvent : plus de femmes signifie plus de réussite. Ce qui bénéficie à tout le monde.

6

ÊTRE VUES ET ENTENDUES DANS LES MÉDIAS

« C'est là que gît le chien mort. »

En janvier 2018, Gudni et moi nous sommes rendus à Stockholm pour une visite officielle de trois jours après avoir été invités par le roi Charles XVI Gustave et la reine Silvia. Destinées à renforcer les liens entre deux pays, les visites officielles sont des événements planifiés dans les moindres détails, au protocole extrêmement rigide. Un ou une cheffe d'État en visite est presque toujours accompagné de son épouse ou époux, et d'une délégation officielle composée en général de politiques, de gens des affaires et d'ambassadeurs culturels non officiels. Tout est programmé à la minute près, depuis le temps qu'il faut au Président pour inspecter la garde, jusqu'aux trois minutes allouées à la directrice d'un institut de recherche pour résumer les derniers travaux de son labo. Lors des dîners de gala en tenue de soirée, où des centaines de personnes sont présentes, il arrive souvent que nos noms soient littéralement criés. Dans ce genre de moments, j'éprouve parfois une sensation de vertige en songeant au parcours que j'ai suivi depuis mon Canada rural natal jusqu'à cette place d'honneur, au cœur d'un palais royal.

Lorsque nous avons entrepris ce voyage en Suède, Gudni et moi commencions à nous familiariser avec le protocole et les procédures des visites d'État. Nous nous étions déjà rendus au Danemark et en Norvège, et nous avions assisté à une réunion des chefs d'État des pays du nord de l'Europe en Finlande. Je ne redoutais plus de ne pas avoir de gants assortis à mon sac (conseil qu'on m'avait donné avant notre première visite d'État), ni de réutiliser le même sac à main pendant toute la visite, plutôt que de le coordonner avec chacune des huit tenues que j'avais emportées pour ces trois jours. Quand on m'a appris quarante-huit heures avant le départ que toutes les femmes de la délégation suédoise devaient porter un chapeau pendant la cérémonie officielle de bienvenue, je ne me suis pas sentie stressée alors que je possédais seulement une toque dans ma garde-robe, et qu'il n'existait pas de modiste en Islande. (J'ai fait une commande de dernière minute à l'étranger, et j'ai reçu des critiques positives sur le plus éminents des sites : Royalhats.net !) À ce stade, j'étais déjà habituée à prononcer quelques mots en présence des têtes couronnées, à faire bonjour aux caméras, et à poser des questions pertinentes sans qu'elles soient déplacées lors des visites d'universités, de musées et autres instituts. Le roi et la reine, qui avaient passé leur vie sous l'œil des journalistes, étaient passés maîtres dans l'art de nous mettre à l'aise et de faire le petit geste idoine pour nous indiquer la bonne marche à suivre au cas où nous oublierions qui était censé sortir en premier de la voiture officielle ou passer devant l'autre. Ce furent en tout point des hôtes charmants.

L'une des caractéristiques de cette visite fut la présence des paparazzis. En Islande, même si les événements officiels sont toujours couverts par la presse, celui qui s'approche le plus près pour nous filmer ne peut être qu'un petit malin de dix ans armé de son iPhone et d'un compte sur les réseaux sociaux. En Suède – et dans d'autres pays –, à chaque étape, nous étions poursuivis par des hordes de reporters brandissant leurs flashs et leurs questions. Pendant quelques jours, c'était stimulant, mais je suis très heureuse que cela ne soit pas mon quotidien.

Le deuxième jour en milieu d'après-midi, à la cinquième étape, en sortant de la voiture j'ai remarqué que j'avais perdu l'une de mes boucles d'oreilles. Elles venaient d'Islande, mais ne comportaient ni pierre ni métaux précieux. J'ai demandé à la reine si elle l'avait vue sur le siège près de nous, et je l'ai signalé en passant à la sécurité, au cas où on la retrouverait. Puis j'ai rangé dans mon sac la seconde boucle d'oreille et je suis passée à autre chose. Un peu plus tard dans la journée, au cours des cinquante-trois minutes précises que nous avions pour nous changer et enfiler nos habits de gala, je me suis googlée (on le fait tous, avouez !) et j'ai découvert qu'un des principaux journaux suédois avait publié un long article sur la boucle d'oreille perdue de la première dame d'Islande. « Chaos au déjeuner du roi : un bijou mystérieusement disparu » trompétait un tabloïd, *Expressen*. On voyait deux gros plans de moi, l'un où je portais la fameuse boucle d'oreille, l'autre où je ne l'avais plus. L'article racontait que les employés du palais étaient partis à sa recherche. Voilà comment nous étions observés – mais le terme « chaos » était bien entendu totalement exagéré (et je n'ai jamais retrouvé la boucle d'oreille).

Il est certain que la couverture médiatique en Islande était beaucoup plus tranquille. Mais depuis que j'étais devenue première dame, j'avais appris à me métamorphoser, passant de l'Eliza qui change des draps mouillés et essuie de la bave d'enfant sur le canapé le matin, à l'Eliza qui enfile un tailleur ajusté ou une robe longue, le soir, et voit son image reproduite dans les journaux, à la télévision et sur Internet. Et puisque j'étais arrivée sous l'œil des médias non pour moi-même mais parce que j'étais l'épouse d'un autre, j'ai appris peu à peu deux choses. D'abord, à utiliser à mon avantage cette image, à la façonner pour l'adapter à la manière dont je voulais être vue. Ensuite, j'ai compris que, à travers la couverture médiatique, la société cherchait à imposer ses attentes de ce que devait être la première dame idéale.

Mais en vérité, devais-je vraiment me soucier de la façon dont les médias me présentaient ? Il ne s'agissait pas de simple vanité (enfin, si on revient sur le fait que je me suis googlée…). La manière dont toutes les femmes sont présentées dans les médias est importante. Car « c'est là que gît le chien mort », c'est-à-dire le cœur du problème : les médias sont notre vitrine sur le monde, ce qui inclut le problème de l'égalité femmes-hommes. Si les personnes interviewées sont essentiellement des hommes, si les journalistes, les photographes, les rédacteurs et diffuseurs appartiennent pour l'essentiel au même genre, ou s'ils ne représentent pas d'une autre manière la diversité de la société au nom de laquelle ils prétendent parler, nous perdons notre intuition, et notre discours sur le genre et la diversité s'affaiblit sans qu'on s'en rende compte. Parmi les commentaires des réseaux sociaux, qui assurent à toute personne dotée d'un smartphone qu'elle a absolument envie de savoir tout ce qu'on dit à propos de tout et n'importe quoi, les statistiques montrent que les femmes font l'objet de beaucoup plus d'attaques et sont jugées beaucoup plus durement que les hommes, ce qui les décourage de s'engager davantage et a pour effet de les réduire au silence. C'est un défi à relever aussi bien en Islande qu'ailleurs.

Pourtant, les médias internationaux décrivent souvent l'Islande de manière atrocement simplifiée, sacrifiant toutes les nuances uniquement pour faire un article attractif (et très loin de la réalité – mais rares parmi eux sont ceux qui connaissent vraiment notre pays). D'après beaucoup de ces parachutés, l'Islande est le paradis de l'égalité des genres, c'est un pays où nous pouvons nous reposer sur nos lauriers et profiter de tous les avantages qu'offre une société quasi parfaite, où les gens croient aux elfes, mettent les banquiers en prison en cas de crise, ont écrit une Constitution qui protège la Terre et toute l'humanité, et où, enfin, femmes et hommes vivent dans une harmonie totale. (Vous me pardonnerez les hyperboles.)

Oublions toutes ces inexactitudes. Il est impossible de comprendre la réussite de l'Islande en matière d'égalité des genres sans se pencher sur le rôle des médias. Aussi, un jour de décembre, j'ai invité quatre femmes qui occupent différents postes dans cette sphère clé à un traditionnel buffet de Noël, afin de débattre de ce sujet. Âgées de vingt-trois à quarante-cinq ans, elles ont des expériences variées, aussi bien parce qu'elles ont produit de l'information que parce qu'elles en ont été l'objet. Elles avaient très envie de discuter de l'évolution de la manière dont les médias parlent des femmes ; comment de plus en plus d'hommes âgés s'accaparent les sections des commentaires, persuadés que tout le monde a très envie d'entendre leurs propos pleins de sagesse ; comment notre représentation des groupes marginalisés tels que les handicapées par exemple dessert la cause des femmes ; enfin, elles se sont interrogées pour savoir si nous parviendrions un jour à être vraiment à la hauteur du portrait qu'on fait de cette Islande peuplée d'impressionnantes walkyries. Et si je pouvais glaner des trucs pour détourner l'attention du célèbre mystère de la boucle d'oreille disparue, ce serait encore mieux !

*

En Islande, il y a pléthore de gens importants. Après tout, nous sommes une toute petite nation. Parfois, on dirait que tout le monde est connu pour quelque chose, et le quart d'heure de célébrité s'étend sur plusieurs heures, ou bien se reproduit régulièrement. Dans un cocktail, on ne sait jamais si telle personne qu'on reconnaît vaguement est une cousine au second degré de votre mari, ou bien l'ancienne ministre des Affaires étrangères. Ou peut-être les deux ? Ainsi, les personnes qui travaillent dans les médias, de même que celles qui les occupent, sont-elles proches de nous. Tout est très personnel, pour le meilleur et pour le pire.

Au cours des dernières décennies, le climat médiatique a beaucoup évolué en Islande. Comme n'importe quelle personne de la génération X vous le dira, au début des années 1980 les gens étaient frustrés de n'avoir qu'une chaîne de télévision (la couleur venait seulement d'arriver) et deux stations de radio. Il n'y avait pas d'émission télévisée le jeudi, ni durant le mois de juillet, où vous étiez censé passer tout votre temps dehors. La presse était en général affiliée à tel ou tel parti politique, et le quotidien auquel vous étiez abonné trahissait immédiatement le nom du parti pour lequel vous votiez.

De nos jours, nous sommes moins insulaires. Nous avons de nombreuses chaînes en ligne, en islandais et dans d'autres langues. Les Islandais sont le peuple le plus connecté au monde : en 2018, une étude a montré que 99 % des personnes entre seize et soixante-quatorze ans utilisent Internet.

Nous sommes également devenus plus progressistes quant aux sujets que nous abordons et à la manière de les aborder. Les femmes reçoivent cependant moins d'attention que les hommes en termes de couverture médiatique et sur le Web – en moyenne, dans les principaux médias, elles représentent un tiers des interviews. Mais il existe un mouvement qui cherche à mettre en lumière les biais inconscients qui sont à l'œuvre, et qui fait bouger les lignes en déterminant ce qui est acceptable dans le discours public et dans la manière dont les femmes sont présentées dans les médias.

Nous avons commencé à bavarder aussitôt après avoir entamé des petites tranches de pain de seigle recouvertes de saumon fumé.

« Je pourrais parler indéfiniment de l'importance des médias dans la lutte pour l'égalité des droits », a commencé Thóra Arnórsdóttir. Visage familier du petit écran islandais, à quarante-cinq ans Thóra est journaliste de radio et de télévision depuis plus de vingt ans sur RÚV, le service public. Elle a animé une émission d'actualité en soirée qui a rencontré un fort succès, produit un documentaire sur l'effondrement économique de 2008 qui a remporté un prix, ainsi qu'une série sur des pionnières du pays. Aujourd'hui, elle est l'une des conceptrices de « Kveikur », émission de journalisme d'investigation parmi les plus célèbres.

Financé par l'argent public, RÚV a pour obligation de représenter la diversité à travers les reporters, les journalistes mais aussi les personnes interviewées. La société est consciente de l'importance de l'égalité des genres, et la pression qu'elle fait peser sur le service public a eu pour résultat de mesurer la manière dont RÚV assure la parité.

« Il reste toujours des paramètres que nous ne pouvons contrôler, comme le fait que les ministres soient des hommes ou des femmes, a expliqué Thóra en décroisant les jambes et en s'enfonçant dans le canapé, calme et impeccable, ainsi qu'elle l'est toujours. Mais à présent, il y a plus de femmes nommées à des postes comme ceux de ministre de la Santé ou de conseillère santé sur le plan national auprès du gouvernement. Ensuite, "Landinn" [une émission sur la vie quotidienne qui diffuse des reportages sur les campagnes islandaises] a décidé de faire des sujets à parts égales sur des femmes et des hommes. C'est plus facile sur ce genre d'émission que pour l'actualité car il y a plus de choix, bien sûr. Avant, il y avait davantage de demandes pour qu'on interviewe des hommes parce qu'ils étaient plus visibles, mais il suffit de creuser un peu pour s'apercevoir que les femmes sont elles aussi capables de toutes sortes de choses. »

À côté de Thóra se trouvait Steinunn Ása Thorvaldsdòttir, autre figure célèbre de la télévision islandaise. Steinunn est également chanteuse, elle a été candidate une fois aux élections, elle sait tout ce qui se passe en ville, mais elle est surtout connue parce qu'elle fait partie des six personnes qui présentent le programme « À nos yeux » sur RÚV. Imaginée par l'Association nationale des incapacités mentales, cette émission totalement innovante, qui a remporté de nombreux prix et se compose essentiellement d'interviews, est dirigée presque uniquement par des personnes handicapées. Steinunn souffre du syndrome de Williams, qui se caractérise par des retards de développement, des traits du visage particuliers, une aptitude supérieure à la moyenne pour apprendre des langues (elle aime parler anglais et italien le plus souvent possible), et une nature amicale, joyeuse et optimiste. Il est difficile de lui donner un âge (elle a trente-sept ans). À l'occasion de cette petite réception, elle s'est faite belle, portant l'une de ses robes préférées, soyeuse, de marque islandaise, et à presque tous les doigts des bagues également faites en Islande.

Tout en buvant une gorgée, Steinunn a évoqué un sujet qui lui tient à cœur et pour lequel elle se bat sans relâche. « Je réfléchis constamment à la manière dont les handicapés, et en partie les femmes, sont représentés dans les médias islandais. Quand tout va bien, ils nous oublient, mais quand les choses se passent mal, ils se rappellent notre existence. » Travaillant elle-même dans la sphère médiatique, elle apprécie d'interviewer toutes sortes de gens, du pasteur local jusqu'aux personnalités publiques (c'est ainsi que nous nous sommes rencontrées), et l'équipe s'assure de la parité parmi les personnes interviewées. L'un de ses arguments m'a particulièrement interpellée : le fait qu'on a tendance à mettre toutes les femmes handicapées dans le même sac, alors que, naturellement, elles sont toutes aussi différentes les unes des autres que, par exemple, les immigrées.

Tout en étalant un peu de confiture de groseilles sur son pâté de rennes, Thóra nous a expliqué en détail comment les programmes de RÚV, à la fois en télévision et en radio, s'assuraient de la parité. « Après chaque émission, on rapporte combien de femmes et combien d'hommes on a interviewés, et on passe en revue régulièrement les statistiques. »

La rédactrice de presse Tobba Marinósdóttir a acquiescé. « Il faut s'assurer de la diversité du contenu, sans pour autant attribuer tel ou tel sujet à un genre. » Tobba est une femme séduisante qui approche la quarantaine, dont les longues boucles balaient les épaules – en outre elle portait ce soir-là ma nuance préférée de rouge à lèvres bien rouge. Elle s'est taillé la réputation d'être la femme qui pressent le calendrier social de la nation, et elle est autrice de comédies romantiques dans la sphère littéraire. Rédactrice du supplément hebdomadaire du journal *DV* depuis huit mois, elle a mis en couverture vingt-quatre femmes et seize hommes.

Être interviewée est une chose ; s'assurer que les gens sont prêts à passer à l'antenne ou à encaisser des questions difficiles en est une autre. Thóra a souligné le fait que les femmes sont en général plus nerveuses que les hommes lorsqu'elles sont à la télévision, peut-être parce qu'elles savent qu'elles sont souvent interrogées de manière plus musclée sur leurs capacités à s'exprimer sur certains sujets.

Je comprends très bien cela. En général, je ne suis pas nerveuse à l'idée d'apparaître à la télévision ou de donner des interviews, mais étant donné qu'en Islande je ne m'exprime pas dans ma langue maternelle, je suis plus attentive car mon vocabulaire limité peut biaiser le message que j'essaie de faire passer.

Toutefois, je sais aussi que plus je suis reconnue par les médias, plus je peux influer sur l'image que je souhaite donner de moi-même. Alors que ma réponse naturelle face à l'intérêt que les médias manifestaient pour le choix de ma garde-robe (quelle ironie, car je ne sais pas faire la différence entre Vuitton et Versace) oscillait entre surprise et consternation, j'ai décidé d'utiliser cela à mon avantage. Je me suis rendue à une importante remise de prix vêtue d'un blazer en soie noire que j'avais acheté 20 dollars dans une boutique solidaire de vêtements d'occasion. Les articles mentionnant que la première dame achetait des vêtements d'occasion ont permis de promouvoir l'idée qu'il faut réduire ses achats et soutenir les bonnes causes. J'ai réitéré lors d'événements importants comme des visites de chefs d'État, ou encore le jour où mon mari a été réélu.

Je dois également réprimer mon instinct premier qui est de poliment refuser lorsqu'on m'invite à prendre la parole dans des domaines où je ne suis pas experte. Nous avons besoin d'entendre les femmes davantage, pas moins, me répété-je régulièrement comme un mantra : si les personnes qui organisent l'événement ont confiance en moi pour m'exprimer, alors je dois moi aussi avoir confiance en moi.

« Je le remarque aussi quand je m'adresse à des préados, à l'école », a ajouté Sólborg Gudbrandsdóttir, la dernière membre de notre quintet. En quelques années, cette chanteuse et étudiante en droit de vingt-trois ans a réussi à attirer de nombreux abonnés sur Instagram grâce à ses posts qui condamnent le sexisme en ligne et ses réponses aux questions innocentes d'adolescents anonymes sur toutes sortes de sujets allant de la puberté au rituel du rancart. Ce succès l'a amenée à jouer un rôle plus important en allant s'adresser aux jeunes directement dans les écoles. « Il faut souvent que je demande aux garçons de se taire quand je parle, alors que je n'ai jamais à le faire avec les filles. À cet âge-là, elles ont déjà compris quel était l'espace qu'elles pouvaient occuper au sein de la société. Et puis elles savent que si elles se plantent, elles auront moins de chances de se rattraper.

– C'est vrai, a soutenu Tobba, rappelant de manière plus large qu'à la maison les femmes préparent le repas, et s'assurent que tout le monde ait quelque chose dans son assiette avant de se servir elles-mêmes. On n'arrive pas à occuper le terrain, a-t-elle déclaré en levant les mains d'exaspération. On n'a même pas droit à une boulette de viande ! Non mais, franchement ! »

On trouve d'autres exemples, plus modernes, de ce phénomène – pousser les femmes à occuper le terrain. Dans l'optique de leur octroyer l'espace qu'elles méritent, une activiste, Hildur Lilliendahl, a ouvert une page sur Facebook intitulée « Les femmes existent-elles ? Ont-elles des noms ? ». Elle et ses amies ont composé un album de gros titres des journaux islandais et de photos dont la légende ne mentionne pas le nom des femmes, ou les identifie exclusivement par leur relation à un homme ; exemples, une photo de trois personnes où seuls les deux hommes sont identifiés, la légende « la sœur de [un ancien Premier ministre] à présent membre du Parlement », ou encore « la petite amie de Króli [un célèbre chanteur] fait ses débuts dans un festival de cinéma ». Il y a aussi cette image de Gudni et moi, serrant la main à un flot de visiteurs anonymes durant les portes ouvertes du palais présidentiel. La légende : « Le Président accueille ses invités. »

À l'ère des *fake news* et des ridicules mouvements conspirationnistes en lutte contre l'État profond, l'omission d'un nom dans une légende de photo compte-t-elle vraiment ? Est-ce un problème que d'être identifiée exclusivement à travers une autre personne ?

Oui, sans le moindre doute. Ces choses-là comptent. Bien sûr, c'est un privilège de s'inquiéter de ce genre de problème, par rapport à des choses plus graves. Et parce que cela nous coûte moins de prendre la parole, nous y sommes de fait moralement obligées. Les femmes qui sont ou pas sous le feu des projecteurs ont déjà assez à faire sans avoir en plus à supporter le délitement de nos identités par mille petites entailles.

Et au-delà de l'incessante nécessité de rappeler aux autres que nous existons, que se passerait-il si nous ne tenions pas le compte des interviews par genre, ni n'engagions de journalistes féminines ?

*

Environ dix-huit mois après notre visite en Suède, Gudni et moi avons reçu la première dame de l'Inde lors d'un événement comparable. Il n'y avait pas autant de paparazzis qu'à Stockholm, mais de nombreuses photos ont néanmoins circulé. Quelques jours plus tard, j'ai reçu ce message très poli : « J'ai vu des photos de vous lorsque vous avez reçu le couple présidentiel indien, vous portiez une robe verte. Pardonnez ma franchise, mais le vert ne vous va pas du tout. En revanche, la robe bleue était charmante. » Le message était signé d'une femme qui se revendiquait comme une couturière de renom.

Même si j'apprécie les bonnes intentions qui se cachent derrière ce genre de lettres (me sauver de moi-même et de mes choix vestimentaires atroces, sans doute), je fais depuis un effort particulier pour porter davantage de vert.

Ce genre de remarque ne m'empêche pas de dormir la nuit. Et je n'ai pas à me plaindre de la manière dont les gens parlent de moi en ligne, même s'il existe quelques exceptions mineures – la femme qui a dit que je ressemblais à un bagnard avec mon tailleur pantalon orange vif lors d'une visite officielle en Pologne ; les gens qui, chaque fois que je prends la parole en public, prétendent que je souffre du manque d'attention (critique qu'on retrouve régulièrement à l'égard de toutes les femmes qui s'expriment) ; le résumé « utile » des accusations les plus violentes dont j'ai fait l'objet, compilées par une personne bienveillante dans un blog (destiné à critiquer les autres, bien sûr, pas moi) ; enfin, de façon plus sinistre, le petit tollé que j'ai provoqué quand j'ai visité la mosquée locale (j'étais la première première dame à faire cela) et que j'ai retiré mes chaussures en signe de respect. Il me faut quand même ajouter que les commentaires négatifs sont toujours noyés sous des commentaires bien plus positifs, et qu'à l'occasion les trolls s'en prennent plein la figure.

La chose est devenue problématique quand Gudni s'est présenté à la présidentielle. Je me disais que ce serait dur de lire des informations erronées sur lui, voire des choses plus cruelles, et qu'en outre on ne pourrait ni répondre ni faire valoir la vérité. J'étais heureuse que nos enfants soient trop jeunes pour être déjà sur les réseaux sociaux, et que ma belle-fille, Rut, soit assez grande pour savoir que tout cela faisait hélas partie du jeu.

Au bout du compte, j'ai été surprise de constater combien tout ce qui s'écrivait en ligne me touchait peu. Je mets plus de temps à lire en islandais, donc je pouvais décider de poursuivre ou non ma lecture. Et quand je tombais sur un adjectif que je ne connaissais pas, clairement négatif vu le contexte, je ne me sentais pas obligée d'en chercher la définition. Même quand je comprenais tout, certaines affirmations étaient si grossières qu'elles me faisaient sourire tant c'était ridicule. Heureusement, c'était tellement absurde que la plupart des gens ne prenaient pas ces propos au sérieux.

Hélas, il n'en va pas ainsi pour tout le monde. Alors que nous atteignions le plat de résistance de notre buffet de Noël, Sólborg nous a raconté son expérience personnelle en tant que jeune militante féministe en ligne. Environ 10 % de la population du pays la suit sur Instagram, c'est-à-dire beaucoup plus que d'autres personnalités publiques plus âgées. (Elle poste exclusivement en islandais, ce qui signifie avec une quasi-certitude que presque tout son lectorat est local.)

« J'ai reçu des menaces de viol, d'autres menaces en tout genre, des messages qui disaient : "Je sais où tu dors." Si j'étais un homme, je ne recevrais pas ce genre de messages. Les femmes doivent-elles accepter cela quand elles se lancent dans l'arène publique ?

« Alors je réponds, a-t-elle poursuivi pleine de défi. Je les prends au mot et je tiens ma place. Ils n'ont pas l'habitude. Mais je ne suis ni une politique ni une journaliste. Je suis une militante et je peux leur dire d'aller se faire foutre.

« Ensuite, je poste ma réponse publiquement. D'autres jeunes, filles et garçons, reçoivent ce genre de messages mais n'ont pas la chance de savoir que c'est possible de dire à ces trolls où ils peuvent se mettre leurs commentaires. On m'a demandé pourquoi je ne me contentais pas de les bloquer. Voilà comment je réagis quand on m'attaque : je réponds et ensuite je dénonce. Mais les choses ne commencent pas là, si tu as quelque chose à me dire, j'ai le droit de me défendre. Les ados ne sont pas habitués à ça. »

Elle a marqué une pause pour manger un peu de son steak végétarien avant de reprendre.

« Certains vont même jusqu'à me dire : "Est-ce que tu n'es pas un peu dure avec lui ? Ce n'est qu'un gosse", a-t-elle raconté, incrédule. Et puis on me dit que je suis aussi méchante que lui. Sauf que dénoncer les abus en ligne, ce n'est pas la même chose que de les commettre. Tout mon travail, ces dernières années, m'a montré combien il est important d'occuper le terrain, que c'est normal de me défendre et de dire aux gens d'aller se faire foutre. »

La misogynie et les menaces sont hélas des faits très communs, mais comme la langue islandaise n'est parlée qu'ici, et que la population est relativement limitée, il est plus facile de bloquer les robots et d'identifier les comptes apparemment anonymes. Quand les attaques viennent de profils réels, il n'est pas très difficile d'en retrouver les auteurs. Un jour Sólborg a reçu des menaces d'un compte anonyme : il lui a juste fallu une capture d'écran et quelques heures pour que quelqu'un lui révèle l'identité de son agresseur. C'était un garçon de quinze ans, qui a fini par lui présenter des excuses quand elle lui a dit qu'elle avait porté plainte auprès de la police, étape nécessaire d'après elle pour montrer que les mots ont leur importance.

Thóra, qui travaille à la télévision, s'est montrée d'accord avec cette approche. « Il faudrait des lois plus précises sur ce qu'on a le droit de dire ou pas. Il faudrait remettre à jour la législation pour qu'elle puisse être applicable. » Elle a trempé sa pomme de terre dans la béchamel. « On n'est pas obligé d'envoyer les gens en prison, mais…

– On peut prélever 20 000 *krónur* sur leur prochain salaire ! » a proposé Tobba en riant.

Si seulement c'était aussi facile ! La législation islandaise sur la liberté d'expression découle de la Convention européenne des droits humains – comme dans la plupart des autres pays d'Europe –, et les lois qui limitent les propos sont interprétées à la lumière de cette liberté d'expression. Dans la pratique, cela s'étend aux réseaux sociaux, en particulier pour les personnes publiques, mais cela reste dans un flou juridique, ce qui rend très difficile de traduire en justice des attaques qui se révèlent pour l'essentiel des propos misogynes tenus en ligne, à moins que des menaces directes n'aient été proférées. En outre, les hébergeurs Web et les fournisseurs d'accès portent moins de responsabilité que les individus. Ainsi, si une personne crée un site Web avec des contenus violents qui doivent être retirés, c'est à la personne en question de le faire et non à l'hébergeur. Par conséquent, rendre les sections « commentaires » et le monde virtuel moins agressifs envers les femmes passe nécessairement par l'action des individus – d'où la nécessité d'éduquer davantage les jeunes à la communication virtuelle –, et non par la protection légale.

Il existe aussi toute une activité en ligne potentiellement plus dangereuse. Dans un rapport de novembre 2020 sur la misogynie en ligne et l'antiféminisme dans les pays du nord de l'Europe, le Centre for Digital Youth Care a déclaré que même si les chercheurs ne pouvaient identifier « une sous-culture ou un mouvement définis », ils avaient en revanche trouvé des jeunes antiféministes actifs dans le nord de l'Europe sur les forums examinés et des exemples très clairs de misogynie dont il fallait s'occuper. En d'autres termes, les pays du nord de l'Europe n'ont peut-être pas atteint le stade où il faut redouter des féminicides de masse, et où se développent des organisations antiféministes et une haine systémique, mais il faut néanmoins prendre les choses au sérieux. Autre motif d'inquiétude en Islande : la loi qui définit les discours haineux ou les crimes de haine est trop vague.

Nonobstant l'arsenal légal (ou son absence), les modérateurs sont beaucoup moins tolérants face à ces tentatives de faire taire les femmes. « Chez *DV*, nous bloquons les gens, dit Tobba, dont le journal est célèbre pour avoir traité quelques histoires sensationnelles, réputation qu'elle travaille à faire oublier. C'est parce qu'il n'y avait pas de modérateur. » Elle a également admis que dans certains cas, quand la personne interviewée a peur des retombées, alors on ferme tout simplement la section des commentaires.

En effet, les réactions peuvent être rapides et totalement inattendues. À l'été 2020, une troupe de théâtre d'enfants est allée se produire dans un minuscule village du Nord-Est, Kópasker. Une des comédiennes a écrit sur les réseaux sociaux qu'elle ne recommandait pas la visite de ce village (ils n'avaient vraiment pas eu de chance avec la météo) ; par la suite, elle a eu beau présenter ses excuses, son post avait déclenché une explosion atomique parmi les commentaires. Sa franchise lui a valu des menaces de viol, de se faire trancher la gorge, voire d'être battue jusqu'à ne plus être identifiable. À ce titre, l'Islande ne vaut pas mieux qu'un autre pays, même s'il est beaucoup plus facile de remonter jusqu'aux auteurs des propos violents, comme l'a fait Sólborg. La femme qui avait évoqué Kópasker, Thórdís Björk Thorfinnsdóttir, a porté plainte auprès de la police pour chacune des menaces qu'elle a reçues, mais jusqu'à ce jour la justice n'a produit aucun résultat.

Steinunn a écouté la discussion avec intérêt, puis a fait son propre commentaire : « Nous, on ne nous critique pas ainsi, a-t-elle fait observer au sujet des handicapés. Souvent, on nous considère comme de grands enfants, et donc au-delà des critiques. Ce qui signifie qu'on ne nous prend pas au sérieux.

– La phrase qui revient tout le temps, c'est : "Elle cherche à attirer l'attention." Voilà l'étiquette qu'on colle aux femmes : elles veulent attirer l'attention sur elles rien que pour faire parler d'elles, a ajouté Tobba en tartinant un morceau de pain *laufabraud* avec du beurre. Parfois, quand quelqu'un écrit quelque chose de vraiment dégueulasse sur moi, je me contente de liker son post, histoire de lui rappeler que moi aussi, je suis sur Internet et que je le vois faire.

– J'ai vraiment peur des sections "commentaires", a avoué Steinunn. Je les évite comme la peste. »

Pour rendre Internet moins dangereux pour les femmes (pour tout le monde, en fait), il nous faut prendre quelques mesures. Dans son rapport, le Centre for Digital Youth Care fait trois recommandations de base pour lutter contre le sexisme en ligne. La première consiste à rendre la vérification de l'identité obligatoire afin de réduire la fraude. La deuxième, à travailler avec les forums pour former des volontaires et des modérateurs qui empêchent que ces lieux se transforment en caisses de résonnance extrémistes, et qui puissent aussi apporter le soutien dont ont besoin beaucoup d'hommes qui se rendent sur ces sites. Enfin, le rapport suggère de « développer les connaissances et une perspective plus égalitaire des possibilités et capacités de chaque genre afin d'élargir les normes et de lutter contre les stéréotypes ». Là encore, le rôle des modèles positifs peut s'avérer très important.

« Je suis bien consciente que j'ai d'énormes privilèges, a admis Sólborg. J'ai une plateforme d'expression plus vaste que la plupart des femmes. La violence dont on m'a menacée n'a rien à voir avec par exemple le fait de se faire tirer dessus, ou autres choses qui pourraient se passer dans un autre pays. Mais je ne peux me contenter de penser : *Je devrais déjà être heureuse d'avoir le droit de vote.* »

*

Lors des élections présidentielles de 2012, six personnes se sont portées candidates. Le Président en exercice, Ólafur Ragnar Grímsson, briguait un cinquième mandat (un record ! mais la Constitution ne limite pas le nombre de mandats). Il a gagné, assez facilement. Sa principale concurrente n'était autre que notre invitée au buffet de Noël, Thóra Arnórsdóttir, alors âgée de trente-sept ans.

Bien sûr, les élections présidentielles islandaises attirent peu l'attention des médias internationaux. Toutefois, pendant cette campagne longue de deux mois, Thóra a fait l'objet d'un reportage de la BBC et d'un article du *Guardian*.

Malheureusement, cet intérêt avait peu à voir avec ses idées ou sa conception de la fonction présidentielle. En fait, en plein milieu de la campagne, Thóra a pris un congé de deux semaines pour donner le jour à son troisième enfant. Avant la naissance, elle faisait ses discours, serrait des mains et assistait à toutes sortes de rassemblements perchée sur ses stilettos. Deux semaines plus tard, elle est revenue au combat, toujours perchée sur ses stilettos, tandis que son compagnon s'occupait de la petite fille dans les coulisses. Elle a fini deuxième.

« Bien sûr, quand les médias étrangers s'emparent de l'affaire, on a envie de faire le maximum, a déclaré Thóra. Mais cette attention reflète aussi la situation dans les autres pays, et cela nous rappelle qu'il serait impensable dans bien des endroits qu'une personne comme moi soit candidate. Ici, c'est différent. J'avais conscience des limites que nous devions repousser, il se trouve juste qu'elles sont beaucoup plus avancées que dans la plupart des pays. »

Thóra a admis que pendant la campagne on lui avait plusieurs fois posé la question (essentiellement des femmes) sur la façon dont son élection potentielle pourrait affecter ses enfants (avec les trois enfants d'une première union de son compagnon et le nouveau-né, ils étaient six). Elle a répondu de manière très ferme que la décision de faire campagne avait été prise par elle, en accord avec sa famille, et qu'elle avait jugé la chose possible.

« On nous dit toujours que ce n'est pas le bon moment. On est trop jeune, ensuite on est censée avoir des enfants, ensuite les enfants sont trop jeunes, ensuite c'est la ménopause, et tout à coup on est trop vieille, retraitée, et on réalise qu'on n'a eu le temps de rien faire parce que quelqu'un pensait que "ce n'est pas le bon moment". Comment les autres pourraient-ils décider à notre place ? »

Les médias étrangers adorent le récit original et galvanisant d'une jeune femme qui brigue le mandat suprême de son pays sans se laisser détourner de son but par une grossesse. Hélas, dans bien d'autres cas, quand il s'agit de parler de jeunes femmes, ces mêmes médias véhiculent encore des clichés hérités du XXe siècle.

Prenons par exemple cette histoire qui remonte au début de l'automne 2020. Après un match de foot entre l'Islande et l'Angleterre, deux joueurs britanniques ont invité deux Islandaises de leur âge avec lesquelles ils avaient échangé en ligne à leur rendre visite dans leur chambre d'hôtel, transgressant les règles strictes de la quarantaine imposée à tous les voyageurs en raison du Covid-19. Les jeunes femmes ont dit qu'elles n'étaient au courant ni de ces règles ni du fait que leurs nouveaux amis étaient célèbres. Elles ont posté quelques photos sur un groupe Snapchat fermé, sans se rendre compte que ces images seraient inévitablement portées à l'attention d'un public beaucoup plus large en raison de la notoriété des deux hommes, dont l'un était marié et jeune papa.

Évidemment, l'histoire a très vite fait la une des médias à la fois en Islande mais aussi dans les tabloïds britanniques, qui ne sont pas les champions du féminisme. Les deux joueurs ont présenté des excuses publiques, ont reçu des amendes pour avoir transgressé les règles, et n'ont pu participer au match suivant contre le Danemark.

Quant aux deux femmes, les médias britanniques les ont présentées comme des filles faciles intéressées par l'argent, qui voulaient tirer le maximum de ce quart d'heure de célébrité. En Islande, des personnalités publiques, allant d'un membre du Parlement à une chanteuse pop, ont pris la défense de ces deux femmes en disant à juste titre que ce n'étaient pas elles qui avaient transgressé les règles et en soulignant que beaucoup d'entre nous ne nous étions pas toujours comportés de la manière la plus acceptable qui soit quand nous étions jeunes, mais que nous avions eu la chance de le faire avant l'ère des réseaux sociaux. D'autres commentateurs se sont simplement interrogés sur l'ampleur du scandale en rappelant qu'il y avait peut-être des sujets un peu plus graves à traiter.

Dans la presse britannique, les commentaires ont étrillé les « beautés islandaises » au sujet de leur allure, leurs motivations et leur vie personnelle. Chez nous, les commentaires montraient à la fois de la compassion envers les jeunes femmes et de l'indignation quant à la façon dont elles étaient traitées à l'étranger.

« Nous avons couvert l'événement d'une manière complètement différente de celle des Anglais, a raconté Tobba qui à l'époque venait de prendre la direction du journal *DV*. Ceux-ci les appelaient par leurs prénoms, ils les traitaient d'imbéciles, etc. »

À l'étranger, certains ont remarqué que les médias islandais ont souvent une approche très ouverte et très différente dans leur manière de traiter les problèmes d'égalité des genres.

« On me pose parfois des questions comme : "Ça se passe si bien en Islande, comment pourrait-on faire aux États-Unis ?" a dit Thóra. Mais on ne peut pas leur offrir de solution, ni leur envoyer un schéma de la marche à suivre. On peut évoquer ce que nous faisons, nous, mais ça ne les avancera pas à grand-chose. Ça prend du temps de faire tourner un supertanker. Les changements arrivent petit à petit, et nous en sommes fiers. Dieu ne nous a pas commandé depuis là-haut d'avoir des attitudes différentes. Petit à petit, nous avons impulsé des transformations, et nous en sommes fiers. »

Thóra nous a rappelé qu'il s'agissait d'une bataille pour l'égalité, pas pour les droits des femmes. Elle prêchait des converties quand elle a ajouté qu'il fallait que les hommes s'impliquent aussi. « Si nos modèles féministes sont exclusivement des femmes, comment réussirons-nous à embarquer les jeunes garçons ? » a ajouté Sólborg. Seulement, les petits succès remportés à force de faire peser une pression permanente ont un prix : « l'épuisement », a conclu Steinunn.

« Les femmes de ma génération tombent comme des mouches, a acquiescé Thóra. Depuis plus de vingt ans, elles bossent, elles bossent, font des enfants, tiennent leur maison, elles sont minces, jolies, vont au yoga, fréquentent leurs amies. Et un beau jour, elles se retrouvent assises dans leur voiture devant chez elles, et elles n'arrivent plus à respirer. »

Il ne devrait pas en être ainsi. Pour faire faire demi-tour à un supertanker, la méthode théorique ne suffit pas, pas plus que la dénonciation constante des micro-agressions dans les légendes des photos ni même des menaces plus directes reçues sur les réseaux sociaux. Pour cela, il faut récompenser les femmes qui occupent le terrain, qui s'expriment publiquement, et ne pas les accuser de chercher à attirer l'attention sur elles, ni remettre en cause leur expérience et leur savoir. Il convient également de traiter à égale importance les domaines qui tendent à être davantage féminisés – depuis la mode jusqu'à l'éducation. Celles et ceux qui le peuvent doivent répondre à ceux qui essaient de faire taire les femmes ou de minimiser leur parole. Les femmes doivent pouvoir commettre autant d'erreurs sous les yeux du public que les hommes, se tromper la première fois, et ensuite bénéficier malgré tout d'un espace où elles puissent s'épanouir. Enfin, pour que le supertanker fasse demi-tour, il faut que toutes les femmes puissent exprimer leurs points de vue : valides ou handicapées, nées en Islande ou ailleurs, quels que soient leur identité de genre, leur religion, leur âge et leur groupe ethnique.

Dans tous les médias, les femmes doivent toujours revendiquer leur espace. Pas seulement celui qu'on leur a accordé, mais celui qu'elles méritent. Cela peut être intimidant et stressant. Et c'est sans aucun doute très fatigant.

Toujours optimiste, Steinunn nous a apporté la meilleure approche qui puisse nous permettre d'avancer : « Chaque matin, je me lève, je me regarde dans la glace et je dis : "Aujourd'hui, ce sera une super journée", a-t-elle confié en se redressant, en rajustant ses bagues et en passant la main dans ses cheveux courts, mimant la scène pour nous. "Tout ira bien même si quelque chose ne se passe pas tout à fait comme prévu." »

Voilà une certitude à ne pas perdre de vue lorsque nous nous demandons comment venir à bout du problème persistant de la représentation des femmes dans les médias, surtout en ligne. En Islande, nous avons l'avantage d'être une très petite communauté et de posséder une langue quasiment unique au monde, ce qui permet de retrouver l'identité des agresseurs (et avec un peu de chance, de leur faire comprendre le mal qu'ils causent). Nous essayons aussi à l'échelle de la société de faire évoluer une manière dépassée de représenter les femmes à la télévision, à la radio et dans la presse. C'est une lutte sur le long terme, un vrai marathon, voilà pourquoi nous devons adopter l'attitude positive de Steinunn. Mais il nous faut aussi trouver en nous-mêmes la force de nous dresser contre les attaques en ligne, dénoncer les discours haineux, faire retomber la honte sur les agresseurs, pas sur les victimes, et de manière plus générale permettre aux voix des femmes de conquérir leur propre espace. Plus on est nombreuses, plus on est en sécurité. Prenez la parole. Parlez pour les autres, parlez pour vous-mêmes, et d'autres suivront !

L'INDOMPTABLE *SPRAKKI* QUI SE BATTIT POUR SAUVER LA NATURE

Gullfoss, « les chutes dorées », est l'une des plus extraordinaires merveilles de la nature en Islande. Elle fait partie des trois sites du célèbre Cercle d'or, qui regroupe les plus grandes attractions touristiques du pays. Des centaines de milliers de visiteurs viennent admirer chaque année (enfin, excepté pendant la pandémie du Covid-19) ces chutes majestueuses composées de deux sauts.

Gullfoss est un symbole de la beauté du pays. Ces chutes, hélas, ont failli être détruites, et la personne qui a empêché ce massacre est l'une de ces Islandaises puissantes et déterminées.

Au tournant du XXe siècle, Sigrídur Tómasdóttir vivait à la ferme de Brattholt. Gullfoss se trouvait sur ses terres et la jeune femme y emmenait les rares touristes de l'époque. Autodidacte, elle manifestait un souci de l'environnement très en avance pour son époque.

En ce temps-là, l'Islande était un pays pauvre, pas encore indépendant. Les paysages volcaniques, les glaciers et les chutes d'eau, loin d'être considérés comme des merveilles naturelles promptes à attirer les visiteurs, étaient au mieux des obstacles à l'agriculture, au pire des ressources dont on pourrait tirer un profit économique.

Un jour, un investisseur anglais contacta le père de Sigrídur, Tómas, et lui proposa en échange d'une somme importante de lui racheter les chutes pour y établir une centrale hydroélectrique. On raconte que dans un premier temps celui-ci refusa, parce qu'il ne voulait pas « vendre son ami ». Quelques années plus tard, il accepta de louer le terrain.

La construction d'une centrale hydroélectrique nécessitait la création d'un barrage qui aurait noyé les chutes. Sigrídur ne voulait pas en entendre parler. Elle engagea l'avocat Sveinn Björnsson (qui fut plus tard le premier président d'Islande après l'indépendance en 1944) pour plaider sa cause. Elle se rendit plusieurs fois à Reykjavík pour développer elle-même ses arguments et plaider pour la préservation des chutes : d'après la légende, elle aurait parcouru le chemin pieds nus, plus de 100 kilomètres à travers les paysages volcaniques. Elle sentit qu'hélas les réunions auxquelles elle avait assisté n'allaient pas dans le bon sens, alors elle menaça de se jeter dans les chutes si le projet de les détruire était validé.

La campagne de protestation de Sigrídur se passait à une époque où les militantes féministes se battaient pour que la loi protège les femmes au sein de la société. Sigrídur ne participa pas à cette lutte-là, mais elle se battit avec une énergie infatigable pour défendre les chutes de Gullfoss. Faisant ainsi entendre sa voix dans un monde dominé par les hommes, elle dut faire face aux préjugés et à l'opprobre que connaissent si bien les militantes modernes. On l'accusa d'être trop sentimentale, trop dominée par ses émotions à l'égard de ces chutes d'eau insignifiantes – qualificatifs employés également par les hommes politiques qui refusaient aux femmes le droit de vote.

Aujourd'hui que la société accorde une valeur importante au respect de l'environnement, Sigrídur est une figure respectée et admirée. Au cours de sa vie, elle assista au rachat de Gullfoss et des terres environnantes par l'État. L'endroit fut enfin classé parmi les sites naturels protégés, environ vingt ans après sa mort à l'âge de quatre-vingt-six ans. Un mémorial lui a été élevé au sommet des chutes, et elle a gagné le titre dûment mérité de pionnière de la défense de l'environnement en Islande.

7

L'HARMONIE EST DANS LA NATURE

« Je descends de mes montagnes. »

Je descends de mes montagnes. Pas littéralement, bien sûr. Loin de là, même. La vallée de l'Outaouais au Canada est une longue bande de riches terres agricoles, dominées au loin par les collines de la Gatineau (d'anciennes montagnes usées par les glaciers, bien avant l'époque des dinosaures). Sur le plan métaphorique, en revanche, c'est vrai. Cette expression islandaise est une manière pleine d'autodérision pour dire que vous êtes à côté de la plaque. Si votre petite-fille vous parle de TikTok et que vous croyez que c'est une nouvelle variété de barre chocolatée, alors vous descendez de vos montagnes.

Quand les gens en Islande discutent de leur relation vis-à-vis de leurs campagnes, je descends de mes montagnes, surtout en comparaison de celles et ceux qui y sont nés. Je suis montée sur un cheval islandais pour la première fois en 2020 (au pas !). J'ai eu le mal de mer à bord d'un bateau désaffecté des gardes-côtes, ancré dans le port par temps calme. Même si j'ai grandi dans une petite ferme avec beaucoup de moutons autour de moi, je n'avais jamais assisté à une naissance avant de devenir première dame et d'accompagner Gudni en tournée à travers le pays pendant la période de la mise bas.

À ce titre-là, de plus en plus d'Islandais descendent de leurs montagnes. En effet, depuis cinquante ans, la population a beaucoup changé. Si autrefois elle habitait principalement en dehors de la capitale, c'est le contraire aujourd'hui. Naguère, les enfants des villes qui n'étaient pas élevés dans des fermes ou des villages de pêcheurs allaient passer l'été chez leurs grands-parents ou d'autres membres de la famille en dehors de Reykjavík. On attendait d'eux qu'ils donnent un coup de main à la ferme, que ce soit pour pelleter du fumier ou pour veiller sur les enfants plus jeunes. Dans les villages de pêcheurs, ils faisaient des sorties à la journée sur de petits bateaux pour aller pêcher la morue, ou bien déchargeaient à terre le poisson et le préparaient à la vente. Lorsqu'ils ne travaillaient pas, ces enfants pouvaient se déplacer librement à travers ces petites communautés, en cette époque de l'année où il ne faisait jamais nuit.

Même si cette tradition existe beaucoup moins aujourd'hui, il est impossible de dissocier le caractère général des Islandais de leur paysage naturel. L'air subarctique riche en oxygène, le bruit des vagues qui viennent se briser sur les rivages rocheux, les macareux qui nichent à flanc de falaises escarpées, les hautes terres arides et lunaires, les collines sans arbres et les vertes vallées, les sommets enneigés et les champs de lave couverts de mousse : tout cela est gravé jusque dans nos os. (Je suis là depuis moins longtemps, mais je sens que c'est inscrit de plus en plus profond en moi.)

Mère Nature s'est montrée tour à tour bénigne et vicieuse envers les courageux habitants de cette île. Seules des personnes déterminées et pragmatiques, capables de s'adapter, ont pu survivre pendant des siècles sous la menace des tremblements de terre, des éruptions volcaniques, de la famine, de l'érosion, sans parler de cette longue nuit hivernale qui peut conduire à la dépression.

Néanmoins, les montagnes sans arbres, qui n'abritaient aucun prédateur, ont permis aux troupeaux de paître tranquillement dans d'immenses prairies, et l'océan qui entoure le pays est riche en poissons et autres animaux comestibles. En outre, les ressources en eau potable sont illimitées, les eaux brûlantes permettent de se chauffer, et aucune espèce vénéneuse endémique ne vient décimer les récoltes et les systèmes immunitaires.

Depuis l'époque de Sigrídur de Brattholt et sa campagne pour sauver Gullfoss, les Islandais ont appris à apprécier la beauté et les merveilles naturelles de leur île. Le désir de dominer la nature pour en tirer un bénéfice économique, comme dans le cas des centrales hydroélecriques qui nécessitent souvent la construction d'un barrage, fait toujours l'objet d'un débat houleux. Il y a d'une part ceux qui y voient l'avantage des emplois créés et des retombées financières, d'autre part ceux qui dénoncent des dommages irréparables causés à l'environnement. Car la nature en soi contribue à la richesse du pays grâce au flot de touristes qui viennent chaque année admirer ce pays hautement Instagrammable !

L'Islande est même devenue une sorte de vitrine du changement climatique. Vous pouvez aller voir la plaque installée en mémoire du défunt glacier Okjökull, être témoin de la vitesse dramatique à laquelle d'autres glaciers diminuent – ils pourraient, d'après les chercheurs, tous disparaître d'ici deux siècles. Pendant des décennies, le pays a mis en place des quotas de pêche stricts afin de préserver les ressources naturelles et éviter l'effondrement qui s'est produit au large des grands bancs de Terre-Neuve avec la morue. La terre qui entoure le village de Höfn dans le Sud-Est remonte chaque année d'un centimètre à mesure que le poids du glacier Vatnajökull – le plus grand d'Europe – diminue parce qu'il fond et que la pression qu'il exerce sur le sol est moins forte. Même les touristes téméraires qui s'aventurent hors des sentiers battus avec leurs petites voitures de location et se retrouvent confrontés à des conditions météo difficiles – vents violents, ou de la neige fin mai – peuvent témoigner du changement climatique. Or les études nous montrent que ce genre de crises affecte les femmes autour du globe de manière disproportionnée.

Car paradoxalement, cette dépendance aux caprices de la nature a mené à la fois à une répartition très genrée des rôles quand il s'agit de s'occuper d'une maison, d'une ferme, d'une entreprise, et en même temps à une certaine indifférence à la question de savoir qui fait quoi, parce que dans les moments difficiles tous les bras étaient nécessaires : ainsi donc, une femme pouvait aller pêcher en mer et un homme, tricoter ses propres pulls de laine. Dans la réalité, beaucoup de pêcheurs partaient pendant des jours (certains ne revenaient jamais), ce qui signifiait que les femmes s'occupaient de tout le reste en leur absence. Ensuite, elles se rendaient au port et aidaient à décharger et saler le poisson. Cette division du travail est souvent citée pour expliquer la force des femmes d'aujourd'hui. Après tout, c'est vrai qu'il existe en Islande une longue lignée de femmes fortes et indépendantes, fiables et résilientes, qui se sont adaptées et ont acquis du pouvoir.

Des domaines comme l'agriculture et la pêche restent ségrégués de nos jours. Les exploitations sont en général la propriété d'hommes qui gèrent tout. De même, ce sont des hommes qui partent en mer, tandis que les femmes travaillent essentiellement dans les usines de transformation du poisson (surtout comme employées, pas à la direction). Toutefois, certaines femmes vont à contre-courant : elles ont leurs propres troupeaux, leurs propres bateaux. Autrefois, certaines se retrouvaient placées à ce genre de postes par le hasard des circonstances – la pénurie d'hommes –, mais aujourd'hui, les agricultrices et patronnes de pêche sont des femmes qui ont véritablement choisi d'être là où elles sont.

Elles doivent souvent faire leurs preuves avant d'être totalement acceptées par les communautés d'hommes qui forment ces industries. Ces femmes par ailleurs ne se considèrent pas comme des précurseures et, en effet, même si elles sont rares, elles ne sont ni les premières ni les seules. Elles ont simplement réalisé leurs rêves, sans se soucier de leur genre. Elles n'ont pas attendu que la loi pousse vers plus d'égalité. Elles ont fait advenir elles-mêmes le changement, habitées par la foi que quand on est prête à beaucoup travailler, on peut y arriver, avec ou sans la loi, avec ou sans modèles.

En dehors de l'agriculture et de la pêche, il est un autre aspect de la vie rurale où les femmes ont de plus en plus leur mot à dire. Des milliers de volontaires très bien entraînés accomplissent de vrais exploits en sauvant des personnes en danger à travers le pays. Malgré les exigences physiques et mentales de la tâche, ces équipes font sûrement partie des organisations les moins sexistes en Islande. Même si les femmes y sont minoritaires, elles sont de plus en plus nombreuses. Les examens d'entrée – les conditions physiques et mentales nécessaires pour faire partie de ces équipes d'élite – sont difficiles pour tout le monde, si bien qu'ensuite les femmes n'ont plus besoin de faire leurs preuves. C'est peut-être ici qu'on trouve le plus bel exemple de réussite où le genre ne compte pas.

*

Heida Gudný Ásgeirsdóttir vit littéralement au bout de la route dans le sud de l'Islande, à mi-chemin entre Reykjavík à l'ouest et la ville d'Egilsstadir à l'est. La région est si peu peuplée que chaque ferme (elles possèdent toutes un nom) est notée sur la carte affichée au dernier carrefour avant le chemin de terre qui mène chez Heida. C'est ici qu'elle a grandi, à Ljótarstadir, son exploitation de près de 10 500 hectares (environ la taille de l'île de Guernesey). L'endroit est situé à une altitude assez élevée, donc il neige tôt dans la saison, et les pentes herbeuses sont nombreuses où ses quatre cents moutons peuvent s'ébattre et paître en toute liberté pendant le court été.

« Nous avons besoin de la nature mais la nature n'a pas besoin de nous, m'a dit Heida le jour où je lui ai rendu visite. Les agriculteurs en particulier ont besoin de la nature. Quand on a un bon été, les rendements sont meilleurs, quand l'hiver est rude, le rendement baisse. Nous y sommes totalement liés. Lorsque la tempête fait rage, on a l'impression d'être minuscule. »

Ljótarstadir est situé à seulement 20 kilomètres du Katla, l'un des volcans islandais les plus menaçants, dont les cendres et la lave ont causé la ruine de bien des fermes au cours des neuf siècles d'histoire.

Heida est étonnamment à l'aise vis-à-vis de cette menace permanente. « Si on passe sa journée à se dire qu'il va y avoir une éruption demain, alors on ne fait rien », dit-elle en haussant les épaules.

Grande, d'allure typiquement nordique, la peau claire, les pommettes saillantes, avec une longue frange blonde qu'elle coupe sans doute elle-même, Heida exsude l'intelligence, la compassion, l'honnêteté et la volonté de bien faire. Elle a fait l'objet d'un livre publié en 2016 qui a eu un certain succès en Islande, et a beaucoup contribué à illustrer la vie des agricultrices d'aujourd'hui aux yeux des habitants de la capitale.

Heida m'a paru être une célébrité discrète, une introvertie pas toujours à l'aise en dehors de la solitude de son travail et de son environnement habituel auprès des animaux et des machines, mais qui croit néanmoins que c'est nécessaire de faire une exception de temps à autre. Dans son cas, c'est sa passion de la défense de l'environnement et ses efforts pour éviter que les terres dans sa région ne soient vendues à des promoteurs qui l'ont fait sortir de sa tanière. Elle s'oppose à ce qu'on utilise la nature pour en tirer un profit économique, et que l'on construise de nouvelles centrales hydroélectriques pour fournir de l'électricité à une usine d'extraction de l'aluminium par calcination aux mains de capitaux étrangers.

« Ils envoient de charmants commerciaux prendre le café avec vous, qui vous font miroiter sous le nez de l'argent comme vous n'en avez jamais vu, m'a raconté Heida en buvant un café bien serré dans sa cuisine de Ljótarstadir. Ils disent qu'il suffit de les laisser construire un petit barrage loin là-bas, à l'horizon, et en échange ils vous donneront tout cet argent. Ensuite, ils vous promettent une meilleure réception pour votre portable, de meilleures routes. » Elle a levé les yeux au ciel. « Jamais je ne leur vendrai mes terres. »

Certains agriculteurs de la région ont accepté de céder le droit d'utiliser les cours d'eau qui traversent leurs terres si le projet est accepté par le gouvernement. Mais Heida n'est pas n'importe qui. Le simple fait qu'elle soit une femme le prouve. (Même si beaucoup de femmes travaillent dans l'agriculture car la plupart des exploitations sont dirigées par des couples, rares sont celles à en être les propriétaires officielles et à diriger ce qui est en réalité une petite entreprise.) Pourtant, nul besoin de partager un café et des bonbons à la réglisse salés pour savoir que Heida ne voudrait pour rien au monde échanger sa place.

Elle a grandi ici, cadette de cinq sœurs, dont l'une est décédée quand Heida n'avait que trois ans. Ses trois aînées sont les filles de sa mère et de son premier mari, mort dans une avalanche en 1967. Dans une toute petite société, avec une ferme à diriger, la mère de Heida a noué des liens puis épousé un homme qui avait passé beaucoup de temps sur place en ses années difficiles : le frère de son mari. Elle a eu avec lui deux autres enfants, dont Heida.

« J'ai toujours voulu travailler de mes mains et être agricultrice », m'a-t-elle dit pendant une courte pause bien méritée dans le travail intense que nécessite une ferme. Elle s'est étendue dans un fauteuil inclinable ingénieusement placé dans l'angle le plus accessible de sa cuisine, face à la table où j'étais assise. (Tout le monde devrait avoir un fauteuil inclinable dans sa cuisine, ai-je compris en la voyant. L'invitée peut boire son café à table, tandis que l'exploitante surmenée peut se détendre, en se rehaussant les pieds.) « On s'est mises à tout faire parce que l'agriculture a beau être une activité d'hommes – et elle l'est toujours –, chez nous, il n'y avait pas d'homme. Au départ, nous sommes quatre sœurs, féministes endurcies, et nous savons que nous pouvons tout faire. »

Rien ne saurait la faire changer d'avis. Son père est né en 1929. « [Il] n'aurait pas employé le mot "féministe", mais il était fier de nous, bien sûr. Malgré tout, il était convaincu que j'avais besoin d'un mari pour faire tourner l'exploitation, quelqu'un qui reprenne la ferme. Cela vient de cette façon de penser étroite selon laquelle chaque personne doit rester à sa place, dans sa case, puis suivre le même chemin que ses parents, se marier, avoir des enfants. Il n'y a rien de mal à ça, mais la pression pour que chaque personne s'y conforme est intense. »

Convaincre le monde extérieur n'a pas été chose facile. Naguère, Heida a passé deux jours à New York à travailler comme mannequin lors d'un shooting photo, ce qui a conduit le *Guardian* à faire le portrait de cette mannequin islandaise devenue agricultrice. En réalité, les photos n'ont été qu'une courte aventure car Heida a toujours su ce qu'elle voulait : reprendre la ferme familiale. « Je passais mon temps à dire aux journalistes que j'ai juste eu de la chance à la loterie génétique, mais que je n'avais pas l'intention d'en faire une carrière. »

Après avoir terminé ses études à l'université d'agriculture, elle a un temps enseigné à l'école locale, puis elle a été policière. Elle devait prouver qu'elle était compétente en tant qu'agricultrice mais aussi comme tondeuse de moutons, l'un de ses métiers secondaires (aujourd'hui, en Islande, on ne peut plus gagner sa vie uniquement grâce à l'agriculture). Elle est également la présidente locale de son parti politique et, au moment où j'écris ces lignes, parlementaire suppléante pour le Mouvement des verts et de gauche.

« Très peu de femmes en Islande tondent les moutons, surtout chez les autres, a expliqué Heida. Quand j'ai commencé, les gens disaient que je faisais ça car je cherchais désespérément à attirer l'attention, pas parce que j'aimais ça et que je le faisais bien. La société est tellement machiste. »

À côté de son fauteuil inclinable, Heida a accroché au mur une grande carte de l'Islande, et une autre du monde, avec des punaises marquant les lieux où elle s'est rendue pour tondre des moutons, faire de la randonnée ou autres voyages ; chaque activité a son code couleur. Elle est allée jusqu'en Nouvelle-Zélande, et une punaise rouge marque la ville d'Invercargill, sur l'île du Sud, où elle a été l'unique femme à participer en 2017 à une compétition de tonte.

« Je suis seule la plupart du temps quand je travaille, dit-elle d'un air tout à fait réjoui. L'arrivée des téléphones portables et d'Internet a tout changé et le monde est désormais beaucoup plus petit. » Elle a pris deux bonbons à la réglisse. « Mais je suis terriblement asociale, alors être toute seule, ça me va très bien. »

La plupart des contacts professionnels de Heida se déroulent dans le cadre de la tonte des moutons lorsqu'elle se rend dans d'autres fermes pour s'occuper des troupeaux. C'est ainsi qu'elle a acquis une grande connaissance sur le rôle des femmes dans l'agriculture en Islande, à force de les observer.

« Les femmes dans le monde paysan ont tendance à rester cachées, m'a-t-elle dit très sérieusement. En général, elles travaillent tout autant à l'étable, tiennent les comptes, les budgets, aident les brebis à mettre bas, même si c'est le mari qui contrôle tout d'un point de vue légal. Quand je me rends dans une ferme, je le vois, tout concourt à faire de l'homme le responsable, même si en réalité on sait très bien que sa femme l'est tout autant. Je suis allée dans des exploitations où la femme et le mari travaillaient dur tous les deux dehors, ensuite celle-ci préparait un bon déjeuner, lui mettait les pieds sous la table, et il la laissait lui servir le café et tout le reste. Il semble que ce soient les hommes qui aient toujours le dernier mot. »

Heida est convaincue que seul un retournement des mentalités peut changer cela, mais elle m'a dit avoir aussi constaté des changements, notamment dans les « propos sexistes » des hommes à l'égard des femmes. « Ça n'est plus considéré comme acceptable. » Elle souligne toutefois que « l'aspect financier qui met l'homme en charge de tout place les femmes en situation d'infériorité ».

Certaines, peut-être, mais pas Heida. Et pas parce qu'elle est seule sur sa ferme.

« J'ai fait mes preuves, conclut-elle avant de se rendre dans la grange pour réparer quelque machine. Mais ça a été long. »

*

Devoir faire ses preuves n'est pas seulement le lot des agricultrices. L'autre secteur économique prépondérant en Islande, l'industrie de la pêche, reste très ségrégué. Les femmes représentent l'essentiel des ouvrières dans les usines de transformation du poisson, sous-payées pour un travail intense de huit heures par jour – aujourd'hui, elles sont largement d'origine étrangère. Sur les bateaux, depuis les petits gabarits de 3 mètres jusqu'aux chalutiers aux équipages de vingt personnes, les hommes représentent 90 % de la main-d'œuvre. Les femmes ne détiennent que 1 % des licences de capitaine. La profession peut être très lucrative, mais même aujourd'hui reste potentiellement dangereuse. Depuis 2004, vingt-six personnes ont péri en mer.

Cette règle a connu des exceptions notables, bien sûr. Thurídur Einarsdóttir fut une capitaine légendaire, au tournant du XIXe siècle, qui obtint une dispense pour porter des vêtements d'hommes afin de sortir en mer, et fit de très belles prises. Les femmes ont toujours été prêtes à monter à bord quand il le fallait, et aujourd'hui les Ports islandais associés, l'université technologique de Reykjavík et le ministère de la Pêche et de l'Agriculture mènent des campagnes afin d'inciter les femmes à passer leur licence de capitaine et faire des études pour devenir ingénieures de marine.

Hélas, la nature est plus dure pour les femmes que pour les hommes sur un bateau car on y est vêtu d'une combinaison de pêche étanche et d'un seul tenant.

« En fait, c'est très intéressant, a admis Halldóra Kristín Unnarsdóttir, capitaine de l'*Andri*, 8 mètres de long. Il n'y a pas de toilettes à bord. Donc, on porte cette énorme combinaison qu'il faut retirer entièrement, et en même temps on doit faire attention de ne pas passer par-dessus bord, surtout si le bateau tangue. Mais ça fait partie du truc. »

Halldóra Kristín, ou « Dóra », ainsi que l'appellent ses amis, a commencé à sortir en mer à l'âge de douze ans, ce qui n'a rien d'exceptionnel dans le monde de la pêche en Islande. Son père et son grand-père étaient pêcheurs tous les deux, ils travaillaient sur des bateaux de 50 mètres toute l'année au départ du port de Rif, village de 140 habitants situé dans la vaste baie de Breidafjördur, où ils passaient de longues journées à pêcher la morue, le haddock et le lieu. Sa mère était contremaîtresse à l'usine locale de transformation du poisson.

Pratiquement tout le monde à Rif est en lien avec la mer. Le village se trouve près de l'extrémité de la péninsule de Snæfell, célèbre en raison du glacier éponyme, et lieu de départ du roman de Jules Verne *Voyage au centre de la Terre*. Les ornithologues y viennent en troupeau observer les sternes arctiques. Malgré le tourisme et les services qui se sont développés autour, ce sont les richesses de la mer qui font vivre la petite communauté.

« C'était merveilleux de grandir ici. Chaque fois qu'on sort, on rencontre quelqu'un et on discute, on connaît tout le monde. C'est comme dans un film. »

Dóra a toujours voulu travailler en mer, d'aussi loin qu'elle s'en souvienne, même si tous les pêcheurs autour d'elle étaient des hommes. « Ma famille ne m'a pas traitée différemment parce que je voulais faire ça, m'a-t-elle raconté quand je l'ai rencontrée sur son lieu de travail d'hiver à Reykjavík, où elle supervise une équipe d'animateurs socioculturels. J'ai toujours eu l'intention de succéder à mon père. Pour moi, c'est naturel qu'une femme prenne la mer. »

Après avoir terminé ses études secondaires et tenté une école de cinéma en Norvège, Dóra est revenue à l'école de navigation de Reykjavík où elle a obtenu un diplôme l'autorisant à conduire un bateau de 15 mètres de long, qualification connue sous le nom du « test des testicules ». En dehors du fait que presque seuls les hommes passent ce diplôme, cette expression islandaise signifie aussi « petit bateau ». Dóra était la seule femme de sa promotion à se qualifier en 2012. Son père et son grand-père l'ont toujours pleinement soutenue. De même que les pêcheurs retraités, qui respectaient le fait qu'elle ait mené à bien ses études et trouvaient ça « formidable ».

Il restait toutefois un processus d'initiation informel. Dóra a évoqué ces expériences d'un ton brusque et joyeux, sans en rajouter. Cette manière de s'exprimer à la fois assurée et pleine d'autodérision a sans doute contribué à ce qu'elle emporte l'adhésion du public lors de ses apparitions en tant que comédienne de stand-up dans des festivals locaux (les Islandais ont toutes et tous plusieurs casquettes sur le plan professionnel).

« Il fallait que je me fasse accepter au sein du groupe, m'a-t-elle raconté au sujet de sa première sortie seule à bord de l'*Andri*, après avoir obtenu son diplôme de capitaine. J'étais confrontée à un fort machisme. Les autres capitaines ricanaient en disant : “Est-ce que ton père sait que tu sors le bateau ?” Lors de ma première sortie, je ne savais pas exactement où j'irais pêcher. Tous les autres bateaux sont partis ensemble, et quand j'ai demandé où ils allaient, on m'a répondu : "C'est chacun pour soi." Mais j'ai bien vu qu'ils restaient groupés. Donc je suis partie toute seule, et j'ai rapporté beaucoup de poissons ! m'a-t-elle expliqué d'un air très satisfait. Je suis revenue au port bien avant les autres, et ils voulaient tous absolument savoir où j'avais attrapé tout ça. La même chose s'est reproduite plusieurs jours de suite. »

Dóra dit qu'elle « avait eu de la chance », mais à partir de ce moment-là, tout le monde s'est mis à parler avec elle et à lui donner des conseils. Et elle a gagné le surnom de « Celle qui murmurait à l'oreille des poissons ».

Dóra passe donc ses étés à pêcher dans la zone de la baie de Breidafjördur, en compagnie des autres pêcheurs. Elle ne « s'ennuie jamais », qu'elle emploie ces heures de solitude sur l'*Andri* à chanter, ou à composer de nouveaux sketchs pour ses prochains spectacles. En général elle part à 6 heures du matin et rentre souvent tard dans la journée, ou dans la soirée, sous le soleil. Elle navigue quelques heures, lance ses lignes pour appâter les poissons, les remonte, les stocke dans la glace, et ainsi de suite, jusqu'à atteindre les 650 kilos qu'elle a le droit de remonter chaque jour. Un sonar l'aide à savoir où les bancs de poissons se cachent dans les profondeurs, mais il existe d'autres moyens de les repérer quand on connaît le truc : des oiseaux qui volent en cercle signifient que des harengs nagent non loin de la surface, et par conséquent qu'il y a de plus gros poissons un peu plus profond. C'est la même chose si vous repérez des baleines.

« On est tellement libre en mer ! Ça fait du bien de travailler en pleine nature, à l'extérieur, même s'il fait terriblement froid. On est seule face à soi-même avec ses pensées, alors même si on ne trouve pas de poissons, on inspire profondément et on se dit : "C'est ça, la vraie vie." Si on sait bien manier son bateau, on peut appliquer ça à d'autres domaines dans l'existence. Sortir en mer m'a aidée à devenir une meilleure personne. »

Malgré toutes les sécurités et la technologie dernier cri, il y a des moments de stress. « On se retrouve de l'autre côté de la péninsule, où le temps est beau, on fait demi-tour pour rentrer, et le vent se lève. On navigue à contre-courant et, dans un bateau si petit, il y a des vagues qui s'écrasent sur vous, il tangue, alors on se dit : "Je me suis mise dans de beaux draps." Ça m'est arrivé d'avoir peur, de pleurer, de me jurer que c'était la dernière fois que je faisais ça. »

Depuis qu'on l'a surnommée « Celle qui murmurait à l'oreille des poissons », Dóra est devenue une capitaine parmi d'autres. « Je me souviens qu'à mes débuts des gens voulaient m'interviewer pour la télé car ils trouvaient ça fascinant. On disait de moi que j'étais féministe, mais pour moi, une femme qui travaille en mer, ça n'a rien de spécial. Quel rôle joue votre appareil génital dans ce boulot ? »

Elle se montre aussi optimiste : « Dans l'ensemble, il y a moins de sexisme à présent. Les hommes ont davantage conscience des choses, et les femmes sont plus visibles dans ce genre de rôles. Si aucune femme ne faisait ce que je fais, ils continueraient sans doute à raconter les mêmes bêtises. » Les exemples font toute la différence, pense-t-elle. « J'essaie d'encourager les adolescentes quand ça les intéresse. Je ne vois pas pourquoi je me vanterais ou me mettrais en avant. Ça fait partie de moi, c'est tout. Parfois, il faut se battre pour obtenir ce qu'on veut. Mais on ne peut y arriver que si on croit en soi-même. C'est ça qui fait toute la différence. »

*

Thorgerdur Brák fait partie des femmes puissantes mais insuffisamment reconnues dans les sagas islandaises. Elle était la nourrice d'Egil Skallagrímsson dans *La Saga d'Egil*, épopée d'un garçon turbulent qui allait devenir l'un des poètes préférés des Islandais. Il n'aurait toutefois jamais rencontré un tel succès si Thorgerdur Brák ne lui avait pas sauvé la vie quand il était enfant, le jour où son père, Skallagrímur, pris d'un accès de rage, essaya de le tuer. Furieux qu'elle soit intervenue, l'homme se retourna contre la nourrice qui, pour se sauver, sauta dans la mer près de Borgarnes, dans l'ouest de l'Islande. Skallagrímur jeta sur elle une pierre et la tua.

À l'endroit où se sont déroulés ces événements dramatiques s'élève de nos jours un monument dédié à Thorgerdur Brák. Dans la région, l'équipe de sauveteurs bénévoles porte son nom, en l'honneur de cette courageuse martyre.

Il existe quatre-vingt-treize équipes de sauvetage à travers l'Islande, entièrement constituées de bénévoles. Ces équipes incarnent les vertus de Thorgerdur Brák : elles se composent d'individus entraînés, courageux et solides qui, à tout moment, sont prêts à aller sortir une voiture d'une congère, partir à la recherche de trampolines emportés par la tempête, descendre en rappel d'un hélicoptère pour secourir des marins sur un bateau de pêche, escalader des montagnes pour prêter assistance à des randonneurs blessés ou encore retrouver des personnes disparues. D'après les sondages, 90 % des Islandais font confiance à ces équipes de sauvetage, ce qui est le taux le plus haut recensé entre toutes les institutions du pays. (Le bureau du Président arrive seulement en deuxième position – mais ce n'est pas une course !)

Environ un tiers seulement des équipes sont constituées de femmes, et la proportion tombe encore plus bas quand on considère celles qui sont dirigées par des femmes : huit sur quatre-vingt-treize. Brák en fait partie, depuis qu'elle a choisi pour directrice Elín Matthildur Kristinsdóttir au printemps 2020.

Je suis allée me promener avec Elín et ma fille, Edda, par un jour de novembre frisquet dans une campagne que Thorgerdur Brák elle-même connaissait bien. Edda s'arrêtait régulièrement pour sauter dans les flaques gelées, et Kleó, notre labrador âgée de treize ans, trottinait gentiment à nos côtés. Elín, quarante-huit ans, a grandi en ville, mais a passé tous ses étés à la campagne chez ses grands-parents. Adulte, elle a vécu dans des villages, d'abord à Stykkishólmur, dans la péninsule de Snæfell, puis à Borgarnes, le lieu de prédilection d'Egil Skallagrímsson. Elle habite à présent à une demi-heure de voiture du village lui-même, sur les terres d'une exploitation laitière, ironie du sort pour cette végane éprise de nature, néanmoins très satisfaite de son environnement naturel et animal.

Enseignante de formation, Elín a introduit un nouveau programme de relaxation et de méditation pleine conscience à l'école primaire locale, ce qui lui a valu les éloges des élèves et du reste de la communauté. Du côté personnel, bien qu'elle ait élevé seule ses quatre filles, elle a toujours réussi à donner de son temps aux autres, en chantant dans une chorale et en travaillant dans une boutique solidaire de la Croix-Rouge.

« Quand on est seule, on est responsable de tout ; les défis à relever sont nombreux, mais on fait ce qu'on a à faire, m'a-t-elle dit tout en suivant les traces laissées par un tracteur le long d'un petit ruisseau. Et puis vient le jour où l'on comprend que soi-même, on peut faire la différence ; vous essayez de vous instruire, même si ça consiste juste à chercher une vidéo sur YouTube pour apprendre à réparer la machine à laver. »

Quand ses filles ont été plus grandes et autonomes (et après avoir regardé beaucoup de vidéos sur YouTube), Elín s'est sentie capable de prêter main-forte ailleurs. Son nouveau défi personnel, qui l'a obligée à sortir de sa zone de confort, consistait à entrer dans l'équipe de sauveteurs de Brák.

« Il y a deux années de formation très dures », m'a-t-elle raconté tout en luttant contre le vent qui me coupait le souffle. Peut-être est-ce cet entraînement particulièrement exigeant qui a permis à Elín de se dire qu'en tant que femme elle était aussi qualifiée qu'un homme. Quand on sait utiliser un piolet pour empêcher toute chute sur un glacier, qu'on est capable de s'immerger dans de l'eau très froide ou d'escalader une montagne, avoir ou pas un chromosome Y ne fait plus vraiment de différence.

Les épreuves sont intenses. Les cours comportent non seulement une formation physique, mais aussi des apprentissages comme fournir les premiers secours, faire de l'alpinisme et se servir d'un GPS. Après la formation, les volontaires vont rejoindre la liste de l'équipe des bénévoles de leur région. Quand un appel arrive sur le numéro d'urgence, un SMS est envoyé à tous les membres des équipes. Il y a trois niveaux d'alerte : 1, abandonnez sur-le-champ ce que vous faites et précipitez-vous sur le lieu de l'accident car chaque seconde compte ; 2 : essayez de faire vite ; 3 : si vous êtes dans le secteur et que vous vouliez donner un coup de main, on vous attend.

Il faut ici féliciter les entreprises pour leur soutien aux volontaires des équipes de sauvetage. Il est presque universellement accepté que les employés membres de ces équipes puissent être appelés à tout instant pour des missions plus ou moins longues, et on leur accorde une flexibilité et un soutien qui leur permettent de conjuguer travail et bénévolat.

Énergique, d'un optimisme à toute épreuve, Elín est entrée dans l'équipe de sauvetage pour les mêmes raisons que beaucoup d'autres bénévoles : pour aider les autres, s'investir localement, développer ses capacités et sa confiance en soi. On l'a souvent citée lors d'interviews parce qu'elle a toujours eu le vertige, mais après avoir appris à faire les bons nœuds et à descendre en rappel lentement, elle n'a plus peur des falaises.

« En fait, c'est génial de comprendre comment fonctionnent les mécanismes de sécurité et de pouvoir leur faire confiance. Bien entendu, votre taux d'adrénaline atteint des sommets, mais c'est une expérience tellement enrichissante. Autrefois, je me demandais pourquoi les gens prenaient de tels risques, mais quand on a appris à avoir confiance en soi et qu'on sait comment marchent les choses, alors il n'y a plus de danger. »

Parmi les nombreuses spécialités de la recherche et du sauvetage de personnes, Elín a choisi la branche de la recherche méthodique. Elle n'utilise pas les mêmes approches pour localiser une personne disparue selon qu'il s'agisse d'un vieillard atteint de démence sénile ou d'une touriste qui a mal évalué les conditions météorologiques.

Malgré tout son entraînement, elle a connu son baptême du feu. Lors de la première alerte à laquelle elle a répondu (niveau 2), elle faisait partie d'un groupe de deux cent cinquante personnes parties à la recherche de deux chasseurs de ptarmigans expérimentés qui s'étaient perdus dans la purée de pois de l'automne sur la péninsule de Snæfell.

« Le temps était épouvantable, m'a-t-elle raconté. On tombait sur des ruisseaux qui en temps normal étaient si petits qu'ils ne figuraient pas sur les cartes, mais il avait tellement plu qu'ils étaient en crue, et il fallait bien les traverser. Peu importe comment nous étions habillés, on était tous trempés jusqu'aux os. »

Heureusement, les chasseurs ont été retrouvés vivants après une nuit dans la nature. Il a fallu ensuite qu'eux et leurs sauveteurs retournent à la civilisation, or la nuit était tombée entretemps.

« Les ruisseaux étaient devenus beaucoup plus gros, c'était impossible de les traverser comme à l'allée. Il a donc fallu appeler une équipe spéciale de secours en rivière. Ils ont mis en place une ligne de sauvetage et fait venir un énorme véhicule tout-terrain avec six roues motrices jusqu'au milieu de ce qui désormais était une vraie rivière. Ils ont créé pour nous une chaîne humaine et nous ont aidés à traverser le courant extrêmement rapide. »

Les équipes de sauvetage islandaises ne sont pas les seules équipes de volontaires au monde, toutefois elles sont uniques dans la mesure où elles prennent en charge toutes les formes de sauvetages et de recherches de personnes disparues sur le plan national. Cela va des secours sur des mers démontées, des recherches sur les plateaux dans des conditions météorologiques épouvantables, jusqu'à sortir des véhicules coincés dans la neige, ou retrouver des enfants disparus qui se sont endormis dans un placard chez eux (cela arrive plus souvent qu'on ne pourrait le croire).

Elín est l'une des rares femmes à diriger une équipe de sauvetage, mais elle ne cherche pas pour autant à montrer la voie. D'après elle, le processus de recrutement est la définition même de l'antisexisme. Je lui ai demandé si elle avait déjà rencontré des hommes qui trouvaient que les femmes n'étaient pas à la hauteur.

« Cela existe probablement. Mais je n'ai jamais été témoin de ce genre d'attitude dans l'équipe de Brák, même si les femmes ne sont pas si nombreuses que ça. Procéder à des recherches et à des sauvetages développe une confiance en soi qui peut être utile dans d'autres domaines de la vie, et c'est aussi bon pour les femmes que pour les hommes. »

En réalité, la présence de femmes dans ces équipes est un phénomène relativement récent. Elles étaient assez rares jusque dans les années 1990, où leur nombre a vraiment commencé à grossir.

Cette croissance s'opère de manière organique, d'après Elín. « Je ne crois pas qu'il soit nécessaire de prendre des initiatives particulières pour attirer d'autres volontaires en dehors de ce qu'on fait déjà. » Elle a réfléchi un instant. « Même si peut-être les femmes ont parfois besoin de plus d'encouragements pour se croire capables d'y arriver. »

Après notre promenade glaciale, nous sommes retournées chez Elín, où son compagnon, Thór Thorsteinsson (qui est incidemment le directeur des équipes de sauvetage à l'échelon national), nous avait préparé des chocolats chauds et des scones faits maison. Elín est revenue sur la notion de modèle. « Je ne pense pas avoir besoin de faire mes preuves parce que je suis une femme. En matière de sauvetage, le genre ne fait aucune différence. Nous avons des spécialités, des tâches, des responsabilités, et chaque personne fait ce qu'elle a à faire. »

Elín reconnaît que c'est gratifiant de songer qu'elle a pu être un modèle pour ses filles, qui à présent sont plus âgées et ont quitté la maison. « Je suis contente à l'idée que mon exemple leur ait servi à se dire que tout était possible pour elles. »

Je lui ai demandé si elle avait encore le vertige après avoir sauvé les chasseurs de ptarmigans et avoir passé ces quatre années chez les sauveteurs, en étant qui plus est directrice de son équipe – qui existe depuis plus de soixante-dix ans. « Oui, mais moins, a-t-elle répondu avec gaieté. Si je sais que je suis bien attachée, alors tout va bien. Mais il est fondamental pour moi de sentir cette sécurité. »

*

Au bout de ma première année passée en Islande, mes énergiques collègues m'ont demandé si je voulais aller faire une balade avec eux après le travail. C'était un lundi d'avril, à l'issue de ce qui m'avait paru être un hiver infini, où l'absence de lumière m'était intolérable, mais qui était pourtant tout à fait normal sur le soixante-quatrième parallèle. À cette époque de l'année, le soleil se couche bien après 21 heures. Au terme d'une bonne journée de travail et d'une demi-heure de voiture, nous nous sommes garés le long de collines baignées de soleil et nous avons enfilé nos chaussures de marche.

Il a fallu quarante-cinq minutes le long d'un sentier de randonnée qui serpentait parmi les collines pour arriver à notre but : un ruisseau à l'aspect assez ordinaire qui se frayait un chemin entre les rochers et versants. La seule chose qui m'a paru étrange, c'est que de la buée s'en élevait. L'eau très pure de ce ruisseau était à 40 degrés.

Nous nous sommes retirés derrière les buissons pour enfiler nos maillots de bain et nous nous sommes immergés dans l'eau pendant un moment, puis nous nous sommes séchés et sommes redescendus avant que la nuit tombe. Je me souviens avoir pensé que si je pouvais travailler toute la journée et avoir encore le temps ensuite de sortir de la ville pour faire une petite randonnée et me plonger dans une eau thermale, alors peut-être que ça valait le coup de supporter toutes ces matinées dans le noir. J'ai aussi compris que malgré la modernité, en Islande, la nature est toujours à portée de main.

« Les gens vont et viennent mais la Terre reste la même, les montagnes restent les mêmes. Tout le reste est transitoire », m'a dit Heida quand je lui ai rendu visite dans sa ferme.

Le temps est révolu où les Islandais gagnaient essentiellement leur vie grâce à l'agriculture et la pêche – même si cette dernière demeure un atout vital sur le plan économique. Néanmoins, ces deux secteurs ainsi que la nature en soi restent essentiels dans la psyché islandaise.

Les femmes ont su y apposer leur empreinte. Heida et Dóra ont dû faire leurs preuves pour montrer qu'elles avaient leur place dans des domaines traditionnellement dominés par les hommes. Après avoir élevé seule ses quatre filles, Elín a prouvé son endurance physique et mentale en supportant la formation exigeante nécessaire pour entrer dans les équipes de sauvetage.

Ce que ces trois femmes ont en commun, c'est d'avoir suivi leurs passions malgré les préjugés. L'absence de modèle ne les a pas empêchées d'aller jusqu'au bout. Elles ont poursuivi leur rêve et l'ont réalisé, sans se soucier de leur genre. Que ces femmes aient eu un objectif qui n'est pas dans la norme, qui ne correspond pas aux clichés éculés de l'idéal féminin ne veut pas dire qu'elles descendent de leurs montagnes, ni qu'elles se font des illusions. Cela signifie qu'elles ont forgé leur destin. Cela signifie qu'elles ont cru en elles-mêmes et en leurs capacités de réussite. Cela signifie qu'elles savent que demander de l'aide, vouloir apprendre des autres est une preuve de courage, pas une faiblesse. Elles ont vécu des moments difficiles en essayant d'atteindre leurs objectifs, mais elles y ont gagné de la satisfaction, et elles ont été acceptées par leurs pairs. Leur réussite encourage les autres à tout faire pour réaliser leurs ambitions tout en maintenant ce lien vital avec les champs, la mer, les montagnes, les vallées, et tout le reste de notre environnement naturel, à la fois sur cette île et partout ailleurs sur notre magnifique planète.

8

L'ART COMME INSTRUMENT DE L'ÉGALITÉ

« Il est aveugle, l'homme qui n'a pas de livre. »

À 3 h 42 du matin, le 10 février 2020, beaucoup de téléviseurs étaient branchés sur la chaîne nationale. Encore plus de tablettes et d'ordinateurs suivaient la cérémonie en temps réel. Certains esprits matinaux, l'œil brillant, avaient mis leur alarme très, très tôt. D'autres avaient avalé un ou deux doubles espressos vers 22 heures pour rester éveillés le plus longtemps possible, l'adrénaline se mêlant à la caféine pour un dernier sursaut de conscience.

Ceux qui avaient pris la peine d'assister à ce moment-là n'ont pas été déçus. À 7 000 kilomètres de là, à Los Angeles en Californie, la compositrice Hildur Gudnadóttir est devenue la première Islandaise à remporter un oscar, et seulement la troisième femme à en gagner un pour avoir composé la musique d'un film, en l'occurrence celle de *Joker*.

« À toutes les filles, toutes les femmes, toutes les mères qui entendent la musique jaillir en elles, a dit les yeux brillants la douce musicienne de trente-sept ans. N'ayez pas peur de vous exprimer. Nous avons besoin d'entendre vos voix. »

Sans doute cette victoire a-t-elle fait de l'Islande le pays qui possède le plus d'oscars per capita. À en juger par le flot d'émotion (à l'islandaise : pas de larmes, pas de cris, mais un point d'exclamation – voire deux !! – sur un post, ou peut-être un sourire à un inconnu le lendemain matin dans l'ascenseur), l'événement était aussi considérable qu'une qualification pour un tournoi sportif majeur, ou encore les deux fois où l'Islande a fini deuxième au concours de l'Eurovision.

Tout le monde a eu tôt fait de mettre à jour son lien personnel avec l'héroïne du jour. « VOUS VOUS RENDEZ COMPTE, C'EST MA COUSINE ! » a lancé avec exaltation la poétesse et écrivaine Gerdur Kristný tout en majuscules sur Facebook, où elle a posté une capture d'écran issue de la base de données génétiques nationale, montrant qu'elles avaient un ancêtre en commun à la septième génération. Beaucoup d'autres ont publié également leur lien familial avec cette nouvelle star nationale.

La réussite de Hildur est devenue celle du pays, validation internationale issue d'une source prestigieuse, l'Academy of Motion Picture Arts and Sciences, montrant que ce que nous créons ici a de l'importance.

Du fait d'une population restreinte, nous ressentons plus vivement le succès – et l'échec – en Islande. Nos sportifs ne sont pas seulement des visages qu'on voit à la télévision ou sur des cartes à collectionner. On les croise au centre commercial, au cinéma. Ils et elles se rendent dans les écoles, les hôpitaux, les clubs de sports, afin d'inspirer la jeunesse en lui montrant que même les ambitions en apparence les plus irréalistes sont possibles.

Les athlètes ne sont pas les seules stars dont nous partageons les succès par procuration. Artistes, danseuses, musiciens, actrices, compositeurs, écrivaines, poètes, metteuses en scène : nous suivons leurs carrières, nous pleurons leurs échecs, nous donnons nos opinions sur leur dernière production, et, oui, nous affichons sur Facebook notre degré de parenté (sauf pour Björk, parce que tout le monde l'a déjà fait dans les jours où la base de données a été lancée).

En réalité, rien n'enflamme davantage les passions en tant que société, ni ne nous unit en tant que nation autant que nos ambassadeurs culturels et nos athlètes. (L'une des anecdotes préférées de mon mari remonte à une conférence en histoire à laquelle il avait été convié sur le thème « La fin du nationalisme est-elle possible ? ». Elle a été reportée quand les organisateurs se sont rendu compte qu'à la même heure il y avait une retransmission d'un match vital pour l'équipe nationale masculine de handball.)

Mais les sports sont-ils tous égaux ? Les manifestations culturelles reflètent-elles la diversité de notre société ? Regardons les choses à travers la loupe de l'égalité femmes-hommes : est-ce que nous nous représentons aussi souvent le meilleur but de Sara Björk que celui d'Eidur Smári ? Est-ce que nous connaissons aussi bien les chansons de la pop star Hildur que celles des rappeurs JóiPé et Króli ?

La réponse est non. Mais peut-être cette méthode est-elle un peu pessimiste. Car si la parité absolue n'existe pas encore dans les domaines de la culture et du sport en Islande, dans certaines disciplines notre conscience de ces inégalités a conduit à des améliorations et à une prise de conscience plus large, plus générale de la société. Aujourd'hui, les membres des équipes féminines nationales de football et de handball reçoivent les mêmes primes que leurs collègues masculins. Les livres écrits pas des femmes se vendent aussi bien que ceux des hommes.

Hélas, le progrès n'est pas linéaire, mais en dents de scie. Le changement n'est pas le fruit d'une loi qui veille à hâter les choses dans le bon sens. Il n'y a pas non plus d'association engagée à la manière de l'Association nationale queer, qui met tout en œuvre pour promulguer les droits inaliénables des personnes transgenres. Toutefois, la simple visibilité, la passion du public pour ces secteurs de la société en fait un des champs d'action les plus remarquables, et pas seulement sur le plan symbolique. Pour toutes les personnes qui travaillent dans la sphère culturelle ou sportive, l'égalité est une notion personnelle. Pour le reste d'entre nous, c'est l'étalon d'après lequel nous pouvons juger si nous sommes capables de faire de vrais progrès ou seulement de jeter de la poudre aux yeux.

*

En dehors du phénomène Björk, les rares fois où le monde s'intéresse à la contribution de l'Islande à la culture mondiale, c'est à son héritage littéraire qu'il pense. Les sagas ont toujours inspiré les esprits créatifs, de Wagner à Tolkien.

Il en va de même pour les Islandais d'aujourd'hui. D'après plusieurs sources, une personne sur dix en Islande publie un livre de son vivant (il serait sans doute plus juste de dire qu'elle publie « quelque chose », ne serait-ce qu'une lettre dans le courrier des lecteurs). Les livres demeurent le cadeau de Noël le plus en vogue, et une grande partie de la production éditoriale est donc publiée entre la mi-octobre et la mi-décembre : la saison démarre par la distribution dans tous les foyers du pays du très attendu catalogue des nouveautés littéraires de l'année. Bien heureusement, c'est une chose qui ne change pas ; l'expression islandaise « Il est aveugle, l'homme qui n'a pas de livre » nous met toutes et tous en garde contre le destin qui attend la personne qui n'a rien à lire pendant les fêtes. Dans la semaine qui précède Noël, connue sous le nom de « l'inondation des livres », poètes et écrivaines passent leurs journées à faire des lectures et autres événements dans les librairies, sur les lieux de travail et même dans les piscines d'extérieur. Beaucoup d'anciennes demeures d'auteur sont désormais transformées en musée, depuis la terre ancestrale de Snorri Sturluson au XIIIe siècle, jusqu'aux salon et piscine extérieure du prix Nobel de littérature Halldór Laxness.

Hélas, comme par hasard, on trouve peu de maisons d'écrivaines (l'égalité femmes-hommes ne s'étend pas assez loin dans le temps pour qu'on célèbre les autrices, moins nombreuses). Néanmoins, aujourd'hui les femmes sont très nombreuses à publier. Leur place est fixée dans le panthéon des personnes éminentes du pays, ainsi les festivals ne peuvent plus, par inadvertance, n'inviter que des hommes, de même que les podcasts littéraires n'interviewent plus exclusivement des auteurs masculins.

Voici les histoires de deux écrivaines qui illustrent l'état de la parité dans la culture islandaise actuelle. Toutes deux sont nées à Reykjavík, l'une au début, l'autre à la fin des années 1970. L'une est autrice depuis des décennies ; l'autre a publié un seul roman semi-autobiographique, et travaille au deuxième. L'une est exclusivement autrice, et se rend plusieurs fois par an à l'étranger où elle est invitée à des festivals littéraires. L'autre est bibliothécaire à l'université d'Islande. L'une a récemment reçu la commande d'un poème pour fêter le soixantième anniversaire d'un bateau des gardes-côtes ; l'autre a signé un contrat pour écrire un livre en raison de la popularité virale de ses tweets espiègles et pleins d'astuce. Leurs noms sont connus, ce sont toutes les deux des féministes engagées qui font preuve d'un humour tranchant, ce sont des magiciennes du langage qui ont tout à fait conscience des privilèges liés à leur naissance et savent combien cela a contribué à leur réussite.

Malgré leurs styles différents, Gerdur Kristný et Kamilla Einarsdóttir formaient un duo complémentaire pour discuter de l'égalité femmes-hommes en Islande dans le monde littéraire. Nous nous sommes rencontrées par une froide journée d'hiver à la Gröndalshús, autre maison devenue musée, dédiée à la vie et l'œuvre de l'écrivain Benedikt Gröndal. La demeure douillette, aux bas plafonds, compte à présent un appartement qui sert de résidence pour les auteurs et de lieu de rencontre au centre de Reykjavík, qui se révèle la première Cité de la littérature de l'Unesco située dans un pays non anglophone. Toutes les trois, nous avons partagé des wraps végans et une bouteille de Cosmopolitan Diva tiède, vin pétillant sans alcool, parfaitement approprié pour une rencontre entre femmes de lettres de notre âge.

« On ne s'ennuie jamais ici, a résumé Gerdur (la même qui est si fière d'être cousine au septième degré avec Hildur Gudnadóttir, la lauréate d'un oscar) à propos de la scène littéraire islandaise, tout en mordant délicatement dans un falafel. Les gens veulent des livres. Et nous suivons ce que nos collègues écrient et publient. Nous sommes toujours heureuses de découvrir de nouvelles plumes, pas forcément jeunes, mais qui racontent des histoires nouvelles. Et on attend toujours avec hâte la sortie des livres de nos auteurs préférés. »

Gerdur appartient à la seconde catégorie. Elle se dit elle-même poétesse et écrivaine depuis le lycée, époque où elle a commencé à écrire. Régulièrement elle captive les foules avec sa voix magnifique de contralto, sa diction volontaire, et récolte toujours des louanges pour son usage inventif de la langue. Gerdur écrit à plein temps, et chaque Noël elle publie un nouveau texte, recueil de poèmes, livre pour la jeunesse ou roman. Ses œuvres ont été nommées pour plusieurs prix. « Blóðhófnir », version féministe de « Skírnismál » extrait de *L'Edda poétique*, a obtenu le prix de littérature d'Islande ; voici l'une de ses strophes :

Je demeurerai
je choisis de rester
là où je connais
toutes les failles
et les ruisseaux

et les rivières
coulent en mes veines

« Être féministe est une vraie source d'inspiration, m'a dit Gerdur. Ce n'est pas comme si on pouvait entrer dans une bibliothèque et y trouver toutes sortes de livres féministes. Cela nous montre tout ce qu'il reste à faire. »

Kamilla Einarsdóttir, la bibliothécaire aux cheveux décolorés, aux tatouages, au rire sonore et à l'esprit acerbe, était d'accord : « À la bibliothèque, je vois tous ces livres écrits par des hommes qui parlent des femmes en écrivant sur leurs mères. C'est alors que je me dis : *Ah, je ne sais pas, mais peut-être qu'on pourrait écrire quelque chose de réaliste au sujet de la maternité ?* »

C'est exactement ce qu'elle a fait en 2018. Contactée par un éditeur qui la suivait sur les réseaux sociaux, elle a écrit un roman à l'humour grinçant, semi-autobiographique, *Kópavogskrónika*, l'histoire d'une jeune mère au caractère pas facile qui raconte les difficultés qu'elle rencontre dans sa vie amoureuse compliquée et son échec avec sa fille. La raison principale de tout cela est qu'elle est obligée de vivre dans le quartier de banlieue très classe moyenne de Kópavogur, qui donne son titre au livre (« Les chroniques de Kópavogur »). Ce roman a été salué par la critique et adapté au théâtre. Un court extrait a également remporté le titre de « Scène de sexe la plus curieuse » de l'année, ce qui a valu à Kamilla de nombreuses demandes d'amis sur Facebook de la part de « vieux mecs », et a assis sa réputation d'experte de la vie moderne qui ne mâche pas ses mots, issue de la génération Snapchat. Kamilla a présenté l'un de ses passages préférés : « C'était la bonne période pour faire des rencontres à Kópavogur. Comme pour ce garçon aux yeux tristes, à l'épicerie islandaise de la rue Engihjalli, qui était connu pour essuyer ses larmes entre les cuisses des femmes. »

« Un jour j'allais faire une lecture : la moyenne d'âge du public devait atteindre quatre-vingt-seize ans. J'étais un peu nerveuse parce que le livre est assez explicite, mais tout le monde a trouvé ça super et très drôle. Ces gens-là lisent depuis toujours, et j'ai compris qu'ils avaient sûrement tous dû faire les choses que je décris dans le livre. Ils n'ont pas du tout été scandalisés. »

« On a toujours hâte de découvrir de nouveaux auteurs et autrices », a ajouté Gerdur.

Si Gerdur réussit à vivre de ses œuvres, c'est parce qu'elle touche un « salaire » de la part de l'État. Ces bourses très compétitives ont été créées à l'origine pour s'assurer que les gens puissent continuer d'écrire en islandais, afin de préserver la langue. À présent, elles sont aussi attribuées dans d'autres secteurs comme la musique et les arts visuels. Ces sommes mensuelles permettent à des centaines de personnes à travers le pays de se concentrer sur leur art. Et même si en temps de difficulté économique la population peut grogner un peu devant la générosité de ces bourses, les principaux partis politiques n'oseraient jamais envisager de les supprimer.

« [Quelques années] après la crise économique de 2008, le ministre de la Culture, qui était un conservateur, a défendu l'attribution des bourses dans les médias, s'est souvenue Gerdur qui faisait partie des trois écrivains à la toucher cette année-là. Il a posé la question de savoir dans quelle société nous voulions vivre si nous n'étions pas capables d'aider nos artistes. C'était formidable.

– Je pense que c'est normal que ça existe, a ajouté Kamilla. Comme on donne des subventions à une ferme pour faire pousser des légumes. »

Ces subventions sont aussi l'une des principales raisons qui permettent aux poètes de vraiment travailler en Islande. « C'est très inspirant d'être poétesse en Islande car les gens s'intéressent toujours aux nouvelles publications », a témoigné Gerdur qui se définit elle-même comme écrivaine et poétesse dans l'annuaire en ligne. Elle a siroté sa flûte de Diva. « On vend entre cinq cents et mille deux cents exemplaires d'un recueil de poésie, voire plus. » Per capita, cela ferait l'équivalent de plus d'un million d'exemplaires aux États-Unis.

Chaque année, sur la liste des meilleures ventes, figurent des femmes dans toutes les catégories, de la poésie à la littérature pour la jeunesse en passant par le roman policier.

« Il y a encore tant de choses à écrire. Et nous avons de fameux exemples, des femmes qui se sont battues pour nous montrer le chemin, a dit Gerdur. C'est chouette d'être une femme et d'écrire de ce point de vue. Je ne pense pas que j'aurais écrit "Blóðhófnir" si j'avais été un homme. Et *Kópavogskrónika* ? Par un homme ? » Elle a jeté un regard à Kamilla et secoué la tête. « Non. »

Pour toutes sortes de raisons, les femmes se sentent désormais autorisées à écrire de leur propre point de vue et elles ont moins besoin de se battre pour capter l'attention des médias ou se faire publier. Quant au vrai défi des écrivains, qui consiste à trouver de nouvelles idées, Kamilla a répondu en plaisantant : « On se sent mieux quand on circule dans une bibliothèque et qu'on voit tous ces livres assommants qui ont été publiés, au moins on se dit qu'on ne fera jamais pire ! »

Après qu'on eut fini nos wraps et la bouteille, les deux écrivaines sont revenues sur les vieux poncifs des stéréotypes de genre. « J'ai lu ma bio à un festival littéraire, et ça commençait par "Elle a trois enfants", s'est rappelée Kamilla. Dóri DNA [il s'agit de Halldór Laxness] était là lui aussi ; il a lui-même trois enfants, il était venu faire la promotion de son premier livre, mais sa bio à lui ne commençait pas en ces termes. J'ai dit qu'il n'était pas nécessaire qu'ils changent la mienne, mais que celle de Dóri devait débuter de la même manière. » Elle a haussé les épaules l'air de dire : « Y a du boulot… » « Si une femme a des enfants, c'est censé être un aspect central de son identité, mais dans la bio d'un homme, ça peut arriver dans la dix-septième phrase. On dirait que si on n'est pas mère avant tout, on est une mauvaise personne.

– Ah, au moins on peut terminer sur une note négative ! » a lancé Gerdur en souriant, satisfaite que nous n'ayons pas dressé un tableau trop idyllique de la condition féminine dans le monde littéraire islandais.

En parlant d'idéalisation, je me suis interrogée pour savoir si nous ne nous éloignons pas de la tradition des conteurs d'histoires, de cette image d'Épinal des milliers d'Islandais bien au chaud avec leurs livres pour compagnie par les longues soirées d'hiver. Trouve-t-on encore des enfants qui récitent des passages des plus célèbres sagas et préfèrent recevoir les œuvres de Laxness en cadeau plutôt que des Lego ?

Nous sommes tombées d'accord pour conclure que ce temps était révolu. « Nous ne sommes pas encore une nation Playstation. Nous sommes le pays du livre, a insisté Gerdur. Enfin, je l'espère. »

*

Beaucoup de visiteurs étrangers sont surpris par la modestie du bureau du président de l'Islande, qui se trouve dans une ancienne demeure privée d'un quartier résidentiel paisible du centre de Reykjavík. Les personnes qui ont rendez-vous attendent dans une petite salle meublée de deux chaises et d'un vaste bureau en L. Le bureau privé du Président, ainsi que la pièce où il reçoit, sont des vitrines pour l'art et le design islandais. Dans la salle d'attente, toutefois, se trouve une photo de 110 par 60 centimètres destinée à accueillir les visiteurs. Elle a été prise le 16 septembre 2016 lors de la victoire de l'équipe féminine de football 4-0 contre la Slovénie, victoire qui leur a assuré leur troisième participation au championnat d'Europe l'été suivant.

Au centre de l'équipe souriante et vêtue de bleu se trouve mon mari, enveloppé dans un manteau de laine, l'écharpe aux couleurs de l'équipe nationale passée autour du cou, les mains jointes, la bouche entrouverte, les sourcils relevés d'étonnement et de jubilation (sans doute plus parce qu'il avait la chance de rencontrer en personne ces héroïnes du sport que pour le résultat de l'équipe). Quel message cela véhicule-t-il ? Que nous fêtons ensemble nos victoires. Le Président aime les choses assez informelles. Et nous sommes aussi fiers de nos athlètes, qu'il s'agisse aussi bien de femmes que d'hommes.

Quand on parle d'art, la plupart d'entre nous pensent à la littérature, la musique, le théâtre ou la peinture. Mais pour Margrét Lára Vidarsdóttir, le football aussi est un art : c'est la beauté d'un tir qui s'élève au-dessus du mur de la défense adverse, la finesse nécessaire pour se frayer un chemin avec le ballon en remontant le terrain, un tacle élégant pour détourner le but qui risque de faire basculer le match, l'union magique des forces individuelles pour créer une unité cohérente, ou encore les supporters remontés à bloc qui se lèvent de leurs sièges et entonnent l'intimidant « chant des Vikings » désormais célèbre dans les rencontres internationales.

« Je ne sais ni dessiner, ni écrire, ni créer en ces termes, mais le foot est mon moyen d'expression », m'a dit, lorsque nous nous sommes rencontrées à son ancien club, la jeune retraitée qui a marqué le plus de buts pour l'équipe nationale.

Le faucon du logo du club sportif de Valur est célèbre en Islande. Depuis qu'il a été fondé en 1911, Valur a gagné plus d'une centaine de titres en football, basket et handball. Les victoires des équipes féminines ne sont pas les moindres de leurs exploits, ce qui a valu à Valur la réputation de club paritaire. Dans les salons douillets où nous avons discuté dans de confortables fauteuils Chesterfield en cuir clair, les murs sont tapissés de trophées, de maillots anciens et de photos des équipes victorieuses, montrant aussi bien des femmes que des hommes.

Margrét Lára a grandi dans les îles Vestmann, archipel à l'extrême sud de l'Islande. Célèbre pour sa passion du sport, elle a toujours su qu'elle était faite pour ça. Dès l'âge de huit ou neuf ans, elle surpassait ses pairs et décrochait toutes les médailles (jusqu'à ce qu'on cesse de compter les points chez les enfants). Margrét Lára voulait étudier le sport à l'université mais pas pour devenir footballeuse professionnelle, contrairement à la plupart des garçons du même âge qui passaient leurs soirées à rêver de leur future carrière. « Je ne savais même pas que c'était possible, m'a-t-elle dit de sa voix rauque si caractéristique. On ne diffusait pas les matchs féminins à la télévision. Je ne savais même pas qu'il existait une équipe féminine nationale. »

Au cours des deux décennies qui ont suivi, beaucoup de choses ont changé dans le sport féminin en Islande. Certes, les inégalités demeurent : les professionnels hommes sont davantage connus et gagnent beaucoup plus. Heureusement, les progrès en matière d'égalité qui ont touché toutes les sphères de ce pays ont permis de réduire les écarts. En plus de l'égalité des primes pour les membres des équipes nationales dont on a beaucoup parlé, les grandes sportives ont obtenu des contrats avec des sponsors et sont devenues des influenceuses très suivies sur les réseaux sociaux (surtout les championnes de crossfit).

Margrét Lára est à présent l'une des sportives les plus célèbres en Islande, bien qu'elle ait pris sa retraite de l'équipe nationale en 2019 après avoir joué plusieurs saisons en Suède et en Allemagne, et porté les couleurs nationales dans cent vingt-quatre matchs internationaux au cours desquels elle a marqué soixante-dix-neuf buts. Son talent quasi surnaturel pour être au bon endroit au bon moment afin de recevoir une passe et envoyer le ballon dans les buts en a fait une des joueuses les plus suivies de l'équipe. Elle travaille désormais comme psychologue et commentatrice pour différents sports, activité qu'elle mène avec de l'intuition, des opinions affirmées et fiables, sans jamais se départir de son sourire.

Malgré l'absence de modèle à suivre, elle n'a jamais abandonné sa passion. Une fois, au lycée, elle a renoncé à se rendre à la fête annuelle pour aller à son entraînement de foot. « Le lendemain, ma prof m'a demandé avec le plus grand sérieux si tout allait bien pour moi et si me rendre à cette fête me posait un problème – alors que suivre mon entraînement était juste la chose la plus naturelle du monde pour moi. Si j'avais été un garçon, on ne me l'aurait pas demandé. Ils auraient considéré cela comme un investissement sérieux pour mon avenir. »

À ses seize ans, l'entraînement a payé : Margrét Lára a été repérée par l'entraîneuse de l'équipe nationale. Elle a signé un contrat avec une grosse compagnie d'assurances pour sillonner le pays et sensibiliser les enfants dans les écoles sur l'importance du sport. Son visage est apparu sur des affiches, et on a donné aux jeunes des ballons de foot avec l'inscription « MLV9 » – ses initiales et le numéro de son maillot. Elle est devenue l'une des premières sportives du pays à gagner de l'argent grâce à ses sponsors. Tout le monde connaissait son visage, ce qui a contribué à promouvoir le foot féminin : « Cela a rendu ce sport plus populaire, et pour les filles, devenir joueuse professionnelle est devenu une carrière envisageable », a-t-elle affirmé.

En Islande, les gens qui apparaissent sur les affiches sont des personnes ordinaires, qui restent très proches. « Nous faisons partie de leur quotidien. Vous allez à l'épicerie ou au centre commercial et vous croisez les gens que vous admirez. Vos rêves demeurent accessibles. Ça aide à y croire. »

Margrét Lára est devenue célèbre quand elle a quitté les îles Vestmann pour la capitale où elle a commencé à jouer pour Valur, en première division. Tout de suite, elle a bénéficié d'un traitement égal à celui des autres joueurs des équipes masculines et féminines. Celles-ci bénéficiaient du même temps d'entraînement. Les tenues et les équipements dédiés aux femmes étaient de qualité égale à ceux des hommes. Mais dans beaucoup d'autres clubs du pays, il n'en allait pas ainsi. « Quand on a les mêmes équipements et le même temps d'entraînement que les hommes, ça fait toute la différence, cela montre qu'on vous respecte vraiment, et en retour vous témoignez le même respect aux autres. »

Après avoir peaufiné son jeu, Margrét Lára s'est intéressée à l'Europe, où elle pouvait jouer en tant que professionnelle dans des équipes de qualité internationale et dans des stades plus grands qui attiraient davantage de public. Fait étonnant, elle dit que les équipements étaient souvent de meilleure qualité en Islande. « Ici, on a des Jacuzzis dans les vestiaires. Sur place, une salle de gym où soulever de la fonte. » Elle a reconnu que les joueuses, les entraîneurs, les physiothérapeutes étaient meilleurs à l'étranger, mais même dans la plus grande équipe d'Allemagne dans laquelle elle a joué, l'équipe féminine devait faire dix heures de car pour se rendre sur le lieu du match suivant alors que l'équipe masculine n'avait qu'à monter dans un jet privé.

Ce violent contraste montre à quel point l'argent mène la danse. Les équipes masculines ont des avantages supérieurs car elles génèrent plus d'argent, ont de plus gros sponsors, attirent davantage les médias, ce qui leur donne une plus grande visibilité auprès du public qui les apprécie d'autant plus. Mais cela signifie autre chose. Pour dire les choses simplement, ce genre d'inégalités n'est pas tolérable dans la société islandaise. Cela vaut pour tous les sports, car sur le plan international ce secteur demeure l'un des derniers bastions où le sexisme reste acceptable, où on ne fait même pas semblant d'essayer d'instaurer un peu plus d'égalité. Mais en Islande, la société s'attend à autre chose. « Si une chaîne de sport dit que les matchs des équipes féminines ne seront pas diffusés, certains téléspectateurs menacent de ne pas renouveler leur abonnement, observe Margret.

C'est grâce à cet engagement collectif envers la parité que l'équipe féminine a réussi à obtenir les mêmes primes que l'équipe masculine. « Bien sûr qu'il a fallu se battre. Ils ne nous l'ont pas offert sur un plateau d'argent. Mais nous n'avons pas eu besoin de menacer d'appeler les médias et de lancer une campagne. »

Cette avancée a été remarquée chez ses consœurs étrangères, qui estiment que « c'est très important ». Si les Allemandes, par exemple, avaient demandé la même chose, « je pense qu'on leur aurait ri au nez, hélas », déplore l'ex-footballeuse.

Les victoires de l'équipe féminine nationale ont inspiré des vocations. Depuis 2004, le nombre de filles inscrites dans les clubs locaux (dès la maternelle) a plus que doublé. Du côté administratif, Klara Bjartmartz a été la première en Islande (et l'une des rares femmes au monde) à devenir secrétaire générale de la fédération nationale de football.

Aujourd'hui, Margrét Lára incarne le modèle qu'elle n'a pas eu lorsqu'elle était petite. « C'est un privilège, a-t-elle déclaré en souriant. Quand une fillette de six ans vient me parler dans un magasin, je trouve ça merveilleux. »

Margrét Lára et ses coéquipières sont très proches de leurs confrères masculins, dont beaucoup jouent dans des clubs importants comme Arsenal et Augsbourg et touchent des revenus à cinq ou six chiffres.

« Les garçons nous soutiennent vraiment. Quand on se battait pour avoir les mêmes primes au niveau de l'équipe nationale, ils nous ont dit combien ils touchaient. Ce n'est pas leur faute s'ils étaient mieux traités. »

Il existe encore des gens qui prétendent que les matchs des femmes sont moins intéressants que ceux des hommes. Mais d'après Margrét Lára, c'est comme vouloir comparer des pommes et des oranges. « On ne regarde pas les choses de la même manière selon qu'il s'agit d'une équipe féminine ou masculine. C'est le même sport, mais c'est différent parce que nous sommes différents par nature. »

En effet, peut-être que cela revient à mettre en concurrence un tableau de Picasso ou de Monet : les deux sont des génies, mais il est difficile de les comparer. Au bout du compte, a-t-elle dit, le facteur le plus important pour continuer à promouvoir l'égalité dans le sport, c'est la notion de respect.

Le football est le roi des sports en Islande. C'est là qu'on trouve le plus d'argent et les sportifs les plus célèbres. Heureusement, la parité a réussi à essaimer dans d'autres sports. Le hashtag #dottir, qui fait référence au suffixe le plus répandu dans les noms des femmes, a attiré l'attention du public lors des matchs nationaux (sans s'arrêter à ce détail ironique qu'il identifie les joueuses en référence à leur père plutôt qu'à elles-mêmes). Icelandair sponsorise plusieurs équipes nationales et s'intéresse autant aux équipes féminines que masculines.

Bien sûr, de larges disparités demeurent. Les femmes comme Margrét Lára peuvent espérer gagner un salaire à sept chiffres si elles arrivent à passer professionnelles. Les billets pour les matchs des équipes féminines coûtent toujours moins cher que ceux pour les équipes masculines, et les tarifs publicitaires sont bien moindres. Dans beaucoup d'autres disciplines sportives, les femmes doivent se battre pour avoir accès à un entraînement, à des équipements et des locaux qu'on offre aux hommes comme si c'était parfaitement naturel. Au moins, en Islande, les gens savent que le monde du sport est encore empreint d'inégalités et ils travaillent à changer cela, lentement mais sûrement. « C'est une bonne nouvelle, a dit Margrét Lára en regardant les visages souriants des grandes sportives passées de Valur. Il ne s'agit pas seulement de moi et des autres filles, mais de la société tout entière. »

*

Tandis que le hashtag #dottir continue de faire son chemin dans le sport international, d'autres filles font des vagues sur la scène musicale islandaise.

Les Daughters of Reykjavík, un groupe de huit rappeuses, ont joué leur tube *Reppa Heiminn* devant une foule de plusieurs centaines de féministes (dont moi) sirotant leur *latte* avoine lors d'une conférence sur l'égalité femmes-hommes centrée sur le hashtag #MeToo et organisée par le bureau de la Première ministre. Le groupe a sauté et dansé devant des petits futés de cinq ans venant de plusieurs maternelles de la région capitale, expurgeant de leurs textes des mots comme *fuck* et « bière » mais conservant « non-conformisme de genre » et « contre-culture ». Elles ont fait sensation lors d'une apparition en live dans un talk-show du vendredi soir avec des paroles très explicites, beaucoup de pirouettes et un gode-ceinture. Ceci est la norme pour de nombreux musiciens en Islande, qui pour la plupart exercent d'autres professions. (Dans le cas des Daughters of Reykjavík, on compte une graphiste designeuse, une prof de danse, une pianiste classique et plusieurs comédiennes.)

Les Daughters of Reykjavík se présentent avant tout comme des rappeuses, des créatrices qui ont repris les traditions anciennes du *rímur* (des rimes jouées de manière presque chantée et qui comprennent des jeux compliqués sur les mots) en les adaptant au XXIe siècle, avec une petite touche internationale. Elles ont eu droit à un article dans le *New York Times* à l'été 2020, ce qui n'est pas donné à tous les musiciens islandais. Leurs concerts ressemblent plus à des spectacles, les chanteuses occupant tour à tour le devant de la scène en se livrant à des numéros où elles vont jusqu'à déchirer leurs tee-shirts et plaquer la main sur leur pubis – choses tout à fait normales pour les groupes de rap masculin, mais pas pour les femmes.

Que ce soit à cause des paroles, des costumes, ou bien de l'ensemble du spectacle, « nous sommes avant tout connues comme un groupe féministe, a râlé l'une des fondatrices, Thurídur Blær Jóhannsdóttir, lorsque j'ai rencontré trois des Daughters of Reykjavík autour d'un verre pendant la pandémie, alors qu'il n'était plus possible de donner des concerts. Je ne suis pas du tout d'accord avec cette définition. Si jamais vous êtes rappeuse, votre spectacle est automatiquement catalogué comme féministe et vous essayez forcément de faire passer un message. Nous, on fait ça parce qu'on aime ça, c'est tout. Je suis fière d'être féministe, mais je n'aime pas que les autres me collent cette étiquette et l'utilisent pour qualifier tout ce que j'entreprends. Quand un mec fait du rap, tout le monde se dit : "Il fait ça parce qu'il aime ça." Nous avons la même motivation, mais comme on est des femmes, les gens pensent qu'on a des arrière-pensées. »

Ce genre d'affirmation est sans doute un bon indicateur du degré d'égalité (ou de son absence) dans l'industrie de la musique en Islande. « Les mecs sont bons en paroles, mais pas en actions, a expliqué Blær. De très nombreux chanteurs disent combien les chanteuses sont géniales, sauf qu'ils n'ont jamais travaillé avec une femme. »

Il y a beaucoup d'hypocrisie autour de la notion d'égalité, expliquent les filles, car dans la pratique, il n'y a pas grand-chose de fait. « Ce n'est pas que les hommes essaient consciemment d'enfoncer les femmes », a repris Thórdís Björk Thorfinnsdóttir, également connue sous le nom de « Dísa », star d'Instagram, comédienne, chanteuse et fashionista du groupe. (C'est également elle la comédienne du chapitre 6 qui a reçu toutes ces menaces après avoir gentiment brocardé la petite ville du nord de Kópasker.) « C'est juste que ça ne fait pas partie de leurs préoccupations. »

En vérité, les Daughters of Reykjavík sont nées par accident en 2013 après une soirée poésie-rap-slam organisée par Blær et son amie Kolfinna Nikulásdóttir où le nombre de participantes a explosé.

« On n'avait pas vraiment de plan pour former un groupe, a expliqué Blær. Mais les gens n'arrêtaient pas d'appeler et de nous inviter à venir nous produire sur scène avec le groupe Reykjavíkurdætur [le nom islandais par lequel elles se sont fait connaître]. C'était complètement chaotique au début, et puis on a acquis un peu de maturité. » À un moment, le groupe se composait de vingt personnes, certaines arrivaient, d'autres partaient, de temps en temps un bébé naissait. Aujourd'hui, elles se sont fixées à huit membres.

Les Daughters of Reykjavík ne sont pas représentatives des chanteuses islandaises, dont beaucoup (comme Björk) ont fait des carrières internationales en capitalisant sur le stéréotype de la beauté éthérée et originale. Pourtant, elles représentent une conception du rap paradoxale, presque post-féministe dans leur art du récit et de la performance plus ou moins dans la provocation.

Leur style brutal et leurs concerts tonitruants ont secoué la scène rap débutante, dominée par les hommes. D'après elles, c'est à la suite de cela que les autres rappeurs ont mis fin à leurs attitudes misogynes et aux représentations des femmes-objets dans les paroles et les vidéos de leurs chansons. Même si elles ont reçu beaucoup d'encouragements de la part du public au cours des premières années alors qu'elles se taillaient une réputation en donnant des spectacles de plus en plus outranciers (bien qu'elles n'aient jamais planifié cela), une certaine partie de la société, aux goûts plus conservateurs, exprime des critiques grandissantes.

Blær fait ce triste constat : « Je crois qu'on est le groupe que les gens détestent le plus en Islande. Enfin, avec Nylon. » Groupe pop sur le modèle des Spice Girls, Nylon a atteint son pic de popularité au début des années 2000.

« Les pires critiques viennent des hommes, qui trouvent qu'on prend trop de place, même s'ils disent ça de manière plus concise », a ajouté Steiney Skúladóttir, la rigolote non officielle du groupe, également membre d'une troupe d'impro très en vogue.

Comme les réactions se faisaient de plus en plus virulentes dans certaines parties de l'Islande, les filles ont décidé de partir à la conquête de l'Europe, et c'est à ce moment qu'elles ont adopté leur nom officiel en anglais. Elles ont rempli les clubs, de Barcelone jusqu'au Groenland.

« On part en tournée à l'étranger, et quand les gens nous voient pour la première fois, dans tous ces endroits, tu comprends qu'ils ne sont pas arrivés aussi loin que nous. Ils n'ont jamais vu pareil spectacle avant », a confié Blær. Elles ont beau s'exprimer pour l'essentiel en islandais, ce n'est pas ça qui frappe le public. « Ce n'est pas grave si les gens ne comprennent pas ce qu'on dit. Ils comprennent qui nous sommes. »

Blær, Dísa et Steiney pensent que l'industrie de la musique en Islande est beaucoup plus sexiste que les autres branches de la culture. Et celles qui s'insurgent contre ça doivent en assumer les conséquences. « Au théâtre, je n'ai pas remarqué ce genre de choses », a avoué Blær qui est aussi comédienne au théâtre de la ville de Reykjavík et a joué dans la mini-série télévisée à succès *Le Ministre*. L'industrie de la musique offre moins de sécurité dans la durée, et les lanceurs d'alertes redoutent davantage de perdre de futurs engagements si on considère qu'ils ne jouent pas le jeu.

Les filles ne se sentent pas non plus particulièrement solidaires des rappeurs masculins (avec quelques exceptions bien sûr). « On a rencontré ces mecs, ils étaient trop sympas, et puis on a appris ce qu'ils disaient de nous dans notre dos, m'a dit Steiney. Et puis [elle cite le nom d'un des rappeurs islandais les plus connus] a essayé de coucher avec plusieurs d'entre nous. »

Comme dans le monde de l'entreprise, l'argent de l'industrie reste entre les mains des hommes, qui organisent la plupart des festivals. « Ils veulent seulement vendre des places, et ils pensent que les mecs font mieux vendre, a déclaré Blær. Donc, il ne reste de la place que pour une seule fille là où il devrait y en avoir dix.

– La conséquence, c'est que la concurrence est rude entre les femmes », a ajouté Dísa.

Toutes ont acquiescé avec déception à cette triste réalité, et la conversation a pris une tournure plus militante. « Il faut se débarrasser de l'idée que quand il y a neuf places pour les mecs, il y en a une pour une fille. En fait, il y a dix places, et c'est tout, a commencé Steiney.

– J'attends de voir une affiche de concert où il n'y ait que des femmes au programme, et que personne n'y trouve à redire », a ajouté Blær.

Les trois filles avec lesquelles j'ai parlé sont pour des quotas de genre aux festivals de musique. L'idée n'est pas neuve. Le mouvement Keychange en Europe, initiative lancée en 2018 et soutenue par le programme Europe créative de la Commission européenne, a pour but d'améliorer la parité dans l'industrie de la musique et travaille avec quatre cent cinquante festivals et organismes, y compris Iceland Airwaves, le plus grand festival de musique du pays. En plus des aides à la carrière pour les talents sous-représentés, Keychange propose un pacte d'équilibre femmes-hommes, auquel les organisations sont invitées à souscrire. Je suis l'une des deux ambassadrices qui tentent de promouvoir cette initiative en Islande, comme d'autres le font dans différents pays, afin d'attirer l'attention sur les inégalités de genre dans la musique et de motiver le public pour que cela change. « Mais [l'égalité femmes-hommes quant à la répartition de la scène] devrait aussi s'appliquer aux petits festivals, a dit Steiney. Vous voyez une pub pour une programmation où il n'y a pas une seule femme, et à force c'est vraiment fatigant de toujours tweeter et attirer l'attention là-dessus. Il faut que les gens se mettent à réfléchir concrètement sur le long terme à propos de tout ça. Qu'on reconnaisse que certaines personnes vendent peut-être moins de billets, mais qu'elles le font en pensant à la génération suivante. Il faut prendre davantage de risque en aidant des chanteuses encore inconnues pour équilibrer les choses, parce qu'elles sont aussi douées que les hommes. »

Cela permettrait aussi à d'autres femmes de se tester pour savoir de quelle étoffe elles sont faites, ainsi que l'ont fait les Daughters of Reykjavík, sans se soucier des trolls sur Internet ou des éventuelles critiques négatives – et elles ne l'ont pas regretté.

« C'est l'expérience la plus cathartique de ma vie », a dit en souriant Dísa, puis elle a fermé les yeux et s'est enfoncée dans le canapé.

*

Par un jour d'avril 2019, je suis allée écouter le *Requiem* de Mozart au centre culturel Hof d'Akureyri, dans le nord de l'Islande. Peu après mon arrivée dans ce pays, j'ai rejoint un chœur amateur. J'ai toujours trouvé que c'était à la fois apaisant et galvanisant d'entendre chanter un chœur. Le plus notable lors de ce concert, c'était sa cheffe d'orchestre : la Finlandaise Anna-Maria Helsing était la première femme à diriger un orchestre symphonique dans son pays. J'ai discuté avec elle ensuite (privilège de ma position !), et je lui ai dit combien j'étais heureuse de voir une femme à la tête d'un orchestre de musique classique, ce qui était encore chose rare.

Elle a souri et m'a remerciée. « Vous savez, avant, cela m'agaçait que les gens évoquent toujours le fait que je sois une femme dans les discussions professionnelles », m'a-t-elle dit. Elle était découragée qu'on parle d'elle davantage en raison de son sexe que de son talent. « Et puis un jour, j'ai pris l'avion, et l'annonce venant de la cabine de pilotage a été faite par une femme. J'étais enthousiaste à l'idée d'être dans un avion piloté par une commandante de bord. Après, cela ne m'a plus dérangée que les gens s'intéressent au fait que je sois une femme moi aussi. J'ai compris que nous avons besoin de voir des femmes endosser ces rôles, et nous sommes toutes heureuses les unes pour les autres quand ça arrive. »

Une société dans laquelle la culture est importante a à cœur de nourrir son âme collective. Si nous négligeons d'enrichir toutes ces dimensions de notre identité d'êtres humains, nous limitons notre potentiel. Pourtant, souvent, quand nous devons hiérarchiser nos priorités en matière de dépenses et de temps, nous faisons passer au second plan le combat pour l'égalité des genres en musique, en littérature et même dans le sport.

Toutes ces activités culturelles ne sont pas égales au départ, en particulier pour les femmes qui en vivent. La plupart du temps, que ce soit dans l'art, la culture, le sport, nous sommes pourtant davantage consommatrices que créatrices. Voilà une opportunité de changer les choses. Voulez-vous vraiment payer pour voir des films où les personnages féminins existent uniquement en relation avec les rôles masculins principaux et ont la parole beaucoup moins qu'eux ? Voulez-vous que nos enfants fassent collection de cartes représentant des sportifs hommes mais pas des femmes ? Ne lisons-nous pas des histoires de gens aux identités de genre, aux capacités et aux expériences de vie variées ?

En Islande, une tradition ancienne de respect et d'encouragement envers l'écriture a largement contribué à aplanir le terrain. Dans le domaine sportif – l'art choisi par Margrét Lára –, les Islandaises ont fait d'immenses progrès en très peu de temps et rétréci l'un des plus vastes gouffres entre les femmes et les hommes. Pourtant, la simple immensité de ce gouffre signifie que même d'éclatantes réussites laissent des failles béantes. En musique, nous devons demander plus qu'une reconnaissance hypocrite. La parité dans les festivals est importante, mais les associations ne peuvent dicter aux gens leurs pratiques et leurs perceptions. Dans ce domaine, les plus grands changements viendront de la relation essentielle entre les personnes qui créent et le public. Hélas, la loi ne peut réduire ce genre d'écarts, ce qui n'empêche pas de susciter malgré tout un énorme espoir car les choses pourraient arriver spontanément, au fil du temps, surtout quand on voit émerger des exemples comme les Daughters of Reykjavík.

Il y a peut-être aussi d'autres domaines où, en tant qu'individus, nous pouvons faire plus pour obtenir des résultats tangibles, juste en soutenant la diversité dans les arts et les sports. Si nous parvenons à faire la différence dans ces disciplines qui offrent une vaste exposition publique, nous pourrons redéfinir ce message que nous envoie la société, à la fois de manière directe et plus subtilement, selon lequel les femmes devraient se taire et rester à leur place. C'est notre devoir envers l'humanité d'encourager la pluralité des voix en matière de nourritures spirituelles. Il faut raconter l'histoire des femmes, célébrer leurs victoires, chanter leurs chansons. Peut-être, pour paraphraser la lauréate d'un oscar Hildur Gudnadóttir, avons-nous besoin de sentir la bulle de l'égalité jaillir en nous.

LES *SPRAKKAR* QUI ONT UNI LA NATION

Pour promouvoir l'égalité femmes-hommes, les Nations unies ont décidé que l'année 1975 serait l'année des femmes. À l'époque, celles-ci représentaient 5 % des membres du Parlement en Islande, et gagnaient 60 % de moins que les hommes.

Afin de prouver combien leur contribution était capitale, les Islandaises ont décidé d'arrêter toute forme de travail pendant une journée. En ce 24 octobre 1975, on estime que 90 % des Islandaises ont suivi le mouvement. Les femmes au foyer et les agricultrices ont cessé de s'occuper des enfants, de faire le ménage ou de préparer les repas. Celles qui avaient un emploi à l'extérieur ne sont pas allées travailler.

Les écoles maternelles et élémentaires n'ont pas ouvert. Le téléphone a été coupé. Les directeurs des banques ont dû prendre la place de leurs employées aux guichets. Les usines de transformation du poisson ont dû fermer : c'étaient des femmes qui préparaient le poisson frais. À la radio et à la télévision, on entendait les enfants en fond, puisque les pères étaient chargés de s'en occuper pour la journée. Les avions étaient retardés. Les hot dogs se vendaient comme des petits pains car les pères devaient trouver le moyen de nourrir leur progéniture.

Vingt-cinq mille femmes se sont rassemblées dans la joie au centre de Reykjavík (ce qui représentait plus de 10 % de la population totale du pays à l'époque). Jeunes et moins jeunes, elles se sont retrouvées sur le flan herbeux d'une colline près des bureaux du Premier ministre. Là, elles ont fait des discours pleins de ferveur, dit des poèmes, chanté des chansons, et crié la devise devenue célèbre depuis : « J'ose, je peux, je ferai. »

Parmi les milliers de femmes présentes ce jour-là, se trouvait la directrice artistique d'un théâtre local, Vigdís Finnbogadóttir, qui avait encouragé toutes ses employées à l'accompagner. De l'autre côté de la ville, en rentrant de la manifestation avec leur mère, Hólmfrídur et Bjarney, deux ados, se sont offert des pancakes nappés de crème fouettée et de confiture. Ragnhildur, fille de Hólmfrídur et créatrice du spectacle où l'on fabrique de la lave, se rappelle cette anecdote car on avait dit à son grand-père qu'il n'avait pas le droit de goûter à ce fameux dessert : c'était une récompense réservée aux femmes.

Mais les citadines n'étaient pas les seules à participer. À cinquante-trois ans, Margrét Jóhannsdóttir était venue avec des amies de son village de Vatnsleysuströnd, dans le sud-ouest de l'Islande. Son mari n'avait pas l'habitude de s'occuper de tout à la maison, pourtant il avait encouragé sa femme à se rendre à la capitale pour cet événement qu'il estimait déjà d'ampleur historique. La fille de Margrét, Sigrún Símonardóttir, alors âgée de treize ans, se souvient de l'enthousiasme de sa mère quand elle lui a raconté l'événement à son retour et pendant les jours suivants. Le récit de Margrét était si détaillé que Sigrún avait l'impression d'y avoir participé, m'a-t-elle dit quarante-cinq ans plus tard quand je l'ai rencontrée chez Bubba pour parler des associations de femmes en Islande.

Cette manifestation a eu des répercussions à travers toute la société islandaise. Un an plus tard, le Parlement a passé une loi garantissant des droits égaux pour les femmes et les hommes. Cela a même fait la une des journaux à l'étranger, en particulier du *Times* en Grande-Bretagne, et donné l'idée à la National Organization for Women aux États-Unis de lancer un mouvement de protestation similaire.

Mais il y avait plus. Les Islandaises avaient osé. Elles avaient montré qu'elles pouvaient et qu'elles feraient. Et bientôt, raisonnaient-elles, le pays serait prêt pour une présidence au féminin. C'est ce qui est arrivé cinq ans plus tard.

9

AUCUNE FEMME N'EST UNE ÎLE

« Ces gens-là... »

L'amour. La nature. Les chevaux. L'emploi. Les études. L'aventure. La sécurité. Les raisons pour lesquelles les gens décident d'immigrer en Islande pour se construire une vie à la lisière du cercle polaire sont aussi diverses que les personnes elles-mêmes. Lorsque je suis arrivée en 2003 – par amour –, mon âge et mon CV n'avaient rien de surprenant, mais n'étaient toutefois pas assez banals pour empêcher des flots de questions. Pourquoi étais-je venue vivre en Islande ? Pourquoi avions-nous choisi ce pays et pas le Canada ? Quand allais-je apprendre la langue ? Et – la plus sensible pour tous les gens qui souffrent du complexe de la petite nation – est-ce que j'aimais l'Islande ? (Oui ! Et je l'aime toujours !)

Quand cette île fut colonisée au IXe siècle, il n'y avait sur place aucune population indigène à déplacer ni à exploiter. Pendant des siècles, le peuplement se limita à un mélange de Vikings et de Celtes, avec quelques baleiniers basques, marins français ou commerçants anglais. En 1996, les immigrés représentaient seulement 2 % de la population. Dans le quart de siècle suivant, grâce à des lois plus ouvertes envers les populations européennes, ainsi qu'à un marché de l'emploi et une économie en pleine expansion, ce chiffre est monté à

15,2 %. La proportion de résidents nés à l'étranger est ici plus importante qu'aux États-Unis. En fait, il y a en Islande plus de résidents étrangers que de personnes âgées.

Quand je me suis installée ici il y a vingt ans, je fréquentais pour l'essentiel d'autres immigrés. Mes amis étaient des gens récemment arrivés en Islande, qui essayaient d'apprendre cette nouvelle langue et les codes de la vie locale, ainsi que des plus anciens, qui avaient acquis parmi nous un statut quasi légendaire parce qu'ils avaient survécu – et souvent prospéré – si longtemps dans ce petit pays. Ils partageaient avec nous des infos comme où acheter du potiron en conserve – délice difficile d'accès – et toutes les manières de décliner le mot « deux » (ce qui confère à celles et ceux d'entre nous qui apprennent la langue la possibilité de se vanter de savoir qu'il existe au moins deux douzaines de possibilités).

Je fais partie de la vaste majorité des immigrées d'origine caucasienne et, de ce fait, je n'ai jamais attiré l'attention comme d'autres minorités plus visibles. Toutefois, mon prénom s'écrit avec un « z », lettre qui ne fait pas partie de l'alphabet islandais, et qui par conséquent trahit mon origine étrangère bien avant mon accent.

En tant que femme instruite, hétérosexuelle, cisgenre et blanche qui a pour langue maternelle l'anglais et a épousé un Islandais, je fais partie de la catégorie la plus privilégiée parmi les immigrées. Les rebuffades que j'ai pu essuyer alors que je faisais tout mon possible pour m'intégrer sont restées très mineures. Ainsi à l'époque, sur certains formulaires pour postuler à un emploi, on me demandait non seulement des informations personnelles mais aussi les noms et numéros des cartes d'identité de mes parents (sans doute pour que les employeurs potentiels puissent augmenter leurs chances de nouer un lien personnel avec les candidats les plus éminents). La loi qui obligeait les nouveaux immigrants à adopter un nom islandais inscrit sur une liste précise a finalement été abandonnée il y a moins de dix ans. Dans les nouvelles boutiques, tout ou presque était écrit en islandais, et les banques en ligne et les soins de santé n'étaient accessibles que dans cette langue. Je n'ai pas été autorisée à donner mon sang parce que je ne comprenais pas le formulaire et que le personnel, qui parlait un anglais parfait, avait interdiction de le traduire.

Pour faire comprendre aux autres que je commençais juste à apprendre cette langue, j'ai parfois porté un tee-shirt noir créé par la Maison interculturelle (association d'aide aux immigrés désormais fermée) pour encourager les Islandais à se montrer patients. Sur cette série de tee-shirts étaient inscrites des formules destinées à renverser certaines expressions désobligeantes employées à l'égard des immigrés. Sur le mien était écrit en islandais : « Je fais partie de ces gens-là. » Et j'en étais fière – de mon tee-shirt comme de mon statut.

Vingt ans plus tard, la situation s'est beaucoup améliorée pour les immigrés, mais est encore plus chargée sur le plan administratif. De nombreux services sont désormais disponibles en anglais et en polonais, cette langue étant celle du groupe d'immigrés le plus important du pays. Beaucoup d'écoles envoient leurs documents aux parents en plusieurs langues. Il y a une mosquée à Reykjavík et un rabbin qui célèbre les fêtes religieuses juives. Pourtant, il nous arrive encore de dire des bêtises, de porter des jugements sur ces personnes aux noms « étrangers », et les personnes non blanches subissent chaque jour des micro-agressions.

Mes identités de femme et d'immigrée sont indissociables. Mon expérience en Islande a été très positive. Ce qui ferait plaisir à beaucoup d'Islandais. Un sondage Gallup en 2020 a évalué la tolérance des Islandais face aux immigrés à 8,41 (sur un maximum de 9) : le pays arrive en deuxième position juste après le Canada.

Mais il n'existe pas une expérience type de l'immigration. Pour chaque femme arrivée comme moi dans ce pays, avec une belle-famille et un réseau, et qui réussit à trouver un travail en lien avec ses études, il en est une autre qui est exploitée et travaille pour un piètre salaire dans de mauvaises conditions car elle ignore quels sont ses droits dans ce pays. Les demandeurs d'asile viennent souvent les mains vides, ils fuient les persécutions et recherchent la paix et la stabilité. On trouve ici des femmes arrivées depuis des décennies et qui parlent parfaitement l'islandais, tandis que d'autres, qui sont là depuis des mois ou des années, vivent très bien au sein d'une bulle sociale constituée d'autres immigrés, et rencontrent rarement la population autochtone. Certaines se sentent seules au sein de leurs petites communautés homogènes. D'autres réussissent à réaliser leur rêve en profitant de nouvelles possibilités. Il n'est souhaitable pour personne d'essayer de peindre un portrait de l'immigrée type, car celle-ci n'existe pas.

Pourtant, les femmes d'origine étrangère en Islande font face à des difficultés que celles dont le nom se termine par le suffixe *-dóttir* risquent moins de rencontrer. Il nous faut d'abord apprendre une langue nouvelle et passablement complexe. Nous ne bénéficions pas d'un réseau d'amis d'enfance, ni du soutien de notre famille, en outre nous ne savons pas toujours où chercher de l'aide quand nous en avons besoin. Nous rencontrons parfois des préjugés en raison de notre pays d'origine, notre ethnie, notre accent, notre religion. Nous sommes représentées de manière disproportionnée dans le foyer pour femmes de la capitale, et moins susceptibles de connaître nos droits légaux et les types de protection dont nous bénéficions en cas de besoin. En Islande, les femmes immigrées sont souvent surqualifiées pour les emplois qu'elles occupent par rapport aux hommes immigrés, et elles font souvent des services plus longs que les Islandaises.

La révolution #MeToo est arrivée aussi dans notre pays, et l'un des groupes qu'on a le plus entendu est celui des immigrées, dont les récits d'agressions sexuelles, physiques et psychologiques ont sidéré les Islandais. Le choc passé, un dialogue nécessaire s'est instauré sur les efforts qui restent à fournir pour parvenir à une véritable égalité.

En Islande, nous sommes en général attentifs lorsque nous évoquons la parité dans les groupes, les entreprises, les médias, hélas nous omettons trop souvent le facteur des origines ethniques dans l'équation. Il faut réagir vite face à une croissance importante de la diversité. Si la plupart des femmes voient les bénéfices de cette marche vers l'égalité, beaucoup d'immigrées restent hélas sur le bord de la route. Notre capacité à écouter les difficultés qui touchent celles-ci aura un impact sur notre réussite.

*

Longue de 13 000 kilomètres, la Route 1, la « route circulaire », fait le tour de l'île. Elle n'est entièrement goudronnée que depuis 2019, et de nombreux ponts ne possèdent encore qu'une seule voie. La route circulaire a beaucoup de succès auprès des touristes qui ont envie de découvrir le pays à travers de beaux panoramas : plages de sable noir, océan d'un côté, glaciers, volcans et montagnes de l'autre. Même si on peut faire le tour en dix-huit heures sans s'arrêter, la plupart des gens prennent au moins une semaine pour en profiter le plus possible.

Le point le plus éloigné de Reykjavík, au nord-est du pays, se trouve à l'embranchement de la Route 85. Cette région reculée, éloignée de la portion la moins fréquentée de la route circulaire, est la partie la moins affectée par le boum touristique qui s'est produit après 2010, pour le meilleur ou pour le pire.

En suivant la Route 85 pendant 45 kilomètres, on arrive au village de Vopnafjördur, population 659 habitants. L'air qu'on y respire est le plus pur qu'on puisse trouver. L'hiver, les aurores boréales dansent en miroitant à travers le ciel par les nuits claires et glaciales. L'été, visibles depuis la côte, des baleines viennent folâtrer dans la mer. Là-bas, on oublie souvent de fermer à clé sa voiture ou sa maison. L'Hótel Tangi, l'un des trois restaurants de la ville (deux d'entre eux ferment chaque hiver), sert un délicieux burger « Vopnafjördur » et propose à l'occasion des concerts. Sur les bords de la rivière Selá, à dix minutes en voiture, se trouve un des hôtels de luxe les plus exclusifs du pays, havre pour personnes riches et célèbres de ce monde où l'on peut jouir d'un peu de solitude et pêcher le saumon (uniquement à condition de relâcher ses prises). L'école locale, du CP au lycée, est fréquentée par soixante-dix-huit élèves. Les bonnes années, environ neuf enfants démarrent en CP. Au moment où j'écris ces lignes, aucun nouvel élève n'était prévu à la rentrée de septembre 2021.

En dehors du tourisme (sans parler de l'hôtel de luxe pour riches amateurs de pêche), le village vit grâce à une usine de transformation du poisson, à la pêche et à l'agriculture locale.

« Ici, vous êtes au bout du monde. Vous partez en mer, et après, il n'y a rien. Que le pôle Nord », m'a dit Montserrat Arlette Moreno en désignant d'un grand geste l'Atlantique Nord d'un gris ardoise.

Arlette, ainsi qu'on la connaît, a grandi à Mexico et vécu dans dix-huit endroits différents au Mexique et aux États-Unis. Elle parle couramment l'anglais et l'espagnol et a obtenu un diplôme en communication d'entreprise à Harvard. À l'été 2020, cela faisait plus de dix ans qu'elle vivait à Vopnafjördur, où elle a épousé un agriculteur local, dont la famille travaille la terre depuis des siècles. Lorsque nous avons réalisé cet entretien, elle travaillait à la maison de retraite, et était membre active de l'association des femmes du village.

Être immigrée à Reykjavík, ville relativement cosmopolite, n'a rien à voir avec l'expérience souvent passée sous silence des étrangers qui s'installent dans les villages semés le long de la côte islandaise. Dans ces endroits reculés, les enfants jouent dehors en toute liberté, les criminels les plus endurcis sont des ados qui pénètrent en douce la nuit dans la piscine municipale, et les gens qui habitent à 50 kilomètres sont souvent considérés comme des étrangers. À Vopnafjördur, on recense plus de vingt nationalités différentes, et l'ensemble des personnes nées à l'étranger représente un quart des habitants – ce sont souvent des ouvrières travaillant à l'usine de transformation du poisson. C'est grâce à cet afflux de main-d'œuvre étrangère que les économies précaires de ces villages perdurent, et le fait qu'en vingt ans ils se soient transformés en municipalités multiculturelles est en général considéré comme positif, même si cela pose des difficultés. Ces immigrées sont souvent attirées par des emplois relativement bien payés, mais aussi par l'environnement pur et pittoresque, la gentillesse des habitants, la sécurité, l'accessibilité à tout au village, et le filet de sécurité social du pays.

J'ai rencontré Arlette pour la première fois parce qu'elle était bénévole à l'Iceland Writers Retreat à Reykjavík. Grâce à son association de femmes, elle avait obtenu un financement pour se rendre à la capitale et s'offrir une chambre d'hôtel pendant la durée du festival. Chaleureuse et enthousiaste, c'est une personne très sociable, travailleuse et accueillante. Elle était même venue avec des brochures sur le nord-est du pays, à distribuer à nos invités étrangers.

Pourtant, quand je lui ai rendu visite dans sa ferme à côté de Vopnafjördur, deux ans plus tard, elle m'a avoué : « L'Islande m'a rendue plus introvertie. » Elle a vu la surprise se peindre sur mon visage. « Depuis que j'ai emménagé ici, il se passe des journées entières sans que je parle à quiconque en dehors de mon mari et de mon fils. Au début, c'était difficile, à présent, j'ai l'habitude. »

Arlette fait partie de la catégorie des personnes qui sont venues s'installer en Islande par amour. Elle a rencontré son mari sur Internet.

« Je ne savais rien de ce pays, à part que c'était loin. Aussi je pensais qu'on ne se rencontrerait jamais, qu'on serait seulement amis en ligne.

» Un jour je lui ai dit que j'habitais dans une petite ville du Mexique qui comptait environ 800 000 habitants, m'a-t-elle raconté avec un grand sourire. Il m'a répondu très simplement : "Oh, ici, c'est un peu plus petit." La première fois où je lui ai rendu visite, il a proposé qu'on passe la soirée "en ville", alors je me suis habillée. Quand on est arrivés, il m'a dit qu'on y était, j'ai cru qu'il plaisantait et j'ai éclaté de rire. Il n'y a ni bar, ni boîte de nuit, ni cinéma. » Avec optimisme, elle a aussitôt ajouté : « Mais c'est seulement à deux heures et demie d'Akureyri. » (Akureyri est la plus grande ville au nord du pays, avec une population de 19 000 habitants.)

Lorsqu'ils prennent la décision de partir s'installer dans un nouveau pays, la plupart des immigrants établissent une sorte de registre mental où les sacrifices anticipés sont censés être équilibrés par les avantages gagnés sur place. Arlette savait bien qu'en immigrant en Islande elle renonçait à faire carrière et à voir sa famille. Mais elle donnait à sa fille la chance de grandir dans un environnement propre et sûr. « Il y a des moments dans la vie où vous devez choisir entre vos enfants et vos ambitions personnelles », á-t-elle admis avec franchise.

Ce fut un choix un peu amer, mais pas si difficile finalement. Arlette est arrivée à Vopnafjördur en février, quand le soleil rase l'horizon pendant sept heures par jour. Elle a été bien accueillie par sa belle-famille et, du fait qu'on ne lui parlait qu'en islandais, elle a vite appris la langue.

« J'étais invitée aux fêtes annuelles et au Thorrablót [une fête d'inspiration païenne]. Ma belle-mère m'a appris à faire de la soupe d'agneau, de la soupe de poisson et des beignets à l'islandaise. Quand mes collègues parlent des étrangers du village, ils ne me mettent pas dans cette catégorie parce que j'appartiens à une famille locale. Si j'étais arrivée mariée à un autre immigrant, je n'aurais pas été acceptée aussi facilement. »

Vopnafjördur est sans doute l'un des villages les plus isolés d'Islande, mais il se trouve au cœur d'un environnement pittoresque, en bord de mer. Arlette raconte qu'ici environ trois familles principales, avec leurs enfants et petits-enfants, forment la colonne vertébrale de la communauté.

« C'est beau. C'est sûr. L'air est pur. L'éducation est bonne », a-t-elle énuméré. Tous ces avantages ont rendu acceptable le sacrifice de ne pas vivre dans une grande ville. « Surtout pour moi. Je ne suis pas allée voir mes proches au Mexique depuis onze ans parce que c'est trop dangereux là-bas. [Elle les a quand même vus aux États-Unis.] Pour mes enfants, c'est bien d'avoir grandi ici. » Le mari d'Arlette travaille beaucoup chaque jour de l'année sur son exploitation, mais elle m'a dit qu'elle trouvait cela préférable à un emploi dans la pêche où il partirait plusieurs jours de suite en mer.

« C'est un pays très agréable. La vie y est facile. Il n'y a pas de danger. Mais il faut être sûre de soi, a-t-elle insisté. Quand vous venez pour visiter, c'est très beau, mais si vous voulez vivre ici, il faut être sûre que les gens sont prêts à vous accepter. »

En théorie, les gens d'ici se montrent tolérants envers les immigrés, ils manifestent de la curiosité pour leur culture et leurs traditions et apprécient leur volonté de participer à l'économie du pays. Malgré tout, Arlette a dû faire face à de nombreux défis, certains que l'on pourrait rencontrer n'importe où, d'autres typiques d'un lieu aussi reculé.

Arlette a fait une dépression post-partum après la naissance de son fils en 2010. On lui a donné des médicaments pour soigner cette dépression, mais c'est seulement au bout de six ans de symptômes de plus en plus graves qu'un médecin d'Akureyri lui a fait faire des tests et diagnostiqué un problème de thyroïde, et non de santé mentale.

Même si ses soucis se sont révélés physiques et pas mentaux, elle affirme : « Si vous allez vivre dans un endroit reculé, il faut vraiment prendre soin de votre santé mentale. J'ai parlé à beaucoup de femmes étrangères ici, je pense que 70 à 75 % d'entre elles prennent des antidépresseurs, alors que ce n'était pas le cas avant. » Elle est en train d'écrire un livre destiné aux immigrés, pour leur apprendre justement à préserver leur santé mentale.

Arlette a commencé à travailler à temps plein peu après son arrivée à Vopnafjördur. Une femme du village a remarqué qu'elle était isolée et lui a proposé un emploi d'assistante au sein d'un festival pour les immigrés, sponsorisé par la Croix-Rouge. Elle a donné des cours de zumba aux adultes et des cours de danse aux enfants, puis elle a travaillé comme professeure d'anglais à l'école élémentaire. On ne lui a jamais proposé un poste de titulaire, bien qu'elle ait obtenu un diplôme d'enseignante aux États-Unis.

« Le directeur recrutait des gens plus jeunes avec un niveau d'éducation inférieur. Je lui ai demandé pourquoi : en fait, il n'avait jamais lu mon CV, dans lequel je détaillais mon parcours. » À présent, elle s'occupe des personnes âgées dans une maison de retraite. Elle aime le contact avec les gens et le travail.

Arlette m'a confié qu'elle avait rencontré les stéréotypes habituels sur les immigrées. « Les gens sont étonnés que j'aie fait des études. Ils pensent qu'on cherche toutes des emplois de femmes de ménage… et c'est ça qu'on nous propose. » Arlette estime aussi que les meilleures places s'obtiennent grâce aux relations familiales ou amicales.

Au cours de cet entretien, elle s'est souvent montrée déchirée entre les difficultés indéniables d'être mexicaine dans ce village reculé d'Islande, et l'affection réelle qu'elle éprouve pour les gens et les lieux, auxquels elle essaie toujours de s'adapter. « Finalement, je mène une vie agréable ici. Je n'ai pas de gros problèmes. Chaque fois que j'allume la télévision, le monde me paraît complètement fou. Je pense que j'ai fait le bon choix en venant m'installer dans ce pays.

J'ai l'impression d'avoir vraiment de la chance. »

C'est son pragmatisme qui a décidé de ses choix : « Mais ça peut marcher pendant un temps, pas toute une vie. »

Deux semaines après notre discussion, un événement est venu déséquilibrer son quotidien : sa fille est entrée à l'université à Reykjavík. Son fils de dix ans se montrait de plus en plus indépendant, alors que ses possibilités d'interactions sociales à elle stagnaient. Pour la dix-neuvième fois, Arlette a déménagé, à la capitale cette fois, et avec son fils, pour être plus proche de sa fille. Son mari est resté à la ferme familiale.

*

Quand Claudia Ashanie Wilson a quitté la Jamaïque pour l'Islande en 2001, moins de 6 % de la population était née à l'étranger, et les minorités visibles étaient encore moins représentées.

« Les gens voulaient toujours me raconter l'histoire de la première fois où ils avaient rencontré une personne noire. Ils voulaient juste dire qu'ils étaient tellement habitués à voir des étrangers qu'ils avaient déjà vu un ou une Noire avant moi ! »

Claudia était encore adolescente lorsqu'elle s'est installée ici. Ce voyage vers le nord était son baptême de l'air. Elle avait grandi à Montego Bay, au sein de la vaste famille de sa mère, avec ses frères et sœurs, ses grands-parents et toutes sortes de cousins et cousines qui allaient et venaient « selon les circonstances ».

Malgré une famille aimante qui plaçait l'éducation au-dessus de tout, « il planait toujours cette idée que la vie était plus belle ailleurs », m'a-t-elle confié au cours d'un dîner dans un restaurant sénégalais à Reykjavík (nous, les immigrées, aimons bien soutenir les entreprises des autres immigrés).

Entre deux bouchées de riz jollof épicé, Claudia m'a raconté ses premiers jours dans ce pays tout neuf, dont le souvenir est toujours « clair comme du cristal » dans sa tête. Elle se rappelle en particulier son premier dimanche. « J'ai pensé que c'était bizarre d'être en Islande. Je me souviens de ce que je portais, à quoi ressemblait ma chambre, et même des motifs sur le couvre-lit. J'étais certaine que je trouverais quelque chose à faire ici. À l'époque, je ne savais pas ce que c'était, mais je savais qu'un jour je le découvrirais. »

Au début, l'adolescente ne savait pas si elle devait mettre certaines réactions des Islandais sur le compte du racisme. « Il fallait que j'apprenne à comprendre mon environnement. Plus j'en voyais, plus je me posais de questions. »

Par exemple, à l'université où elle a commencé ses études, ses camarades de classe demandaient à ne pas être dans le même groupe de travail qu'elle, alors qu'en Jamaïque elle était première de sa classe. « Ils disaient qu'ils craignaient que mon niveau d'islandais n'ait des répercussions négatives sur leur travail. » Dans un cours de géographie, elle s'est retrouvée en binôme avec un étudiant un peu plus âgé, grand et musclé, plein de tatouages, qui sans doute dérogeait lui aussi à la norme. En fait c'était un détenu de la prison voisine qui terminait son cursus universitaire. « On était les deux seuls à avoir si bien travaillé en cours d'année qu'on n'a pas eu besoin de passer l'examen final, a déclaré Claudia en souriant. Cela m'a donné des ailes.

« Bien sûr, j'ai rencontré des gens qui étaient racistes. Des personnes qui se permettent des choses et ne se rendent même pas compte que ça ne se fait pas, comme toucher mes cheveux ou ma peau. Des employés dans des boutiques qui me suivaient partout, scrutaient chacun de mes gestes. » Si elle en avait eu la possibilité, elle se serait davantage concentrée sur les sensibilités culturelles pour faire prendre conscience aux gens des effets de leur conduite sur elle et sur les autres, car ce genre de petits gestes déplacés est bien trop courant – « mais je n'étais qu'une jeune fille qui voulait vivre sa vie ».

Cette vision intersectionnelle de la race et du genre intéresse beaucoup Claudia aujourd'hui pour des raisons personnelles et professionnelles. Après cette expérience à l'université, elle a poursuivi ses études. La plupart des gens ne nourrissent pas de grandes ambitions pour les immigrés. Certains pensent même que le simple fait d'être arrivé en Islande est déjà une « réussite » suffisante en soi. Mais Claudia savait bien qu'elle pouvait obtenir davantage. Elle s'est acharnée et elle a fini par devenir la première femme d'origine étrangère à passer le barreau, exploit d'autant plus remarquable que tous les examens étaient en islandais.

Depuis 2016 qu'elle exerce en tant qu'avocate, avec pour domaine de prédilection la défense des droits humains, Claudia s'est taillé une réputation nationale, d'abord en raison d'un discours virulent prononcé lors de la Journée des femmes en 2018 (depuis la première en 1975, ces journées sont célébrées régulièrement et sont chaque fois un peu plus tard dans l'année pour montrer l'évolution de la différence entre les revenus des femmes et ceux des hommes), mais aussi en tant que défenseuse des demandeurs d'asile, des femmes et d'autres groupes vulnérables confrontés aux labyrinthes de la bureaucratie islandaise.

« Je veux utiliser ma voix pour attirer l'attention sur le problème de la représentation dans les différentes catégories de la société. On ne peut pas se limiter à considérer les inégalités de genre en mettant d'un côté les femmes et de l'autre les hommes. Il est nécessaire d'envisager le statut spécifique des femmes immigrées. Si on ne tient pas compte du fait qu'être immigrée vous rend vulnérable, alors on crée des problèmes et on en méconnaît d'autres qui pourraient être réglés de manière simple. »

L'un des problèmes consiste à être « racisé ». Les jumeaux adolescents de Claudia sont métis, et on leur demande régulièrement d'où ils viennent, alors même qu'ils sont nés à Reykjavík et que l'islandais est leur langue maternelle. Claudia elle-même est confrontée à la difficulté de servir de modèle aux femmes, aux immigrés, aux personnes non blanches sans se laisser instrumentaliser pour être la « vitrine » des minorités visibles dans les débats publics qui traitent la diversité de manière très superficielle.

Au bout du compte, tout cela revient à aider les autres. « J'ai réfléchi à ce qui me permettait de mieux comprendre les autres ; ce n'est pas le fait que je sois noire, mais que j'aie une expérience de vie différente. Mes seules limites sont celles que je m'impose. Personne ne peut me contraindre, jamais, sauf si je les laisse faire. »

*

J'ai rencontré Rose en 2005. À l'époque, les membres du groupe d'immigrés que je fréquentais ne cessaient de se croiser car nos cercles sociaux limités se confondaient. La plupart de mes amis venaient d'arriver en Islande. Entre nous, nous parlions anglais, et nous compatissions les unes les autres aux bonnes et aux mauvaises choses qui nous arrivaient.

Rose et moi n'étions pas spécialement proches, mais nous avions des amis en commun. Nous avions toutes les deux moins de trente ans, nous étions sociables et amicales, issues des classes moyennes, et j'aimais bien parler avec elle de l'Angleterre, d'où elle était originaire, et que j'avais moi-même quittée peu de temps auparavant. À l'origine, elle était venue passer une année universitaire pour étudier l'anthropologie, mais bientôt elle s'était installée avec un Islandais dont elle avait eu deux fils. N'ayant moi-même pas encore d'enfant, j'admirais sa capacité à élever deux bébés tout en travaillant et en demeurant cette amie amusante et pleine de vie que nous aimions retrouver. Rose ne faisait pas partie de ces nouveaux venus qui à la moindre occasion critiquent l'Islande, si différente de leur pays d'origine, où le temps est toujours mauvais, les produits frais, impossibles à trouver, et dont la langue est beaucoup trop compliquée à comprendre. Elle apportait à nos discussions son énergie et son regard positif – attitudes nécessaires lors des premiers mois ou des premières années passés dans un pays nouveau et relativement isolé.

Après avoir eu mes enfants et fondé l'Iceland Writers Retreat, j'ai moins fréquenté ce groupe d'amis et j'ai perdu contact avec Rose. C'est seulement en 2017 que son nom est revenu à mes oreilles, mais dans un contexte très différent. Dans un groupe Facebook privé consacré au hashtag #MeToo qui rassemblait des femmes d'origine étrangère, Rose a publié un post détaillé et passionné visant à convaincre les femmes victimes de violences conjugales de trouver le courage de quitter leur agresseur.

« Partir n'est pas facile, a-t-elle écrit. En fait, c'est la deuxième chose la plus difficile que j'aie faite de ma vie. La seule chose qui l'est plus, c'est rester auprès d'un conjoint qui vous tyrannise. »

J'étais sous le choc. Dans ce post, Rose racontait qu'elle avait subi une décennie de harcèlement psychologique, situation qui n'avait pris fin que le jour où elle était partie avec ses enfants au refuge pour les femmes, où elle était restée trois mois. À en croire ces mots, lorsqu'elle quittait nos soirées, la femme joyeuse, énergique et qui adorait s'amuser retournait chez elle la peur au ventre. Ma première réaction a été de l'ordre du cliché : je ne savais pas, ça peut arriver à tout le monde.

Oui, les violences conjugales peuvent toucher n'importe qui, peu importe l'éducation, le milieu d'origine, l'endroit où l'on vit ou la classe sociale. En Islande, classé comme le pays où les femmes vivent le mieux, près de la moitié des assassinats est commise par un conjoint masculin (le chiffre exact est de 38 %). Notre pays a ratifié la convention d'Istanbul, destinée à lutter contre les violences faites aux femmes, pourtant ces violences perdurent. Bien sûr, on tente d'expliquer que les femmes en Islande se sentent plus en confiance et portent plainte plus volontiers lorsqu'elles sont victimes de ces abus, ou encore que la définition légale de la violence domestique et de l'agression y est plus large (il existe une définition légale des abus psychologiques, mais cela n'est pas considéré comme une raison suffisante pour lancer une procédure pour violences conjugales ni ne peut influer sur le mode de garde des enfants). Toutefois, le cas des violences conjugales demeure un vrai trou noir au sein d'une nation qui s'enorgueillit tant de l'égalité femmes-hommes.

Pire, ces dénonciations plus fréquentes de violences de genre ne débouchent pas sur un nombre plus grand de condamnations. Seules 11 % des plaintes pour viol aboutissent à des condamnations d'après une étude de 2008-2009. Hélas, ce taux est élevé en comparaison d'autres pays.

Les femmes immigrées sont touchées de manière disproportionnée par la violence domestique. En 2020, 65 % des résidentes du refuge pour femmes étaient d'origine étrangère, statistique qui indique également les limites du réseau de soutien de ces femmes en Islande. Elles représentent aussi la majorité de celles qui finissent par retourner auprès de leur conjoint violent.

« En tant que femme dans un pays étranger, on se retrouve automatiquement en position d'infériorité », m'a dit Rose en se rappelant son propre calvaire. Celles qui ne sont pas nées ici en général n'ont pas de famille ni d'amis sur qui compter – surtout dans le cas où elles doivent fuir un conjoint islandais. Elles ne comprennent pas forcément non plus leurs droits, ni ne savent où aller chercher de l'aide. Ces deux facteurs en font des victimes idéales pour les abuseurs qui peuvent très bien rechercher leurs victimes parmi cette catégorie de population facile à exploiter.

« Je ne savais pas vers qui me tourner », m'a avoué Rose en évoquant sa situation passée.

Depuis l'époque où elle est passée au refuge pour les femmes, Rose fait tout ce qu'elle peut pour défendre les droits des femmes qui se retrouvent dans sa situation. Elle reconnaît que la société a raison d'avoir confiance dans la police et les individus qui veulent changer les choses à l'intérieur du système, mais, fait ironique, elle dit que c'est la volonté même du pays d'aboutir à l'égalité qui l'a mise dans une position délicate. « C'était comme si le pendule de l'égalité s'écartait de la logique. À cette époque, j'ai eu l'impression que le principe même de l'égalité travaillait contre moi. »

Après avoir pris la décision excessivement difficile de partir avec ses enfants et ses affaires au refuge pour les femmes, Rose a entamé les démarches pour se séparer légalement de son conjoint. Elle a tenté de lui faire quitter la maison, pour pouvoir retourner y vivre avec ses enfants. « Mais la loi stipulait qu'il avait autant le droit que moi d'y vivre. J'ai appelé pour leur demander comment je devais m'y prendre pour retourner habiter là-bas avec mes enfants, et ils m'ont répondu en gros que si j'y retournais et qu'il me frappait, alors ils pourraient le faire partir, mais qu'en attendant ils avaient les mains liées. Même le droit des enfants à vivre chez eux ne pouvait surpasser celui de leur père à rester sur place. »

Ainsi donc, le système qui a été précisément construit pour permettre l'égalité pouvait se retourner contre les femmes dans la situation de Rose. D'après elle, son but n'est pas de favoriser injustement les hommes, mais d'empêcher les victimes de violences conjugales et leurs enfants de devenir les otages du système, ce qui peut arriver quand les agresseurs font appel de manière répétée, et coûteuse pour la victime. Prouver qu'on est victime de violences, surtout psychologiques, peut se révéler extrêmement difficile.

Finalement, Rose s'est rendue elle-même au commissariat et elle a parlé avec une policière qui a bien compris sa situation. « Elle a simplement dit : "J'ai assez entendu ce genre de conneries. Donnez-moi jusqu'à la fin de la journée." Elle est allée chez nous, elle lui a dit des choses qu'elle n'avait peut-être pas le droit de dire, et dans les vingt-quatre heures il était parti. »

Les problèmes de Rose ne se sont pas arrêtés après la vente de la maison et le partage de l'argent. Elle a reçu un redressement fiscal démentiel, et on lui a dit que son ex était insolvable car il avait investi tout son argent dans son entreprise, ce qui mettait les capitaux hors de portée des impôts. En outre, elle ne pouvait quitter le pays avec les enfants car, de fait, le père et elle se partageaient la garde conjointe tant qu'elle ne pouvait prouver qu'il n'était pas capable de s'occuper d'eux – procédure extrêmement onéreuse. Cela pose un énorme problème aux femmes d'origine étrangère car, dans son combat pour l'égalité, notre système judiciaire n'accorde pas la garde exclusive d'un enfant à un seul parent. Bien qu'elle en comprenne le raisonnement à l'origine, Rose m'a dit que cette pratique fait des mères d'origine étrangère qui ont fui des violences conjugales des prisonnières au sein des frontières du pays jusqu'à la majorité des enfants, car elle leur ôte la possibilité de retourner dans leur pays d'origine où elles pourraient bénéficier de davantage de soutien.

« Mes amis islandais étaient choqués de découvrir toutes les difficultés auxquelles j'étais confrontée. Et quand j'en parlais à des personnes qui étaient au cœur du système, elles aussi étaient en profond désaccord avec la manière dont les choses se passaient. C'est comme quand l'ordinateur refuse de vous laisser accéder à quelque chose. Au bout du compte, j'ai dû m'en remettre au refuge pour les femmes et à une policière courageuse. »

Rose n'avait que du bien à dire sur le refuge. « La première fois qu'une collègue m'en a parlé, j'ai pensé que ça n'était pas pour moi. Je ne voulais pas leur faire perdre leur temps. » Mais lors d'un premier contact sur place, alors qu'elle confiait son histoire, ses peurs et sa douleur, la conseillère lui a calmement dit : « Ayez confiance en celle que vous allez devenir, elle saura gérer tout ça. »

L'expérience de Rose dans ce domaine n'a pas été entièrement négative. En effet, en Islande, les victimes de violences conjugales ne sont pas stigmatisées. « En Grande-Bretagne, j'aurais sans doute perdu mon emploi, pense Rose. Mais ici, mon employeur m'a donné trois mois de congés payés et m'a aidée à m'acquitter notamment des frais d'avocats. »

Aujourd'hui, Rose exerce toujours le travail qu'elle aime, elle vit avec ses deux garçons adolescents et elle a un nouveau conjoint aimant. Elle continue de soutenir d'autres femmes, surtout des immigrées qui se retrouvent face à un système extrêmement complexe, et tente d'attirer l'attention sur les failles de ce système où risquent de tomber les victimes de violences conjugales, alors qu'il devrait les protéger.

« La société d'ici tient parce qu'elle est très restreinte et que tout le monde a son filet de sécurité relationnel. Mais quand on n'a pas ça, ça ne fonctionne pas. »

*

Naguère, on me demandait régulièrement pourquoi mon mari et moi avions choisi de venir nous installer en Islande et pas au Canada. La réponse, au départ, était purement pragmatique : il avait déjà raté une partie de l'enfance de sa fille pendant ses études en Angleterre (même s'il revenait passer chaque été avec elle) et ne voulait pas que cette séparation perdure.

J'ai toujours été un peu surprise par le sentiment d'insécurité qui sous-tend cette question. Mais pourquoi donc est-ce qu'on ne choisirait pas l'Islande pour s'y installer ? C'est un endroit sûr, propre, où la société est tolérante et socialement responsable envers ses citoyens.

C'est à force de paliers franchis au fil des mois et des années que j'ai fini par comprendre combien le mantra que j'utilisais à mon arrivée était vrai : « Je suis chez moi. » Ainsi, il y a eu la première fois où c'est moi qui ai présenté une personne rencontrée par hasard dans la rue à Gudni, et pas l'inverse. La première fois où j'ai compris une blague (en islandais) pendant le bêtisier de fin d'année du journal télévisé. Ou encore la première fois où j'ai vu Björk (la star vit toujours dans sa ville de naissance).

Tout cela m'a coûté des efforts. Malgré une expérience de travail à l'étranger, un diplôme d'Oxford, et le fait que je parle anglais et français, alors que je cherchais désespérément un emploi, on n'a pas voulu de moi pour des postes dans le marketing international pour la simple raison (enfin, c'est ce qu'on m'a dit) que mon diplôme n'était pas un diplôme de marketing. J'arrivais dans des soirées et soudain tout le monde se taisait au moment où moi, l'étrangère, j'entrais. On m'accueillait avec des sourires crispés, et personne ne venait me parler après que je m'étais présentée dans mon islandais balbutiant. Jusqu'à aujourd'hui : lorsque Gudni et moi donnons des réceptions au palais présidentiel, il y a toujours au moins un invité qui commence à me parler en anglais et non en islandais. Leur intention est sans doute de me mettre à l'aise, mais cela montre qu'ils doutent de ma capacité à m'exprimer dans cette langue alors que je vis ici depuis presque vingt ans.

Bien sûr, j'adore l'Islande. Je suis reconnaissante d'avoir pu m'y installer et d'y élever mes enfants. Arlette, Claudia et Rose y ont elles aussi construit des vies riches et fécondes.

Il y a trente ans, les femmes immigrées n'étaient pas si nombreuses dans ce pays. Si on lui pose la question, la majorité des Islandais vous dira que c'est un progrès. Ce que je pense aussi. Mais pour que les immigrées puissent tirer le meilleur parti de leur vie en Islande et que la société fasse de son mieux, dans l'intérêt de toutes et tous, nous devons faire plus attention aux défis que rencontrent les femmes d'origine étrangère, comme le fait de vivre dans un lieu isolé sans le filet de sécurité que constitue l'entourage proche, d'affronter les préjugés, ou encore de connaître ses droits pour recevoir un traitement équitable sur le plan légal. Nous sommes fiers, et à juste raison, de la manière dont nous concevons l'égalité femmes-hommes en Islande. Hélas, l'une des plus grosses failles du système consiste à ne pas tenir compte des différences – par optimisme, je pense qu'il s'agit de méconnaissance des choses plutôt que d'une volonté délibérée – qui handicapent « ces gens-là », c'est-à-dire des personnes comme Arlette, Claudia, Rose et moi. Pas seulement en théorie mais aussi en pratique. Nous devrions témoigner du respect et de la bienveillance envers tous nos frères et sœurs humains, mais il est important de consentir un effort supplémentaire quand on recrute une personne d'origine étrangère pour occuper un emploi, qu'on l'interviewe pour écrire un article, ou quand on a des préjugés concernant ses motivations, ses capacités ou son expérience – ces moments-là peuvent faire toute la différence. Tant que nous n'aurons pas réglé ce problème, il sera impossible d'aboutir à une véritable égalité femmes-hommes.

LA *SPRAKKI* QUI A BRISÉ LE PLAFOND DE VERRE

Après les incroyables conséquences de la Journée des femmes cinq ans plus tôt, les personnes qui soutenaient le mouvement pour l'égalité ont décidé que la société était prête à ce qu'une femme soit élue présidente de l'Islande. Vigdís Finnbogadóttir, enseignante et directrice d'un théâtre âgée de cinquante ans, comptait parmi les personnes les plus éminentes auxquelles se référaient les gens. Elle avait un haut niveau d'instruction, parlait plusieurs langues et, en tant que directrice d'un théâtre, elle avait l'habitude des médias.

Après quelques mois de campagne où elle avait dû affronter le plus grand nombre de candidats jamais vu lors d'une élection présidentielle, Vigdís est arrivée première avec une toute petite marge de 1,5 %, devenant ainsi la quatrième à occuper ce poste en Islande. Elle était aussi la première femme au monde à devenir cheffe d'État démocratiquement élue, et elle allait occuper cette fonction pendant seize ans (ce qui demeure un record chez les femmes élues cheffes d'État).

Ce moment est désormais décrit comme un basculement dans l'histoire de l'Islande, même si l'élection de Vigdís n'avait rien de certain. À mesure que la campagne avançait sur ce terrain réservé aux hommes, elle s'est retrouvée face à un feu roulant de questions – et pourtant les élections présidentielles en Islande ne sont pas violentes. Son expérience professionnelle et ses qualifications ne faisaient aucun doute. Même le fait qu'elle était divorcée et élevait seule sa fille adoptive n'a pas soulevé les critiques sexistes et paternalistes auxquelles on aurait sans aucun doute eu droit dans d'autres pays.

Elle avait également vaincu le cancer du sein après une mastectomie. On lui a un jour demandé si le fait de n'avoir qu'un seul sein serait un désavantage pour elle en tant que Présidente ; elle a répondu avec assurance qu'elle n'avait pas l'intention d'allaiter la nation. Il y a eu bien d'autres manifestations patriarcales, des lettres aux journaux, et autres questions empreintes de doutes lors de la campagne.

L'élection de Vigdís à la fin juin 1980 a fait les gros titres à travers le monde et inscrit l'Islande sur la scène internationale. Vigdís avait brisé le plafond de verre, mais ce n'était que le début. Lors de son investiture, le 1er août de la même année, elle n'était qu'une des cinq femmes sur environ cent personnes présentes. Lorsqu'elle est devenue présidente, il n'y avait que trois autres femmes à la tête d'un État dans le monde ; les trois étaient reines et n'avaient pas été élues. (Quand elle a quitté son poste, seize ans plus tard, ce chiffre se montait seulement à deux de plus.)

Vigdís était une présidente chaleureuse, tournée vers la culture, qui a su maintenir une stricte neutralité politique et a agi en tant que figure de rassemblement sans chercher à promouvoir un dogme.

Mais c'est bien sûr le fait qu'elle soit la première femme à occuper ce poste (et à ce jour la seule) qui a fait d'elle un exemple pour tant de personnes. Quand on leur demande qui sont leurs modèles, les femmes qui sont devenues adultes dans les années 1980 et 1990 mentionnent presque toutes le nom de Vigdís. Celles qui sont entrées en politique après son mandat savent bien que son élection fut un moment-clé. Dans un monde d'hommes, elle a dirigé son pays avec aplomb, dignité, humour, intelligence et humanité. Jusqu'à ce jour, elle demeure une figure irréprochable aux yeux des Islandais, aussi bien sur le plan personnel qu'en tant que présidente.

Les récits sont variés chez les jeunes qui ont grandi sous sa présidence. À présent adultes, ces jeunes ont fondé leurs propres familles, dirigent des entreprises, siègent au Parlement, enseignent aux nouvelles générations. Elles et ils ont grandi en pensant qu'il était normal d'avoir pour cheffe d'État une mère célibataire divorcée. D'après la petite histoire, parfois l'un d'entre eux s'adressait à ses profs ou d'autres adultes en demandant candidement : « Est-ce que les garçons peuvent aussi devenir présidents ? »

10

LA POLITIQUE AUX CONDITIONS DES FEMMES

« J'ose, je peux, je ferai… »

Le mot d'ordre des manifestantes de la Journée des femmes de 1975 était *Ég thori, get og vil* : « J'ose, je peux, je ferai. » Le nombre d'Islandaises aujourd'hui qui « osent » se présenter à des élections a énormément augmenté depuis, beaucoup des candidates appartenant à la génération devenue adulte sous la présidence de Vigdís. En 1982, enhardie par la victoire à l'élection suprême, un groupe de femmes a formé le parti de la Liste des femmes, phénomène unique dans les pays du nord de l'Europe, et sans doute dans le monde. Elles ont présenté des candidates aux élections municipales et sur le plan national l'année suivante. Leurs efforts ont permis de tripler le nombre de parlementaires féminines à l'Althing, passant de 5 à 15 % dès 1983, et elles ont influencé la plupart des partis qui ont ensuite présenté de plus en plus de candidates aux élections. Lors de la brève session parlementaire de 2016-2017, le Parlement d'Islande détenait le record de la plus grande proportion de femmes hors quota, avec un taux de 47,6 %.

Les femmes ne sont pas seulement bien représentées sur le plan national. Au niveau municipal, où l'individu compte plus que son étiquette politique, les modèles jouent aussi un rôle important. Parfois, ce sont celles qui ont fait l'expérience du plafond de verre qui réussissent à faire voler en éclats les statu quo. Pourtant, de nos jours encore, la réussite demande toujours la même détermination indéboulonnable que celle des manifestantes d'il y a cinquante ans. Un scandale récent qui a éclaboussé plusieurs parlementaires – cocktail d'alcool et de misogynie agrémenté d'un téléphone Samsung moyenne gamme – a déclenché une vague d'indignation et de résignation amère par rapport aux progrès accomplis – ou pas – dans cette société réputée tolérante.

Autre marchepied pour les jeunes femmes qui veulent entrer en politique et construire leur réseau : le militantisme à l'université d'Islande, la plus importante et la plus ancienne du pays. Dans notre pays, la plupart des personnes qui poursuivent leurs études après le secondaire sont des filles. Elles sont donc très représentées dans les instances étudiantes qui participent à la vie de l'université, et certaines réussissent même à attirer l'attention à l'échelle nationale. Pourtant, malgré cette voie royale qui mène à la scène nationale, la domination politique des femmes à l'université ne se traduit pas directement en nombre de sièges à l'Althing. En 2020, la nouvelle présidente élue au conseil des étudiants a cassé les codes non pas parce que c'était une femme, mais parce que c'était la première personne d'origine étrangère à endosser ce rôle. En dépit de toute l'attention positive qu'on lui a témoignée, elle non plus au départ n'était pas du tout certaine d'être suffisamment qualifiée pour briguer ce poste.

En tant qu'immigrée, je la comprends. Je suis la troisième première dame d'Islande d'origine étrangère. Comme je n'ai jamais eu besoin de faire campagne pour obtenir cette place, ma perspective en tant que femme dans la sphère politique est différente de la perspective de celles qui ont été élues et ont été candidates, pourtant mon rôle est aussi empreint de préjugés, et je fais de mon mieux pour moderniser ce titre désuet.

Nous pouvons toutes devenir des exemples. Il nous revient à nous-mêmes de décider si nous voulons que nos paroles et nos actions soient engagées et inclusives, ou bien qu'elles demeurent insignifiantes et viennent cyniquement renforcer des normes dépassées.

*

« Désormais, il faut que je me lave les cheveux tous les jours et que j'aie l'air présentable », me suis-je lamentée dans mon journal quand la campagne présidentielle de mon mari a démarré au printemps 2016. Le passage de journaliste anonyme à immigrée la plus célèbre du pays a été brutal et presque instantané. Je n'ai pas trop râlé pour changer mes petites habitudes du matin, et j'avais déjà prononcé bon nombre de discours – mais pas au débotté, et encore moins en islandais –, en revanche mon niveau de compétence en matière vestimentaire était déplorable.

J'ai passé la campagne et les mois qui ont suivi l'intronisation de Gudni à répondre aux conseils bien intentionnés qu'on me donnait et aux questions qu'on me soumettait, pratiquement toutes centrées sur le rôle traditionnel de la première dame et ce qui devait être ses centres d'intérêt. Il me fallait des tenues pour accomplir des tâches informelles mais néanmoins publiques comme aller chercher les enfants à l'école maternelle. Allais-je engager un décorateur – à mes propres frais – pour décider de la manière de disposer nos affaires quand nous emménagerions dans la résidence officielle, et proposer une liste de meubles nouveaux puisque notre logement à Bessastadir serait bien plus grand que notre maison, proche du centre-ville ?

Le jour de l'intronisation de Gudni, il a fallu une équipe de trois habilleuses qui ont passé une demi-heure à m'accoutrer du *skautbúningur*, le costume formel traditionnel des femmes en Islande. Elles ont dû utiliser des douzaines d'épingles pour faire tenir en place la coiffe élaborée, et j'ai dû apprendre à rester assise immobile en me tenant très droite pour que l'édifice ne me fasse pas bouger, au risque de s'effondrer. Pendant ce temps, mon mari a mis trois minutes pour nouer sa cravate blanche et mettre son collier officiel.

Dernière touche au programme : la remise des décorations. Sans cérémonie, une personne du bureau du Président (je suppose, même si je ne me le rappelle pas) nous a donné à chacun une boîte en velours qui contenait une épingle surmontée d'une étoile en argent. L'ordre du Faucon est la décoration la plus éminente qu'on puisse attribuer à un citoyen islandais (ou à une personne étrangère ayant beaucoup œuvré pour la nation). Deux fois par an a lieu une cérémonie officielle à Bessastadir, où l'on remet cette distinction à des citoyens et citoyennes issus de tout le pays et de toutes les catégories, qui se sont distingués soit dans le domaine professionnel, soit en tant que bénévoles. C'est une cérémonie touchante, bouleversante pour beaucoup d'entre nous.

L'ordre du Faucon a donc été épinglé sur la poitrine du nouveau président de la République, le remerciant par avance pour l'excellent travail qu'il allait fournir au service de la nation. Une autre m'a ensuite été décernée, parce que je suis sa femme.

*

Il n'existe pas de manuel pour apprendre à devenir première dame. Je n'ai encore jamais trouvé de protocole ni d'ensemble de règles concernant la manière dont je devais me comporter, à quoi je pouvais ou non participer, et si je devais me soumettre à des obligations formelles (lors de notre première visite officielle au Danemark, j'ai appris à faire la révérence grâce à un tuto). Je remercie mon père d'avoir insisté pour m'enseigner de bonnes manières à table – « Parce que tu ne sais pas quand tu dîneras en compagnie d'un roi ou d'une reine ».

C'est un honneur fabuleux d'avoir été propulsée là où je suis, un honneur dont je n'avais jamais imaginé qu'il puisse m'échoir un jour. Pourtant, être décorée de l'ordre du Faucon en ce premier jour avec Gudni, simplement parce que j'étais son épouse, impliquait certains devoirs vis-à-vis de ce qu'une première dame doit (habituellement) faire, dire, et comment elle doit se comporter.

Il n'y avait rien de vraiment obligatoire, surtout en Islande, toutefois la pression pour que je me conforme au rôle de potiche souriante demeurait persistante. Nous arrivions quelque part, et nos hôtes ne parlaient qu'à Gudni. Ou bien il se rendait seul à un événement et on lui demandait où j'étais, alors que je n'étais mentionnée nulle part sur l'invitation. Lors des visites d'État, je participais à ce que l'on appelle le « programme de l'épouse », et je me retrouvais souvent à visiter des lieux liés aux rôles féminins traditionnels : aller voir des enfants, des services de santé, ou avec un peu de chance des galeries d'art.

Bien sûr, j'avais totalement conscience du fait ô combien ironique que toute cette attention ne m'était accordée que parce que mon mari avait réussi quelque chose d'extraordinaire, et j'ai décidé que le challenge serait de ne pas me sentir coupable d'être ainsi arrivée à cette position éminente, mais plutôt de savoir ce que j'en ferais à présent que j'avais devant moi toutes ces possibilités : je pouvais soit m'en servir, soit les gaspiller. Le président de l'Islande n'a pas un rôle politique au quotidien, en dépit de son droit de veto sur la loi et de son influence possible lors des négociations au sein des coalitions gouvernementales. Toutefois, j'étais convaincue que, en tant que figure publique (en réalité, la même personne que je suis en privé), il me fallait refléter mes valeurs personnelles. Je respecterais la neutralité politique, mais j'aurais mes opinions.

Plutôt que de me résigner au fait que ce genre d'attentes quasi antédiluviennes vis-à-vis de la première dame existait aussi en Islande, pays leader en matière d'égalité des genres, j'ai préféré me dire : *S'il existe un endroit où l'on peut commencer à remettre en question toutes ces notions dépassées et patriarcales, c'est bien l'Islande.*

À mesure que je prenais mes marques, j'ai privilégié des actions susceptibles de transformer l'image que les gens se font de la première dame. Au départ, cela consistait pour moi à parler. Le plus possible. Lorsque j'étais invitée à remettre un prix, par exemple, je demandais toujours à dire d'abord quelques mots. J'acceptais autant d'invitations que possible pour faire un discours d'ouverture ou autre lors de conférences, de cérémonies officielles, d'anniversaires. Non seulement je voulais montrer que les femmes ont une voix, mais aussi que celles qui ont un accent étranger doivent être entendues. J'ai partagé des photos de moi devant différents groupes sur les réseaux sociaux, et pas simplement avec mon mari. Quand nous nous rendions à l'étranger, je demandais à prononcer mes propres discours si c'était possible, et si ça ne l'était pas, je demandais à ce que mes visites sortent du cadre traditionnel. Ainsi me suis-je par exemple rendue dans des start-up et des incubateurs d'entreprises. Il arrive souvent que je n'accompagne pas Gudni à l'étranger, à l'exception des visites officielles, ou lorsque je sens que je peux réellement agir sur quelque chose et pas seulement servir de faire-valoir.

Fin 2019, après avoir vu sur Instagram un post qui réduisait les épouses des leaders du G7 au rôle de muses politiques de leurs maris, je me suis sentie obligée d'écrire un post sur Facebook pour dire combien je trouvais insultant de réduire les femmes au rang d'accessoires. Elles valaient évidemment beaucoup mieux que cela, puisque c'était mon cas. « Je ne suis pas le sac à main que mon mari attrape en vitesse lorsqu'il sort et garde accroché à son bras sans bouger lors de ses apparitions en public », ai-je écrit. La métaphore était bancale, mais ça a marché. J'ai écrit un article pour le *New York Times* afin de développer mon point de vue.

En conformité avec mon genre, la veille du jour où l'article devait paraître, j'ai été assaillie par le doute. Je n'avais parlé de cet article à personne au cabinet du Président, ni n'avais cherché à savoir si la première dame était autorisée ou pas à écrire dans les journaux tant que son mari était au pouvoir. (Le bureau du Président m'aide à coordonner les événements officiels, mais je travaille chez moi, j'écris mes propres discours, et je me fie essentiellement à mon intuition et aux conseils de Gudni et d'amies proches pour déterminer à quoi il est souhaitable que je participe.) Et si j'apparaissais comme une enfant gâtée, une ingrate dépourvue de toute légitimité ? Et si les autres premières dames lisaient mon article et pensaient qu'en critiquant certaines de leurs activités je me moquais d'elles ? Et si je ne faisais qu'enflammer la sphère misogyne des trolls sur Internet en leur tendant le bâton pour me battre ?

Dans leur grande majorité, les réactions ont été très positives. Les principaux médias islandais ont repris l'article, et la formule « Je ne suis pas le sac à main de mon mari » est devenue ma carte de visite en quelque sorte – un mème illustrant mon indépendance aux yeux de celles et ceux qui me soutiennent, et une manière de me ridiculiser pour mes détracteurs. Il semble que beaucoup de femmes mariées à des diplomates, des chirurgiens, des ministres, des hommes politiques et bien d'autres sont extrêmement lasses d'être avant tout identifiées comme épouses, même si elles sont très fières des conjoints en question. Bien loin d'être pris pour un caprice d'enfant gâtée hors-sol, ce que j'ai écrit a touché une corde sensible, et de nombreuses personnes m'ont exprimé leur gratitude.

Quelques mois plus tard, j'ai fait une conférence TED sur le même thème. En outre, je pouvais prouver à travers mes actions que je m'attaquais vraiment au problème de l'égalité des genres et à l'émancipation des femmes, qu'il ne s'agissait pas seulement d'un hobby, histoire de m'occuper en tant que femme du Président.

Sur la scène internationale, je savais que cela pouvait aussi avoir un impact positif. Si la première dame d'Islande prend la parole pour aborder ce type de sujets et que dans son ensemble la population la soutient, alors c'est que l'Islande a une attitude progressiste envers l'égalité femmes-hommes.

En tant que première dame, l'une des expériences les plus enrichissantes que j'aie vécues a été la possibilité de m'attaquer aux préjugés de genre, et je pense qu'une grande partie de la société est favorable à ce que je poursuive (il n'y a toutefois pas de sondage qui puisse le confirmer). J'ai eu un gros avantage, celui de n'être liée à aucun parti, et de pouvoir me targuer de prendre la suite des autres premières dames d'Islande, qui ont toutes joué un rôle très positif. Dans ce pays comme dans d'autres, beaucoup de femmes qui décident de s'engager en politique se dressent en plein dans la ligne de tir ; en faisant cela, elles facilitent la voie à celles qui les suivront.

*

Lors des élections municipales de 2018, l'une de ces femmes a réussi à attirer l'attention de la nation plus qu'elle ne l'avait anticipé et a transformé la vision de ses concitoyens quant à ce qu'une maire devait être.

« Sur le plan local, la politique est bien plus une question de personne que sur le plan national, m'a dit Íris Róbertsdóttir, première maire des îles Vestmann, lors de notre entretien consacré à sa tentative pour bousculer l'équilibre traditionnel des pouvoirs au sein de l'archipel.

» Ce qui est spécifique à l'Islande en matière de politique, c'est qu'on n'a pas besoin d'être riche pour y arriver. Il faut travailler, lever des fonds, développer son réseau, surtout si on veut aller loin, mais l'Islande est une terre d'opportunités où l'on peut arriver à faire ce que l'on veut. »

Les îles Vestmann sont un petit archipel situé tout au sud de l'Islande. En forme de larme, l'île d'Heimaey (« l'île de chez nous ») compte 4 370 habitants qui pour l'essentiel travaillent dans le tourisme et la pêche. Située seulement à 6,5 kilomètres de la côte, jusqu'en 2010 elle n'était accessible que par un petit avion à hélice cher et tributaire de la météo, ou bien par ferry, ce qui nécessitait trois heures de voyage dans des conditions atroces. Même aujourd'hui, le trajet de quarante-cinq minutes en ferry jusqu'au nouveau port en eau peu profonde peut se métamorphoser en voyage de trois heures (voire plus) quand la mer n'y met pas du sien – surtout l'hiver.

Cette île minuscule est habitée depuis le début de la colonisation de l'Islande, il y a plus de mille ans, et ses habitants ont la réputation d'être directs, chaleureux et pleins d'assurance. Isolés du reste du pays, au fil du temps, ils ont appris à ne compter que sur eux-mêmes.

Íris n'avait que un an quand, aux petites heures du 23 janvier 1973, les habitants d'Heimaey ont vécu une véritable catastrophe. Ceux qui ne dormaient pas ont eu la surprise de voir une faille s'ouvrir dans le sol non loin de la vieille ville, et de la lave et des cendres jaillir dans le ciel. En quelques minutes, la minuscule communauté est passée à l'action. Les sirènes se sont mises à retentir dans la nuit, les gens se sont rendus au port où, chance ou effet de la providence, le mauvais temps avait contraint la plupart des bateaux de pêche à rester à quai. Sans guère emporter plus d'effets que ceux qu'ils avaient sur le dos et en l'espace de six heures, cinq mille trois cents personnes se sont embarquées sur les bateaux, grands ou petits, et ont pris la direction de la côte, en état de choc. Quand ils ont enfin pu revenir, six mois plus tard, l'île qu'ils connaissaient avait profondément changé. Sur les mille trois cent cinquante maisons, quatre cents avaient été englouties par la lave, et quatre cents autres étaient endommagées ou détruites par les cendres.

La mère d'Íris était enceinte de sept mois. « Elle m'a emmenée sur le bateau avec seulement un biberon de lait et des couches de rechange, m'a-t-elle raconté autour d'un café dans un restaurant du port à côté de la mairie. Elle croyait qu'on allait juste faire un tour pendant quelques heures et puis revenir. » Elles se sont enfin réinstallées l'été suivant, comme seulement les deux tiers de la population qui avaient décidé de revenir vivre sur Heimaey. Sa petite sœur, Hrönn, fut le premier bébé baptisé sur l'île après l'éruption.

« J'ai littéralement grandi dans l'ombre d'un volcan. Je le voyais de la fenêtre de ma chambre. Quand nous sommes rentrées, au début je faisais des cauchemars dans lesquels se produisait une nouvelle éruption. »

Íris fait partie de cette génération de femmes qui sont devenues adultes sous la présidence d'une femme. « Vigdís occupait le poste le plus élevé du pays, ce qui nous a montré que les femmes pouvaient tout faire. Il y avait aussi quelque chose de charmant dans le fait qu'elle n'était pas mariée, qu'elle était seule. C'était un symbole encore plus fort. »

Longtemps après que le magma eut commencé à refroidir et à se transformer en rochers accidentés sur l'île, l'éruption a continué à influer sur le caractère des gens et par conséquent sur la politique. « Quand on se lance en politique ici, on dispose d'un énorme avantage : on sait qu'il y a des gens pour vous aider tout au long du chemin, exactement comme cette fameuse nuit. Ce qui est particulier ici, c'est qu'on peut se montrer vraiment direct, voire cruel, dire franchement ce qu'on pense. Mais quand se produit un événement, au travail ou dans le sport, quand les choses tournent bien, par exemple lorsqu'on gagne un match, alors l'empathie et la solidarité prennent le pas. On partage tout, et on traverse tout ensemble. C'est tellement important. »

Íris a toujours été attirée par la politique. À seize ans, elle a pris sa carte au parti de l'Indépendance – de loin le parti le plus suivi dans l'archipel et l'un des plus vieux en Islande. Elle ne s'est pas présentée aux élections avant l'approche de la quarantaine, et ce fut d'abord sur le plan national : elle a été représentante de la circonscription sud pour le parti de l'Indépendance auprès du Parlement. Pourtant ce sont les élections municipales de 2018 qu'Íris a gagnées, devenant la première maire de son île natale, après avoir rompu avec son bien-aimé parti d'origine pour en créer un nouveau qui, fait inattendu, a gagné les élections.

« Je ne vais pas dire que tout ce qu'ils ont fait était mal, car ce n'est pas le cas, a-t-elle insisté en parlant de la coalition menée par le parti de l'Indépendance qui avait été à la tête de la municipalité pendant plusieurs décennies. Mais de temps à autre, il faut un changement de perspectives. » À l'exception d'une période de quatre ans au début de ce siècle, le parti de l'Indépendance contrôlait la municipalité des îles Vestmann depuis 1990, et c'était déjà la force politique dominante dans la décennie précédente. Contrairement au plan national où tous les membres du parti dans une circonscription votent pour l'ordre d'une liste aux primaires, dans les îles Vestmann c'est un comité restreint qui en décide.

« J'ai découvert que pour être en haut de la liste, il ne fallait pas être le meilleur choix possible, mais appartenir à une clique », m'a-t-elle dit.

Seulement, pour Íris et ses soutiens, le statu quo n'était plus envisageable. Elle a donc créé son propre parti pour faire concurrence au parti de l'Indépendance lors des élections du printemps.

« La situation n'avait rien d'horrible, loin de là, mais les gens voulaient avoir le choix. Il fallait que je quitte mon parti. Je le soutiens toujours au niveau national. De même que beaucoup des personnes qui travaillent avec moi. Mais ici, dans les îles Vestmann, la population en avait assez et aspirait à du changement. »

Les campagnes électorales en Islande demeurent assez discrètes. Il y a beaucoup de photos avec des bébés, beaucoup de poignées de main, des posts au vitriol sur les réseaux sociaux. Mais les affiches de campagnes plantées dans les jardins sont rares. Les campagnes négatives servent surtout à galvaniser l'électorat de ceux qui portent les coups, mais la plupart des gens méprisent ce genre de tactiques.

Dans un pays où la population est si petite, la clé du succès de n'importe quelle campagne, c'est le contact personnel. Les candidats décrochent leur téléphone, vont rendre visite aux gens sur leur lieu de travail, s'arrêtent dans les maisons de retraite, arpentent les différents quartiers (mais ils ne frappent jamais aux portes à l'improviste). Une poignée de main ferme, un regard droit dans les yeux peuvent faire toute la différence.

« Je suis allée dans les usines de transformation du poisson, sur les bateaux de pêche, dans tous les lieux où travaillent essentiellement des hommes. J'ai été directrice administrative et financière d'une coopérative de pêche et de transformation du poisson, j'ai enseigné les maths, j'ai dirigé une association sportive ; ce sont des sujets que les hommes dans les îles connaissent bien et auxquels ils peuvent se fier. »

Un seul sondage, environ quatre semaines avant l'élection, a montré que sa liste Pour Heimaey remportait l'adhésion de l'électorat, sans pourtant dégager une majorité. Le jour J, Íris estime que le taux de participation a dû atteindre les 90 %.

En tant que femme, Íris avait l'habitude de briser les plafonds de verre. Elle avait été la première secrétaire du parti de l'Indépendance dans l'archipel, et la première présidente du club sportif ÍBV. Elle a aussitôt ajouté qu'elle n'avait jamais considéré qu'être une femme soit un handicap.

« Je ne suis pas d'accord quand on dit que c'est difficile d'être une femme en politique. Faire de la politique donne beaucoup de travail, peu importe votre sexe. Mais il y a des présupposés de genre derrière tout ça, comme l'idée que le défi est trop lourd à relever, que nous planifions trop les choses, que nous n'avons pas confiance en nous. Une ancienne femme politique m'a donné un sage conseil ; elle m'a dit que jamais il ne fallait arriver à un événement lors d'une campagne en commençant par déclarer : “Je suis un bon choix parce que je suis une jeune femme.” Ça, tout le monde le voit. Pour être élue, il faut que je leur dise ce que je vais faire. »

Quand elle est entrée en campagne pour les primaires aux élections nationales de 2009, Íris avait deux enfants âgés de trois et treize ans. Son mari était souvent en mer, ce qui est la réalité de bien des femmes dans l'archipel.

« Oui, on m'a demandé si j'arriverais à tout faire, a-t-elle admis. Mais c'étaient toujours des femmes qui me posaient cette question. Jamais un homme. J'ai répondu que j'avais l'habitude que mon mari soit absent et donc de tout gérer moi-même, par conséquent ça ne changerait pas grand-chose. Au fil des années, cela a été un avantage pour moi d'être sous-estimée. »

Le soir de l'élection, le 26 mai 2018, les partisans de la liste Pour Heimaey se sont rassemblés dans la salle municipale pour attendre les résultats. Le décompte final donnait trois sièges à la liste Pour Heimaey, et trois sièges au parti de l'Indépendance. La liste de gauche, avec un siège, allait devenir l'arbitre de l'élection. Au bout de quatre jours de négociations, les élus de gauche ont accepté de travailler avec la liste Pour Heimaey, à condition qu'Íris soit maire. Il faudra des années pour raccommoder le gouffre qui s'est alors ouvert entre les membres de Pour Heimaey et ceux du parti de l'Indépendance.

« Ce n'était pas seulement moi. Les gens étaient vraiment mécontents. » Il y a toujours quatre grandes familles sur Heimaey qui ne veulent rien savoir d'Íris ni de son parti. « Je ne les ai pas seulement obligés à quitter leur emploi, au final, reconnaît-elle. C'était aussi leur gagne-pain. » Comme dans le sport, il y a des gagnants et des perdants. « Hélas, il n'y avait alors de place que pour une vision des choses. Et je pense que ce changement était sain. Personne ne devrait être maire à vie. Certains ont dit qu'être maire serait trop dur pour moi. C'est alors que l'instinct de compétition s'est réveillé en moi. »

Il est satisfaisant de constater que c'est le fait qu'Íris ait fait tomber une dynastie qui a attiré l'attention des médias nationaux sur cette élection, et pas son absence de chromosome Y. Toutefois, elle est quand même devenue un exemple pour les jeunes des îles Vestmann, exactement comme Vigdís l'avait été pour elle. « Quand j'ai commencé à aller à la rencontre des enfants, ils me demandaient où était la maire. Si vous n'avez pas les choses sous les yeux, cela paraît moins réel. Dès que vous les voyez, alors c'est réel. »

Elle peut désormais se servir de son poste comme tremplin pour faire émerger de la visibilité à l'intérieur. Traditionnellement, il y avait davantage d'hommes que de femmes au conseil municipal. C'est une activité non rémunérée, et les hommes ont toujours eu davantage de temps à consacrer à la politique. Mais depuis qu'Íris est maire, il y a une majorité de femmes. « Cela fait une différence d'avoir des femmes à tous les niveaux politiques, pas seulement sur le plan national. »

Elle sirotait son *latte* en regardant par la fenêtre un bateau de tourisme qui se préparait à quitter le port pour emmener des gens voir de plus près les macareux sur les falaises de la baie. « Nous rencontrons ici les mêmes problèmes qu'à travers le reste du monde, a-t-elle ajouté de crainte que je dépeigne une situation trop idyllique. Les femmes hésitent davantage à se lancer. Partout, elles se posent des questions. C'est universel. »

Íris a des suggestions à faire à celles qui désirent s'engager en politique : « La première étape consiste à se rendre à des réunions politiques, à identifier les problèmes pour faire partie d'un groupe. On a tendance à ne pas poser de questions lors des grandes réunions parce qu'on a trop peur de dire une bêtise. La politique peut être si intéressante, si enthousiasmante, mais nous les femmes, nous sommes souvent plus sensibles que les hommes aux retours négatifs. Notre but, c'est de rendre les choses plus accessibles, pour que vous n'ayez plus à redouter que vos enfants lisent des choses sur vous sur les réseaux sociaux. Il n'est pas nécessaire de travailler très tard le soir. Il faut que nous travaillions toutes ensemble pour changer ça.

« Je pense que la plupart des femmes veulent avoir un impact sur notre environnement proche. Il faut favoriser cela. Rien ne peut arriver tant que vous vous plaignez assise à la table de votre cuisine à la maison. Nous devons agir pour que ce changement advienne, pas seulement nous contenter des mots. »

*

Pleine d'assurance, Íris Róbertsdóttir représente le chemin parcouru par les femmes en politique. Isabel Alejandra Díaz, présidente du conseil des étudiants à l'université d'Islande, est issue d'une génération plus jeune de femmes et d'hommes politiques qui se concentrent sur tout le travail qu'il reste à accomplir, et dans quelle mesure cela peut être fait dans les limites des structures traditionnelles.

J'ai rencontré Isabel lors d'un déjeuner avec quatre membres du bureau des droits du conseil des étudiants, dans leurs locaux sur le campus, qui étaient décorés d'affiches sur le changement climatique, de drapeaux arc-en-ciel et de brochures sur les différents services proposés aux étudiants. Elle m'a parlé de ses années de jeunesse dans le Vestfirdir, où ses grands-parents l'ont élevée à leur arrivée en 2001 depuis le Salvador.

Région la moins peuplée d'un pays qui l'est peu, le Vestfirdir est une péninsule qui se détache au nord-ouest de l'Islande, sorte de trident qui tente d'attraper le Groenland. Une série de tunnels creusés dans les profondeurs des montagnes, dont beaucoup n'ont qu'une seule voie, avec des niches aménagées pour qu'on puisse s'y croiser, relient les villages reculés les uns aux autres. Pourtant, les parties nord et ouest de la région ne demeurent accessibles l'une à l'autre que pendant quelques mois de l'année grâce à une route de terre qui zigzague dangereusement entre les flancs des montagnes et les profonds fjords bleus de l'Arctique.

Ísafjördur (2 600 habitants), la plus grosse ville de la région, où Isabel a grandi, est à six heures de route de Reykjavík, à travers les tunnels de montagnes et en serpentant le long des fjords, ou bien à une demi-heure de vol, quand le temps le permet et uniquement de jour. La piste de l'aérodrome est si courte qu'elle ne pourrait être construite aujourd'hui car elle ne répond pas aux normes. Il arrive que les visiteurs doivent séjourner plus longtemps que prévu quand les dures conditions climatiques, l'hiver, empêchent tout trajet en avion aussi bien qu'en voiture.

« Grandir à Ísafjördur, c'est un rêve. On a tout ce dont on a besoin. Une école, un centre de santé, une banque, des épiceries, deux boulangeries, plusieurs restaurants et un petit cinéma », m'a fièrement raconté Isabel.

Plus jeune, Isabel n'avait pas l'intention de s'engager en politique, même si elle était active dans la musique, le sport, les différents clubs à l'école, et que son entourage avait toujours montré un certain engagement civique. « Nous, les habitants d'ici, nous ressentons la nécessité d'avoir une opinion sur tout, depuis la question de savoir s'il faut construire une nouvelle salle de sport ou s'il faut vendre la maison de retraite. Et il nous paraît nécessaire d'avoir une opinion car nous bâtissons ensemble cette société. »

En 2017, Isabel a quitté Ísafjördur pour aller à l'université, à la capitale. Forte de la conviction d'avoir un devoir à accomplir en tant que citoyenne, elle s'est épanouie à l'université et s'est bientôt intéressée à la vie étudiante dans un sens plus large. Les membres de Röskva, l'un des deux syndicats étudiants, l'ont approchée après avoir lu des articles qu'elle avait publiés, et elle a décidé de consacrer son énergie plus largement à la cause des étudiants.

Alors qu'elle affinait ses tactiques après avoir été élue au conseil de l'université, Isabel a d'abord hésité à se présenter comme présidente du conseil des étudiants après sa dernière année en sciences politiques et en espagnol (les élèves qui viennent de terminer leurs cursus peuvent encore être élus) car elle préférait se concentrer sur son cursus plutôt que sur une campagne. En outre, elle n'était pas sûre d'elle et se demandait bien pourquoi les gens voteraient pour elle.

« C'est une attitude classique chez les femmes. Nous nous posons toujours des questions. “Pour quelle raison devrais-je faire ça ?” “Qu'est-ce que je peux apporter aux autres ?” Les hommes ne se demandent pas ça. Ils annoncent qu'ils vont faire un truc, et ils le font. Nous, on doit toujours vérifier d'abord si tous les indicateurs sont au vert. » Isabel a donc vérifié beaucoup d'indicateurs : elle avait déjà été élue deux ans au conseil de Röskva, produit un podcast de vingt épisodes pour le conseil, et elle siégeait au comité pratique qui s'occupait de toutes les questions possibles, depuis le logement jusqu'aux services d'aide en matière de santé mentale sur le campus.

« Je me suis épanouie, a-t-elle déclaré, visiblement un peu surprise d'avoir si bien réussi sa campagne. J'avais vraiment peur de perdre, mais j'ai gagné et après je me suis demandé pourquoi j'avais si peu confiance en moi. »

Au cours de la campagne, Isabel a contacté tous les membres de Röskva et tenté de les convaincre de voter pour elle. « Il faut suive son instinct dans le respect de son intégrité. C'est tout. Quel est le pire qui puisse vous arriver ? Ne pas être élue. Avoir confiance en soi aide énormément. Quand vous appelez les gens pour les persuader de voter pour vous, vous ne pouvez pas leur dire : “Je pense être bonne pour ça.” » Malgré son air timide, elle me regardait droit dans les yeux. « Il faut affirmer : “Je serai bonne dans ce rôle parce que je suis facile d'accès, directe, objective et travailleuse." Et ne surtout pas se préoccuper de ce que pensent les autres. »

Les cinq étudiants que j'ai rencontrés en ce jour de printemps ont reconnu qu'ils vivaient dans leur bulle. Ce sont de jeunes adultes privilégiés qui savent l'importance de voter, de prendre la parole, et de se battre contre ce qu'ils jugent injuste. Certains jeunes, à l'université, se sont déjà lourdement endettés, ce qui est compensé par les taux d'intérêt indexés sur l'inflation, même si en réalité leurs dettes sont bien moins élevées que dans d'autres pays. Leur énergie, leur hésitation entre optimisme et pessimisme (pour faire finalement le choix de l'optimisme) me rappellent l'époque où j'étais moi-même membre du conseil des étudiants à l'université de Toronto, il y a un quart de siècle.

Pourtant la vie de « l'étudiant moyen » ici est très différente de ce que j'ai connu. J'ai passé quatre ans dans une résidence universitaire, à partager une salle de bains avec ceux qui habitaient au même étage, à attendre mon tour pour aller faire ma lessive au sous-sol, à récupérer des cagettes de lait abandonnées devant le supermarché du coin pour les utiliser en guise d'étagères et de bar. Mikael Berg Steingrímsson et Gudný Ljósbrá Hreinsdóttir, deux des autres étudiants présents lors de ce déjeuner, habitent toujours chez leurs parents dans des sous-sols aménagés, et chaque jour font l'aller-retour dans leur propre voiture. Les résidences étudiantes, très limitées et très demandées, se composent de studios avec cuisine et salle d'eau. Elles sont réservées à celles et ceux qui viennent d'autres régions, à l'instar d'Isabel, ou qui ont déjà fondé une famille (une école maternelle existe au sein de l'université, qui accueille les bébés dès l'âge de six mois, au lieu d'un ou deux ans comme à Reykjavík).

De même que dans tous les pays d'Europe du Nord, en Islande l'éducation est considérée comme un droit. Toute personne qui a obtenu son diplôme de fin du secondaire peut s'inscrire à l'université d'Islande (même si certaines disciplines telles que la médecine proposent un nombre de places limité). Il n'y a rien à payer en dehors des frais d'inscription de 75 000 *krónur* (environ 550 dollars), et ces frais font l'objet de discussions sans fin au sein des instances étudiantes, y compris entre les personnes avec lesquelles je me suis entretenue.

Ceux qui suivent de près l'évolution politique des étudiants pensent qu'Isabel peut avoir un avenir au sein d'un Parlement plus divers, chemin que plusieurs de ses prédécesseurs à Röskva ont emprunté. Mais elle ne semble pas intéressée par l'idée de briguer un autre mandat. « Je crois que tout dans notre société est lié à la politique, voilà pourquoi il est important d'avoir une opinion, de voter, parce que nous avons toutes et tous quelque chose à dire. Parfois, les étudiants n'ont pas cette approche, puis quelque chose les touche, eux ou un de leurs amis, et ils comprennent alors que l'action du gouvernement peut faire une différence. Au bout du compte, tout est politique. »

Le défi pour la jeunesse islandaise idéaliste, instruite et consciente des dominations, consiste à comprendre que les meilleures solutions aux problèmes du monde ne sont peut-être pas entre les mains des partis politiques traditionnels. La majorité des étudiants présents dans les bureaux du syndicat ce jour-là était réticente à l'idée de prendre sa carte dans un parti, craignant de se laisser enfermer dans une idéologie rigide, et peu encline à s'engager pour une longue durée.

Ces étudiants semblent chercher d'autres moyens pour exercer une influence. « Les jeunes d'aujourd'hui veulent bâtir une société ou s'engager activement pour une cause qu'ils croient importante, sans lien avec le Parlement, a affirmé Helga Lind Mar, directrice du conseil et organisatrice de la Slut Walk annuelle. Ils pensent que l'Althing est une institution sur laquelle ils ne peuvent avoir de prise. Et l'on enseigne si peu la démocratie dans les écoles que les gens ne savent pas vraiment comment participer. »

Sara Thöll Finnbogadóttir, une étudiante en sciences politiques responsable des prêts étudiants auprès du conseil, a acquiescé : « Il existe une manière différente d'envisager la démocratie de nos jours. Peut-être que certains ne votent pas, mais ils s'engagent dans des associations ou travaillent à changer la société là où ils pensent avoir un impact. »

Au-delà des doutes bien réels que tant de femmes doivent surmonter pour oser s'engager en politique, s'endormir sur nos lauriers est peut-être le plus grand danger qui pourrait nous empêcher d'atteindre l'égalité des genres. « Le plus gros risque, à ce stade, serait que nous ne nous sentions plus responsables, comme si nous étions arrivés à destination, tout simplement parce que nous avons de l'avance sur les autres, a déclaré Helga au sujet de la réputation de l'Islande en tant que cheffe de file mondiale de l'égalité femmes-hommes. Je ne veux pas minimiser le travail de toutes les femmes qui se sont tant battues, mais je pense que la chance a joué un grand rôle, qu'il ne s'agit pas seulement de décisions réfléchies. »

Aux portes du monde politique, on trouve donc un homme et six femmes employés au bureau des droits du conseil des étudiants, douze femmes et cinq hommes membres du conseil actuel, ce qui n'est guère éloigné de la réalité quant à la division genrée de la population étudiante dans son ensemble, dont les femmes représentent environ les deux tiers. Il est difficile de convaincre les garçons de s'engager, selon Isabel : « Ils n'ont pas d'exemples à suivre, aussi c'est un vrai défi pour nous. Bien entendu, nous voulons rassembler toutes les perspectives. »

Mikael, le seul homme du bureau, a dit qu'il trouvait cette situation « très drôle » et qu'elle ne lui posait aucun problème. Il a ajouté : « J'ai fait partie d'un autre comité où il y avait quatre garçons et une fille, et j'avais l'impression que les garçons restaient ensemble et laissaient la fille de côté. »

Cette surreprésentation féminine ne se traduit pas du tout sur la scène nationale, même si, comme le dit Isabel, les femmes sont plus déterminées et se mettent en avant. « Quand les gens font les listes dans les partis, ils pensent que ce n'est pas grave d'avoir des hommes en tête de liste dans deux circonscriptions voisines, en revanche c'est considéré comme trop risqué d'avoir deux femmes dans les positions équivalentes. Pourtant il faut bien que quelqu'un saute le pas, prenne le risque de créer un précédent. C'est un investissement pour le bien non seulement des femmes, mais de la société tout entière. »

Si tout est politique, d'une certaine manière, et que nous sommes obligés d'avoir des opinions et de nous engager d'une façon ou d'une autre, Isabel conseille aux femmes de faire comme elle : « suivre son cœur » et « se jeter dans le grand bain ».

« Vouloir rendre la société et le monde meilleurs, c'est une raison suffisante, a-t-elle déclaré avec fermeté. Vous avez le droit de faire entendre votre voix dans la discussion. Vous avez votre place à table. »

*

Le visage de la politique en Islande est certes de plus en plus féminin, mais il faudra davantage que la bonne volonté générale et des statistiques positives pour créer les bases d'une égalité solide et durable.

Par un soir de novembre 2018, un groupe de cinq hommes et une femme politiques, dont un ancien Premier ministre et un ancien ministre des Affaires étrangères (qui a participé au lancement de la campagne pour l'égalité femmes-hommes des Nations unies, HeForShe), ont décidé de faire une pause au cours d'une séance à l'Althing et sont allés boire quelques verres au Klaustur, un bar où le personnel politique a ses habitudes. L'endroit était presque désert (c'était en plein milieu de l'après-midi, un jour de semaine). Le groupe est resté plusieurs heures et, tandis qu'ils étaient enhardis par l'alcool, le volume de la conversation s'est fait plus élevé, et les propos plus décomplexés.

En dehors de leurs collègues à l'Althing qui avaient peut-être noté leur absence, cette pause n'aurait pas attiré l'attention si une cliente du bar, que le volume sonore et les propos mettaient sur les nerfs, n'avait décidé d'enregistrer la conversation et de l'envoyer ensuite aux médias.

Sur l'enregistrement, on entend les membres du groupe parler de plusieurs femmes politiques dans un langage et sur un ton qui feraient paraître les discussions de salle de garde aussi douces que des berceuses. Ils se moquent de l'allure de l'une d'elles, du comportement d'une autre, du handicap d'une troisième. Une parlementaire est traitée de « salope complètement folle », une membre d'un cabinet ministériel, de « grosse pute ».

Íris Róbertsdóttir a aussi été la cible des parlementaires en goguette, qui se sont moqués du fait qu'elle était « beaucoup moins sexy ces dernières années », après que l'un d'entre eux eut émis l'idée que naguère elle aurait pu être élue uniquement grâce à son physique.

L'affaire a fait les gros titres pendant plusieurs jours. L'opinion publique a fermement condamné ces parlementaires, demandant qu'ils démissionnent et présentent des excuses. Deux d'entre eux ont été exclus de leur parti (dont la présidente comptait parmi les personnes offensées). Moins de la moitié a pris un congé de durée variable. Au moment où j'écris ces lignes, tous sont encore membres du Parlement. Les deux qui ont été exclus de leur parti ont rejoint le parti du Centre, dont le président n'est autre que l'ancien Premier ministre présent avec eux ce jour-là au Klaustur (et, incidemment, le même ancien Premier ministre impliqué dans le scandale des Panama Papers en 2016). Certains membres de ce groupe ont menacé d'entreprendre une action en justice contre la personne qui les avait enregistrés, arguant du fait que cela violait leur droit à la vie privée.

En tant que président, mon mari a été sollicité pour commenter publiquement ce scandale et, usant de toute la diplomatie nécessaire puisqu'il doit se montrer impartial en toute circonstance, il a dit qu'il était « stupéfait et très attristé par le vocabulaire et le manque de respect montré par ces personnes et le fait que cela les divertisse autant ».

Trois ans plus tard, le « Klausturgate », comme on a baptisé ce scandale en anglais, demeure une plaie à vif dans la conscience collective ; elle sert à rappeler à la société islandaise qu'elle n'est pas le paradis de l'égalité. Ce fait divers nourrit l'idée cynique que cette égalité pourrait n'être jamais atteinte, ce qui a été ressenti d'autant plus vivement dans la jeune génération engagée en politique.

« Klaustur a été un tel revers ! On se disait : *Non mais c'est pas vrai ? Il n'y a donc aucun espoir ?* m'a confié Isabel Alejandra Díaz. Quand le scandale a éclaté, je me suis dit que jamais après ça je ne pourrais avoir envie d'intégrer le Parlement ou la diplomatie. Il faut que je trouve de l'inspiration et des exemples ailleurs. »

Il faudra du temps pour oublier cette triste affaire, pour retrouver la foi en l'intégrité du système, que les femmes réussissent à se persuader que le changement est possible, même si c'est plus lent et plus laborieux qu'on ne l'espérait.

Tournons-nous plutôt vers des politiques qui nous rendent optimistes, qui nous donnent de l'espoir. Íris et Isabel ont fait bouger les lignes toutes les deux, la première parce qu'elle s'est confrontée à l'establishment politique, la seconde parce qu'elle a fait entrer la diversité à la tête d'un syndicat d'étudiants. Toutes deux reconnaissent qu'il est nécessaire d'encourager les femmes à aller de l'avant, à faire entendre leurs voix, à relever les défis. Montrant la même détermination que les habitants d'Heimaey après l'éruption, elles persistent à revendiquer leur place dans un environnement dominé par les hommes, malgré leurs doutes, malgré la tradition et tous les autres obstacles.

Elles ont rejoint un groupe d'Islandaises de plus en plus vaste qui s'étend à travers tout le spectre politique, et qui fait tout pour rendre la voix des femmes audible dans le dialogue politique, au niveau local comme national. (J'ai délibérément évité de m'entretenir avec des personnes actuellement en poste, étant donné ma position de première dame.) Elles ont toutes gagné mon respect par leur courage, leur volonté d'être élues à différentes fonctions, et de se retrouver au centre de l'attention.

Grandir avec des exemples de femmes fortes dans leur vie personnelle et dans la sphère publique a aidé à faire éclore des vocations chez bon nombre de femmes qui aujourd'hui jouent un rôle de leaders. En retour, elles sont le miroir de nos aspirations pour plus d'égalité, et servent à leur tour de modèles pour les électeurs et électrices de demain.

« Ce pays, cette terre dure, volcanique, à la nature âpre, au climat terrible, malgré tout cela nous sortons en mer, nous sommes vraiment courageux, des "James Bond des lagons glaciaires", mais nous sommes aussi capables d'élire une femme à la plus haute fonction de l'État, m'a rappelé Íris lors de notre rencontre. Cela signifie que quand quelqu'un a quelque chose à apporter à la communauté, nous sommes prêts à l'écouter – et ça, c'est l'une des qualités spéciales de l'Islande. »

11

À PORTÉE DE MAIN

« C'est là-haut dans les yeux. »

Par un matin nuageux de septembre 2017, j'ai pris un vol Icelandair pour Londres, où j'ai changé d'avion pour Amman, capitale de la Jordanie. De là, au bout d'une heure et demie de voiture à travers le désert en direction de la frontière syrienne, je suis arrivée dans l'immense camp de réfugiés de Zaatari, le deuxième plus grand au monde.

Avec près de quatre-vingt mille réfugiés ayant fui la guerre civile en Syrie, parqués dans un espace de 5,3 kilomètres carrés, le camp géré par l'ONU a été construit en hâte pour accueillir l'urgence. Au départ c'étaient de grandes tentes en toile blanche gonflée qui formaient la ville pas si temporaire que j'ai visitée. On y trouvait des rues commerçantes non goudronnées, vingt-sept centres sociaux, deux hôpitaux, neuf cliniques et onze écoles. Chacune des milliers d'unités en préfabriqué de 30 mètres carrés accueillait huit personnes. L'été, on y cuisait sous la chaleur impitoyable du désert ; l'hiver, on y grelottait. Y vivaient des populations syriennes issues pour l'essentiel des classes moyennes, qui auparavant menaient une vie plutôt confortable, et que le déclenchement de la guerre en 2011 avait forcées à fuir avec souvent pas grand-chose d'autre que ce qu'ils avaient sur le dos. En chemin, ces personnes avaient fait l'expérience du deuil et de traumatismes indicibles. La population de Zaatari se composait à 80 % de femmes et d'enfants. Il n'y avait sur place que cinq mille emplois ouverts aux réfugiés du camp, et presque tous avaient été attribués à la minorité masculine. Les femmes ne pouvaient pas sortir à la nuit tombée, car elles risquaient de se faire agresser. Les jeunes filles étaient mariées très tôt à des hommes plus âgés (les choses allaient à une vitesse alarmante : une fille sur trois dans le camp était mariée avant l'âge de dix-huit ans). Cela sonnait le glas de leurs études car très vite, dans la foulée, elles devenaient mères.

Parmi les huit agences de l'ONU qui administraient le camp de Zaatari se trouvait ONU Femmes, qui gérait trois « oasis », c'est-à-dire des espaces sécurisés pour les femmes situés dans différents endroits du camp. Dans ces oasis, elles pouvaient venir travailler en échange d'une rémunération, recevoir une aide psychologique, une éducation, faire garder leurs enfants et suivre des cours dans toutes sortes de domaines, depuis l'informatique jusqu'à la coiffure en passant par des cours d'anglais ou d'arabe. Tout aussi important : ces oasis offraient aux femmes un environnement sûr où se réfugier et trouver un peu de compassion.

Je suis allée là-bas pour participer à une série de vidéos sur les femmes du camp, en compagnie d'employées de ONU Femmes Islande, de l'une des responsables de la branche islandaise, et d'une équipe appartenant à une agence publicitaire islandaise. Cette série devait être le vaisseau amiral d'une campagne de levée de fonds en Islande cet automne-là pour aider ONU Femmes à ouvrir d'autres oasis.

Le premier jour, après un briefing général par les employés de l'UNHCR[44] sur le camp dans son ensemble, nous avons visité l'une des oasis où environ une douzaine de femmes cousaient, tricotaient et créaient des objets artisanaux dans un bâtiment

44. Agence des Nations unies pour les réfugiés.

au frais. Leur tâche principale consistait à préparer des kits pour les mères des quatre-vingts bébés qui naissaient chaque semaine au camp. Ce kit contenait des vêtements chauds en polaire et des informations sur les vaccins les plus importants. Avec des morceaux de tissus qu'elles avaient cousus ensemble, elles confectionnaient une sorte de macramé et fabriquaient des tentures murales de toutes tailles.

La plus grande d'entre elles m'a attiré l'œil. Environ 2,1 mètres par 1,3, de loin on aurait dit une sorte d'œuvre abstraite. C'est seulement en s'approchant qu'on distinguait les étiquettes de grenouillères ou de tee-shirts jetés dans des containers à recycler par de riches Européens. Dans un camaïeu de roses et de bruns, la tapisserie dessinait une balance de la justice rudimentaire, sur fond de bandes colorées. Tout en haut, une phrase en arabe : « L'égalité, c'est mon droit. »

Je l'ai achetée (elle prenait la moitié de la place dans ma valise au retour), et elle est à présent accrochée sur le mur de l'entrée de notre résidence privée à Bessastadir, afin de nous rappeler chaque jour l'un des combats qui nous unit toutes et tous.

Le deuxième jour au camp, j'ai rencontré des femmes sympathiques. Un de mes rôles dans la vidéo consistait à interviewer une adolescente, Zaad al-Khair, sur son expérience à l'oasis. On l'avait choisie parce qu'elle savait s'exprimer, qu'elle était chaleureuse et avait du charisme.

Nous étions assises sur des chaises en plastique sous une tente ouverte ; les caméras capturaient nos réactions sous différents angles tandis que Zaad et moi discutions de son éducation, de sa vie dans le camp, et des avantages dont ONU Femmes leur faisait bénéficier. Zaad se réjouissait car elle allait avoir dix-neuf ans dans deux semaines, c'était le cinquième anniversaire qu'elle fêterait ici, dans ce camp où elle vivait avec ses parents dans l'un des nombreux abris. Un de ses frères et sa sœur étaient restés en Syrie, on n'avait pas de nouvelles d'eux, un autre de ses frères avait été tué dans le bombardement qu'ils avaient fui en 2012.

« Avant de mourir, mon frère m'a dit : "N'abandonne pas tes études." Après sa mort, j'ai dû arrêter l'école pendant deux ans. Mais quand je me rappelle ses paroles, je pense à nouveau à l'avenir, voilà pourquoi j'ai décidé de retourner à l'école. Je pense que ça le rend heureux là-haut. » Elle a essuyé ses larmes et m'a souri. « Quand je pleure, je me vois sans force. Pour continuer ma route, il faut que je sois très forte. Je veux que mes frères et ma sœur soient fiers de moi. »

L'Islande n'a pas le monopole des femmes extraordinaires.

Avant qu'on la prépare à notre rencontre, je doute que Zaad et ses amies aient su quoi que ce soit à propos de l'Islande, et que leur vision ait pu être autre chose que celle d'un pays riche et froid, situé quelque part près du cercle polaire. Zaad ignorait sans doute aussi que plusieurs années de suite l'Islande avait été première sur la liste des pays qui ont presque réalisé l'égalité femmes-hommes – que cela aurait-il bien pu signifier pour elle ?

Même dans un lieu et dans des conditions loin de favoriser l'égalité, les employées d'ONU Femmes ainsi que d'autres femmes du camp ont aidé Zaad à trouver sa voie, pour faire la différence, pour faire bouger les lignes. À Zaatari, vaquer aux nécessités fondamentales de la vie comme avoir un abri, à manger et être en sécurité absorbe déjà toute votre énergie.

À mon retour en Islande, j'ai décidé que je ne serais pas une énième VIP à faire du tourisme de luxe dans les camps de réfugiés, monopolisant les employées des ONG pour nous escorter d'un site de shooting photo à un autre, et les empêchant de se consacrer à leur mission si difficile et mal payée. Combien d'autres avaient vu, ne serait-ce que quelques instants, la réalité de la vie à Zaatari avant de retourner bien vite dans leur patrie riche et indifférente, où les gens se plaignaient que la vie était injuste en haussant les épaules parce que c'est vrai, que pouvaient-ils y faire ?

La campagne de communication d'ONU Femmes Islande qui a mis en avant Zaad et d'autres femmes a été la plus réussie de toutes, et a permis à la branche islandaise d'ouvrir deux nouvelles oasis dans le camp de réfugiés d'Azraq. C'était gratifiant de savoir à quoi avait servi l'argent récolté, mais, égoïstement, je me disais que j'avais appris bien plus en ces quelques jours en écoutant ces femmes parler directement du rôle qu'elles jouaient. J'avais été bouleversée par leur force et leur courage.

Tous les jours, j'ai sous les yeux cette tapisserie : « L'égalité, c'est mon droit. » J'évoque souvent ce voyage en Jordanie et les femmes exemplaires que j'y ai rencontrées. Et j'essaie de canaliser cette énergie dans mon travail. Plus je rencontre de *sprakkar*, mieux je vois le monde autour de moi se dessiner. En Islande, où nous avons eu tant de chance, comment aboutir à notre but ultime ? Comment toucher tout le monde ? Et même si cette situation favorable nous donne une bonne assise pour continuer dans la même direction, persévérer sur la même trajectoire demande l'effort cumulé et incessant de toute la société. L'énergie de filles et de femmes comme Zaad est contagieuse, et nous avons une obligation d'aider ces *sprakkar* à s'élever chaque fois que nous en rencontrons, y compris chez nous.

*

À la fin de cette annus horribilis 2020, l'Islande a posé une nouvelle pierre sur le chemin de la parité. Pour la première fois en soixante-cinq ans d'histoire, l'Association des journalistes sportifs a remis ses récompenses de l'année dans les catégories « athlète de l'année », « coach de l'année » et « équipe de l'année » uniquement à des femmes (toutes, c'est le hasard, dans le football). Sara Björk Gunnarsdóttir, l'athlète de l'année, a remporté le maximum de points possible octroyés par les journalistes qui déterminent les classements. La nouvelle a été acclamée de toutes parts, et les lauréates, félicitées pour leurs exploits.

Moins d'une semaine plus tard, le 1er janvier, une nouvelle législation est entrée en vigueur, prolongeant le congé parental de neuf mois à une année complète, à se partager entre les deux parents. Parallèlement, une nouvelle législation a permis aux personnes de s'identifier par le marqueur non genré « X » (au lieu de « sexe féminin » ou « sexe masculin ») sur les documents officiels. La nouvelle année a vu aussi une augmentation des salaires les plus bas du pays supérieure à l'inflation, et une réduction du temps de travail pour les fonctionnaires nationaux et territoriaux.

La marche souvent précaire et laborieuse vers l'égalité en Islande comme ailleurs suit un chemin pavé de changements de toutes sortes. Ce chemin trouve aussi sa forme à la suite de séismes comme les quotas de genre, l'aide à la garde d'enfant, qui sont eux-mêmes issus de décennies de pression et d'une attitude de la société de plus en plus inclusive. Mais cette évolution n'en résulte pas moins de petites actions individuelles de la part de tous les gens de ce pays et de tous les genres.

Si l'Islande en est arrivée là où elle est aujourd'hui, ce n'est pas uniquement l'effet de la chance, même si les circonstances historiques, géographiques et le hasard ont joué un rôle. Notre petite taille fait notre force. Dans un contexte mondialisé, nous ne sommes pas une nation supertanker, mais plutôt un minuscule hors-bord. Il est donc plus facile de réclamer le changement, de le faire advenir et de le mesurer, même si on a l'impression d'avancer à la vitesse d'une tortue. L'isolement de notre île, notre environnement naturel encore souvent dangereux nécessitent que toutes les ressources humaines soient exploitées au plus fort de leur potentiel. Les enfants islandais sont depuis toujours bercés d'histoires de femmes déterminées, comme Hallgerdur « Longues Jambes » et autres héroïnes des sagas, Ólöf la Riche, la femme qui sauva les chutes d'eau, et celle qui devint une cheffe d'État très spéciale. Une économie ouverte, des institutions démocratiques qui fonctionnent, une population instruite, tournée vers l'international et amatrice de nouvelles technologies compensent largement le dogmatisme et l'étroitesse d'esprit qui plombent parfois un petit pays.

Dans ce contexte international, cela signifie que l'Islande est une scène avec un micro ouvert, un endroit en surplomb d'où nous pouvons diffuser certaines leçons que nous avons apprises, qui permettent de réduire les inégalités entre les femmes et les hommes.

Et si un jour l'Islande n'était plus la championne de l'égalité ? Si nous perdions plusieurs places dans le classement des nations ? Si c'est parce qu'un ou plusieurs pays ont fait mieux sans pour autant que nous nous soyons endormis sur nos lauriers ou soyons devenus trop imbus de nous-mêmes, alors c'est très bien. Nous n'avons pas besoin d'être les meilleurs au monde, en chiffres absolus ou per capita. Mais il nous faut partager l'histoire de notre réussite, apprendre des autres comment nous améliorer encore et aider tout le monde, pas seulement les femmes, à lutter pour faire entendre leurs voix et occuper le terrain.

*

« Je suis un peu surprise que vous souhaitiez m'interviewer pour le chapitre sur la parentalité, m'a avoué l'ancienne parlementaire Unnur Brá Konrádsdóttir alors que nous terminions cette conversation centrée sur le jour où elle avait allaité son enfant en pleine session du Parlement.

» Je ne suis pas une superhéroïne dans ce domaine, a-t-elle continué tranquillement tandis que je rangeais mon carnet. J'essaie juste de faire de mon mieux. »

Cette sincérité est familière à beaucoup d'entre nous. N'espérons-nous pas toutes que les choses marchent à peu près bien ?

Nous portons de nombreuses casquettes. Les *sprakkar* que j'ai interviewées pour ce livre résument cela, ainsi que l'approche intersectionnelle nécessaire à la lutte pour l'égalité. Si nous voulons aboutir un jour, nous ne devons abandonner personne derrière nous, ni les immigrées, ni les femmes non blanches, ni les handicapées, ni les queers. Nous devons travailler avec tous les hommes de bonne volonté qui eux aussi bénéficient de cette égalité et reconnaissent qu'elle profite à tout le monde, sans avantager un genre aux dépens de l'autre.

Même si cela l'a un peu surprise, Unnur Brá était la personne idéale pour parler de la maternité en Islande, car elle illustre précisément ce que cela signifie pour beaucoup d'entre nous. En se reposant sur les aides de l'État à la famille, elle a réussi à se tailler une vie riche et accomplie pour elle-même et pour les siens. Ce n'est pas une image très facile à poster sur Instagram. Je doute – ou disons plutôt que je n'attends pas ça ! – que sa maison soit tenue de manière impeccable, ou que ses enfants aient vraiment un accès aux écrans limité et exclusivement approprié à leurs âges. Malgré les meilleures intentions du monde, Unnur Brá s'est sûrement rendue à des réunions un peu moins prête qu'elle ne l'escomptait, ou a répondu à un collègue d'un ton moins patient qu'une personne moins surmenée ne l'aurait fait.

Voilà ce qui fait d'elle à mes yeux une *sprakki*. Nous savons toutes aller droit à l'essentiel, hiérarchiser les nécessités. J'aurais très bien pu interviewer Unnur Brá pour le chapitre sur la politique, et elle m'aurait raconté ce que les femmes doivent affronter lorsqu'elles briguent les postes de pouvoir les plus élevés en Islande.

Si j'avais déplacé ainsi Unnur Brá, j'aurais pu interroger à sa place au chapitre sur la maternité Gudbjörg Gudmundsdóttir, vice-présidente de Marel Fish. Quand elle n'échafaude pas une stratégie susceptible d'augmenter les profits assistée d'une vaste équipe internationale – malgré le fait que ce sont des hommes pour l'essentiel qui tiennent les rênes financières du secteur privé –, elle rentre chez elle auprès de ses deux filles, qu'elle élève seule.

Pour parler du domaine professionnel, à sa place j'aurais pu choisir Eva María Thórarinsdóttir Lange, qui aurait pu nous raconter son expérience de cheffe d'entreprise.

Et ainsi de suite. Saga Gardarsdóttir ne se contente pas de faire des blagues sur l'accouchement et la manière de s'occuper d'un nourrisson. Elle travaille également sur la scène artistique de ce pays. Isabel Alejandra Díaz, de l'université d'Islande, aurait pu me raconter son histoire en tant qu'immigrée. Les liens qu'elle a noués avec d'autres membres des instances étudiantes montrent également l'importance de l'amitié et du soutien, car c'est grâce à cela que nous osons nous aventurer hors de notre zone de confort. Ugla Stefanía a appris à naviguer avec dextérité dans les eaux troubles du monde médiatique auquel elle est souvent confrontée en tant qu'activiste trans.

Le point commun à toutes ces femmes, c'est qu'elles occupent le terrain à juste titre. Elles n'essaient pas nécessairement de faire avancer un agenda féministe – beaucoup d'entre elles ne se disent pas féministes. Leur réussite n'entre pas dans des cases précises. Elles sont associées à tant de segments variés de la société que leurs actions positives créent des vaguelettes qui se propagent à travers le minuscule étang que constitue ce pays, comme les microséismes quotidiens qui secouent chaque jour cette île.

Les douzaines de femmes que j'ai présentées dans ce livre illustrent une grande variété d'âge, de lieux, de vécus, d'expériences et de personnalités. Certaines sont très connues en Islande. D'autres, moins car elles agissent dans des domaines plus restreints et sont anonymes en dehors de leur milieu.

Ce sont des femmes exceptionnelles pour toutes sortes de raisons, mais ce sont aussi des femmes ordinaires, et nous pouvons nous retrouver dans leurs expériences, leurs rêves et les défis qu'elles relèvent.

En Islande, nous disposons de nombreux modèles illustrant l'égalité des genres pour les générations actuelles et futures. Au moment où j'écris ces lignes, nous avons une Première ministre, une ministre de la Justice, une ministre de l'Éducation et de la Culture, une ministre du Tourisme, de l'Industrie et de l'Innovation, une responsable de la Santé à l'échelle nationale, une secrétaire générale du Parlement, une présidente du conseil d'administration de l'Association de l'industrie des transports islandais, une directrice générale de la chambre de commerce d'Islande, une directrice générale du Syndicat des entreprises de pêche, une présidente de la Confédération du travail islandaise, pour n'en nommer que quelques-unes. À l'étranger, les Islandaises ont occupé des postes de directrice au Bureau des institutions démocratiques et des droits humains à l'OSCE, de présidente du conseil d'administration de Women Political Leaders, de directrice générale de The B Team, l'ONG fondée par Richard Branson. Donner l'exemple est peut-être l'élément crucial dans la recette qui mène à l'égalité – ou tout au moins est-ce l'un des plus importants.

De façon moins visible, les femmes présentes dans ce livre sont elles aussi des modèles au quotidien, des *sprakkar*. Leurs exemples viennent renforcer l'idée que les femmes puissantes sont partout, pas seulement en Islande, si seulement nous nous aidons les unes les autres à briller, et à partager le micro universel pour faire entendre la voix de chacune.

*

Quand j'ai rencontré à Oxford, à la fin du dernier millénaire, ce Viking père célibataire aux cheveux bouclés qui roulait les « r » et manifestait un humour à froid mordant, j'ai tout de suite été sous le charme. Pas parce qu'il était du genre flamboyant et qu'il prenait des risques, mais plutôt en raison de son caractère tranquille, et de sa réticence à attirer à soi les projecteurs dans un milieu rempli de gens qui ne cherchaient que ça. Cela m'intriguait.

Gudni et moi faisions tous les deux parties de l'équipe mixte d'aviron d'Oxford. Nous n'étions pas spécialement bons, mais glisser ensemble sur la rivière Isis tandis que le soleil frôlait les flèches légendaires de l'ancienne université était un must pour des étudiants étrangers à Oxford. Un soir d'automne, nous avons organisé une levée de fonds – en fait c'était juste une excuse pour faire la fête. Plusieurs membres de l'équipe, presque entièrement masculine si ma mémoire est bonne, ont aligné sur une table des gobelets en polystyrène portant chacun le nom de l'un d'eux. Les autres devaient donner 1 livre en échange de cinq étiquettes où écrire leur propre nom, pour les mettre ensuite dans les gobelets de leur choix. À la fin de la soirée, chacun des détenteurs de gobelets devait tirer au sort un des noms, et la personne en question gagnait alors le privilège de passer une soirée avec lui.

Je me souviens très bien que j'avais une pièce de 2 livres dans ma poche, et même si je n'avais pas beaucoup d'argent, j'étais prête à tout sacrifier pour la cause. J'ai acheté dix étiquettes sur lesquelles j'ai dûment noté mon prénom.

Ensuite, j'ai un peu aidé la chance.

J'ai fourré huit étiquettes dans le gobelet de Gudni. Il était le seul qui m'intéressait vraiment, mais je ne voulais quand même pas les mettre toutes dans son gobelet. Si jamais la vérité éclatait, j'aurais l'air de quoi ? Toutefois, c'était pour moi une chance en or de le connaître mieux, aussi je ne voulais pas m'en remettre entièrement au hasard.

Évidemment, Gudni a pioché une étiquette avec mon nom. La soirée à deux des autres s'est dans l'ensemble résumée à un kebab de la camionnette du vendeur devant l'université, mais Gudni, lui, m'a invitée à dîner le lendemain soir dans un vrai restaurant, un italien, le Luna Caprese, avec entrée, plat, dessert et une bouteille de vin rouge, bref, la totale.

Ce carpe diem a eu des répercussions bien plus vastes et durables qu'on aurait pu l'imaginer (et a donné du grain à moudre lors de la campagne de 2016), mais ne peut-on pas dire la même chose de nos choix les plus importants et les plus spontanés ?

Bourrer l'urne n'était qu'une tentative pour maîtriser mon destin, pour prendre les choses en main parce qu'il me semblait que c'était important. Deux décennies plus tard, c'est devenu une philosophie que j'essaie de mettre en place en tant que première dame. Je ne changerai pas le monde dans des proportions importantes, mais je peux faire ma part pour infléchir la direction qu'il prend.

Ce ne sont certes là que des actions minuscules dans le grand ordonnancement des choses. Cela a-t-il vraiment de l'importance qu'une femme privilégiée dise qu'elle ne veut pas être le simple faire-valoir d'un chef d'État sur une photo ? Qu'elle gagne sa vie en tant qu'autrice et cheffe d'entreprise tout en étant volontaire pour jouer le rôle de première dame ? Ou encore qu'elle porte parfois en public des vêtements d'occasion ? J'espère bien que tout cela sert à quelque chose.

*

J'ai à cœur de défendre l'intérêt des exemples, néanmoins je souffre toujours du syndrome de l'impostrice quand on suggère que j'en suis moi-même une.

Début 2020, j'ai été invitée à un séminaire à l'université d'Islande sur le déséquilibre femmes-hommes aux postes de management à travers le pays. Je n'avais pas de rôle spécifique à jouer : l'organisatrice m'avait invitée parce qu'elle savait mon intérêt pour ce genre de sujets. Cela piquait ma curiosité et cela s'intégrait bien dans mon emploi du temps : je devais justement être à l'université ce matin-là pour discuter avec un groupe d'environ vingt-cinq étudiantes et étudiants au sujet du genre, de la diversité et de l'inclusion dans le monde du travail.

Après une petite conférence et une séance de questions dynamique, je me suis rendue à la salle principale où avait lieu l'autre séminaire. L'organisatrice m'avait gardé une place au premier rang, à côté d'autres invitées de marque.

C'était une présentation fascinante, un résumé des dernières recherches tentant d'expliquer pourquoi il y avait si peu de femmes parmi les équipes de direction dans les entreprises islandaises, et ce que les actionnaires et la loi pouvaient faire pour améliorer les choses. À la fin, le photographe officiel a rassemblé toutes ces pionnières formidables qui avaient assisté à la conférence : Vigdís Finnbogadóttir, première femme cheffe d'État élue démocratiquement au monde ; Jóhanna Sigurdardóttir, première femme Première ministre en Islande, et première cheffe de gouvernement ouvertement homosexuelle ; Agnes Sigurdardóttir, première femme évêque de l'Église d'Islande ; Sigrídur Björk Gudjónsdóttir, première femme cheffe de la police nationale ; et Bergthóra Thorkelsdóttir, première femme directrice de l'Administration des routes et des côtes. Toutes ces femmes, qui ont dû mener de longs combats publics et privés pour atteindre des sommets professionnels, ont pavé la route aux autres afin qu'elles puissent leur emboîter le pas. Elles ont inspiré les autres, quels que soient leur genre et leur appartenance politique.

Et puis elles m'ont demandé de me joindre à elles.

Un peu penaude, je me suis levée et je me suis mise en rang à côté d'elles. J'ai confiance en moi en général, et les exemples sont rares de moments où je me suis sentie aussi peu à ma place, méritant si peu de figurer parmi ce groupe. Je n'ai pu m'empêcher d'en faire la remarque à l'évêque Agnes, ma voisine, prenant trop tard conscience du fait que cela devait surtout ressembler à de la fausse humilité, au commentaire d'une personne peu sûre d'elle et cherchant à être rassurée.

« Non, m'a dit Agnes d'un ton ferme en posant les mains sur mes épaules et en me regardant droit dans les yeux. Votre place est bien ici, surtout après avoir écrit cet article important », a-t-elle ajouté en référence à celui du *New York Times*.

Depuis, je repense souvent à ce moment. Quand l'énergie que nous mettons à douter de nous-mêmes se transforme-t-elle en quelque chose de plus productif ? Quand cesserai-je de passer autant de temps à remettre en question ma légitimité, mon droit à prendre la parole au sujet de l'égalité femmes-hommes alors que je suis seulement là en qualité d'épouse ?

Peut-être ce sentiment d'inconfort est-il dû au fait que je commence seulement à utiliser ma voix pour de bon, à occuper pleinement le terrain. Il n'est pas un jour où je ne remercie la providence qui m'a faite première dame, et je sais gré pour l'accueil chaleureux que je reçois pratiquement partout à ce titre. Alors je continue à essayer de transformer cette image de première dame, femme d'un chef d'État homme : je suis allée à sa place soutenir l'équipe masculine nationale à Moscou lors de la Coupe du monde de football ; je suis la marraine d'organisations comme la Société d'Alzheimer, la Maison Pieta de prévention du suicide, et aussi de l'équipe nationale de gastronomie d'Islande (j'avoue tout : j'ai même fait du lobbying pour elle !) ; enfin, je fais des discours lors d'événements comme la remise de diplômes ou l'ouverture d'une conférence. J'ai beaucoup évolué entre le moment où, par inadvertance, en pleine campagne, en trébuchant sur un mot j'ai déclaré que j'étais « paresseuse », au lieu de dire que j'étais « reconnaissante », et le jour où j'ai été nommée par les médias « personne de l'année 2019 » pour mon article dans le *New York Times*, qui avait vraiment touché la population progressiste du pays.

Il me semble que je dois me fier à ce sentiment d'inconfort. Car c'est ainsi que notre petite voix intérieure nous fait savoir que nous sommes sur la bonne voie, nous rappelle que s'il est sain de ne pas avoir un ego surdimensionné, il est vital d'avoir suffisamment d'assurance pour surmonter les petites anxiétés superficielles et nous faire entendre.

Aujourd'hui, plutôt que de me demander si je mérite vraiment d'être sur la photo, je me dis : *Si je n'utilise pas la chance qui m'est donnée de m'exprimer sur des sujets importants, qui d'autre le fera ? Et comment demander aux autres de prendre de tels risques si je ne le fais pas moi-même ?* Écrire ce livre alors que je suis encore première dame est un autre effort de ma part pour repousser mes limites et transformer les attentes de la société quant au rôle de la première dame. Avoir la liberté de le faire est en soi un témoignage sur le degré de l'égalité femmes-hommes en Islande.

*

Six mois après avoir traversé la Manche à la nage, quatre membres du groupe de natation des Méduses ont été contactées pour participer à un nouveau challenge sportif. Elles ont rejoint sept autres femmes intrépides (dont la première Islandaise à avoir fait l'ascension de l'Everest) pour réaliser le rêve de toujours de la rescapée du cancer Sirrý Ágústsdóttir. Celle-ci avait pour objectif de lever des fonds pour deux œuvres caritatives en traversant à pied le glacier Vatnajökull en juin 2020. En effet, le plus grand glacier d'Europe n'avait jamais été franchi par un groupe exclusivement composé de femmes. Pendant neuf jours, celles qui s'étaient baptisées « les Croqueuses de congères » ont parcouru les 165 kilomètres en dormant dans des tentes sous le soleil de minuit, tirant derrière elles leur matériel chargé sur des *pulkas*, affrontant un froid extrême, des tremblements de terre, des crevasses, la majeure partie du temps en traversant des cratères de volcans toujours en activité. Ce nouveau succès a poussé Sirrý à se lancer un nouveau défi : gravir la plus haute montagne du pays avec cent femmes.

Les Méduses et leurs avatars, les Croqueuses de congères, ont utilisé leurs nouvelles amitiés pour réaliser leurs rêves. Elles y sont parvenues non pas grâce aux lois ni à l'aide de la société, mais en repoussant elles-mêmes leurs limites physiques et mentales au-delà de leurs possibilités. Ainsi ont-elles montré que les femmes elles aussi peuvent se dépasser pour atteindre des objectifs supérieurs.

Quand je l'ai invitée à partager un buffet de Noël, la présentatrice de télévision Thóra Arnórsdóttir a dit qu'on ne pouvait pas transmettre aux autres pays une méthode pour aboutir à l'égalité des genres. Car il ne s'agit pas d'une science, et l'Islande ne dispose en rien d'une solution patentée.

La population islandaise a changé le monde en rendant possible l'égalité réelle entre les femmes et les hommes. Mais les secrets pour y arriver, ne serait-ce que pour essayer (objectif fondamental même s'il reste utopique), sont là, visibles aux yeux de tout le monde. Pour traduire mot à mot une expression islandaise : « C'est là-haut dans les yeux », c'est-à-dire que ça saute aux yeux, c'est offert à la vue du plus grand nombre, à condition de bien regarder, de comprendre ce que ça signifie, et comment on peut y arriver en avançant pas à pas.

À grande échelle, pour l'ensemble de la société, le secret consiste d'abord à oublier les objectifs irréalistes de « tout avoir », pour faire ce qu'on peut avec ce qu'on a, allaiter tout en s'adressant au Parlement si nécessaire, ou mettre du sparadrap sur ses mamelons quand il est temps de sevrer son bébé d'un seul coup. Cela signifie aussi qu'il faut soutenir les femmes dans les arts, la culture, le sport, non pas en les comparant aux hommes mais en laissant chaque personne faire entendre sa propre voix. Qu'il faut vivre avec son temps et aider les femmes et les filles trans à avoir la vie qu'elles veulent, et reconnaître les difficultés auxquelles sont confrontées les immigrées et la valeur de leur contribution à la société. Qu'il faut comprendre, à la fois sur le plan légal à l'échelle de la société, mais aussi dans la sphère intime, que les violences sexuelles et de genre ne sont jamais acceptables, quelles que soient les circonstances, et qu'on ne doit pas blâmer les victimes. Qu'il faut embaucher des femmes comme Gudbjörg, chez Marel, et prêter des capitaux à des cheffes d'entreprise comme Fida pour GeoSilica en leur donnant accès aux mêmes aides financières qu'aux hommes, mais aussi augmenter de manière plus juste les salaires des travailleurs les moins bien payés, dont la plupart sont des travailleuses. Enfin, qu'il ne faut laisser personne en arrière, femmes, hommes, personnes non binaires, nées ici ou ailleurs, avec ou sans handicap, car le chemin de l'égalité doit bénéficier à tout le monde.

Pour celles d'entre nous qui ne font pas de politique, nous travaillons à l'égalité en usant de nos voix pour nous faire entendre. Comme Dóra, qui murmurait à l'oreille des poissons, et Heida l'agricultrice et tondeuse de moutons, nous suivons nos rêves où qu'ils nous mènent. Nous sommes bénévoles dans les associations de femmes pour partager nos savoirs, offrir notre soutien, notre compagnie, notre altruisme, toutes choses qui aident vraiment quand la vie nous en fait voir de toutes les couleurs. Nous prenons la parole et nous nous montrons à la télévision, à la radio, dans les médias, sur les réseaux sociaux, donnant de l'écho aux voix des autres, sans les diminuer. Nous osons nous engager dans la lutte, présenter notre candidature à tous les niveaux de pouvoir, servir d'exemple.

Tout cela demande un effort épuisant, systématique et délibéré, sans merci et sans fin. Car même si nous avançons sans peine, un coup de théâtre inattendu peut nous renvoyer en arrière : en 2020, des années d'efforts internationaux ont été anéantis par la pandémie de Covid-19. Nous devons toujours demeurer vigilantes, en alerte. J'admets que c'est un privilège de pouvoir consacrer son énergie à la lutte pour l'égalité des genres quand tant d'entre nous n'ont ni l'argent, ni les possibilités d'accès, ni la voix nécessaire, ni même tout simplement l'énergie de se battre, alors même qu'elles souhaiteraient agir. Celles d'entre nous qui ont la chance de ne pas payer un prix insupportable pour s'exprimer, exiger d'avoir leur espace et l'occuper doivent le faire pour les autres, et nous devons nous arranger pour faire entendre leurs voix à elles aussi.

Nous connaissons toutes des *sprakkar*. Nous les rencontrons au sein de notre famille, de notre communauté, de nos lieux de culte, de nos gouvernements, de nos institutions culturelles et de nos écoles. Elles n'ont pas besoin de la nature imprévisible de l'Islande, ni des protagonistes de ses sagas, ni de ses groupes de rap pour briller. Elles ont seulement besoin de nous pour s'élever, devenir des exemples, enseigner aux autres à être comme elles. Si nous les aidons à ouvrir le micro pour faire entendre leurs voix, nous pourrons leur octroyer davantage de mandats politiques, contrôler le portefeuille de la société, pénétrer des domaines traditionnellement réservés aux hommes et faire advenir les futurs changements, tout en nous aidant à oublier l'impossible équilibre des comptes entre hommes et femmes. Le mot *sprakkar* est islandais, mais il n'appartient pas seulement au domaine du féminisme privilégié d'Europe du Nord. Il y a des femmes extraordinaires partout sur notre belle planète. C'est ça, le secret.

L'égalité, c'est mon droit. Le vôtre aussi.

REMERCIEMENTS

« Marcher avec un livre dans le ventre... »

On dit en Islande que tout monde « marche avec un livre dans le ventre » (*að gagna með bók í maganum*), car nous avons toutes et tous en nous des histoires à raconter, des expériences, des aventures et de la sagesse qui attendent qu'on leur donne le jour.

La gestation des *Secrets des Sprakkar* n'a pas été très longue. L'idée m'est venue qu'il fallait partager avec le reste du monde ce que c'est de vivre dans un pays qui aspire vraiment à une société où les femmes et les hommes sont égaux. Mais ce livre est aussi très vite devenu une déclaration d'amour à l'Islande, et l'opportunité pour moi d'explorer mes propres expériences en tant qu'immigrée, en tant que jeune mère, créatrice d'entreprise, et enfin, fait inattendu mais formidable, en tant que première dame. J'espère donc avoir réussi à partager mon expérience de l'Islande, mais surtout donné aux autres des idées pour se battre pour l'égalité, pour nous émanciper les unes les autres, et profiter le mieux possible de la chance lorsqu'elle se présente. Peut-être que ce livre est en gestation depuis toujours.

Je souhaite avant tout remercier toutes les personnes avec lesquelles je me suis entretenue pour préparer ce livre, pour leur sincérité, leur humour et leur point de vue. Merci d'avoir pris le temps de partager avec moi vos histoires et votre expérience.

Je voulais dépeindre un groupe de femmes divers en âge, en vécu, appartenant à des environnements différents et avec des origines différentes, pas forcément les pionnières, ni celles qui servent de porte-parole. Il y a beaucoup de *sprakkar* en Islande, comme dans toutes les communautés ; je reconnais que je ne peux pas être partout, et que les points de vue exposés ici n'ont rien d'exhaustif.

Je remercie Samantha Haywood, Anna Michels, Justin Stoller, Nita Pronovost et les équipes de Transatlantic Agency, Sourcebooks et Simon & Schuster Canada, qui m'ont guidée à travers le processus fascinant qu'est l'écriture d'un livre, depuis la réponse enthousiaste de Sam à mon tout premier e-mail, en passant par les sages conseils éditoriaux d'Anna et Justin, jusqu'à la production finale (y compris Sabrina Baskey et ses révisions attentives, et Liz Kelsch et la magie de son équipe marketing). Merci aussi à Diana Gvosden qui m'a aidée à trouver une maison d'édition islandaise pour ce manuscrit.

Merci à Jonas Moody, Erica Jacobs Green, Elizabeth Lay, Fridjón Fridjónsson, Ingibjörg Sólrún Gísladóttir, Katrín Jakobsdóttir, Krista Mahr, Paula Gould, Gudrún Nordal, Unnur Birna Karlsdóttir, Lára Magnúsardóttir, et Markús Thórhallsson, qui ont toutes et tous lu des passages de longueurs variées de ce livre et m'ont fait profiter de leurs réflexions intéressantes. J'ai beaucoup discuté avec Thórdís Elva Thorvaldsdóttir qui m'a guidée dans mes recherches. Jonas mérite une deuxième salve de remerciements pour m'avoir fait découvrir ce mot obscur : *sprakkar*.

Bien d'autres personnes ont répondu à toutes sortes de questions que je me posais face au monde mystérieux (pour moi !) de l'écriture, m'ont apporté des réponses spécifiques, ou m'ont mise en contact avec les femmes à interviewer. Dans l'ordre alphabétique à l'islandaise (c'est-à-dire dans l'ordre des prénoms) : Alexander Elliott, Andrea Róbertsdóttir, Anne Giardini, Arndís Thorgeirsdóttir, Áslaug Arna Sigurbjörnsdóttir, Ásta

Dís Óladóttir, Barbara Bruns Kristvinsson, Björk Óttarsdóttir, Bryndís Loftsdóttir, Claudia Casper, Dagur S. Dagbjartsson, Daníel J. Arnarsson, Edythe Mangindin, Gudrún Jónsdóttir, Gunnar Kristjánsson, Gunnlaugur Karlsson, Hanna Birna Kristjánsdóttir, Heidar Ingi Svansson, Hulda Bjarnadóttir, Hulda Ragnheidur Árnadóttir, Jóhanna Katrín Fridriksdóttir (que je ne connais pas personnellement mais qui a parlé du mot *sprakkar* à mon ami Jonas), Jón Ingvar Kjaran, Katja Pantzar, Klara Bjartmarz, Kristín Bogadóttir, Kristín Brynjólfsdóttir et sa famille pour nous avoir accueillis à Vopnafjördur, Kristín Vidarsdóttir et Lára Adalsteinsdóttir à la cité de la littérature de l'Unesco pour m'avoir permis de réaliser une interview à la Gunnarshús, Kristinn Ingvarsson, Kristján Schram, Laura Murphy, Lilja Hrund Ava Lúdvíksdóttir, Líney Halldórsdóttir, Marcello Di Cintio, Margrét Steinarsdóttir, Maria Helena Sarabia, Marta Godadóttir, Oddný Arnarsdóttir, Ragnar Thorvardarson, Rán Tryggvadóttir, Randi Stebbins, Sema Erla Serdar, Sigrídur Björk Gudjónsdóttir, Sigrún Ingibjörg Gísladóttir, Sigthrúdur Ármann, Sigthrúdur Gudmunsdóttir, Sindri Sigurjónsson, Skarphédinn Gudmundsson, Sóley Tómasdóttir, Steinunn Gydu- og Gudjónsdóttir, Sue-Lyn Erbeck, Sveinn Valgeirsson, Sverrir Jakobsson, Tara Flynn, Thelma Kristín Kvaran, Thorsteinn V. Einarsson, Thórdur Snær Júlíusson, Thórhildur Sigurdardóttir, Una Sighvatsdóttir, Valgerdur Sigurdardóttir, Vidar Thorsteinsson. Merci à toutes et tous. Inutile de préciser que toutes les erreurs sont de mon fait, et que si jamais j'ai oublié une personne parmi vous, je lui présente mes plus sincères excuses.

J'ai eu la formidable chance de grandir entourée de *sprakkar*. Ma mère, mes tantes, mes grands-mères : je sais gré à toutes ces femmes fortes, modèles de féminisme. J'ai des amies intelligentes, drôles, qui me soutiennent, et dont j'apprends beaucoup. Elles m'aident à garder les pieds sur terre et me taquinent sur mes défauts. Merci aussi aux *sprakkar* de ma famille islandaise : ma belle-fille, Rut, ma fille, Edda Margrét, et ma belle-mère, Margrét Thorlacius.

Le mot *sprakkar* ne s'applique qu'aux femmes, mais du point de vue grammatical il est du genre masculin. En plus de ces *sprakkar*, l'Islande ne serait pas ce qu'elle est aujourd'hui sans les hommes qui admettent que l'égalité des genres bénéficie à tout le monde, et qui respectent, écoutent et aident les femmes autour d'eux à s'élever. Je pense que cela s'applique à la plupart des hommes. J'ai eu aussi la chance d'être entourée d'hommes très bien au cours de ma vie : au Canada, quand j'étais jeune, puis en Islande : mes fils, Duncan Tindur, Donald Gunnar et Sæthór Peter, sans oublier bien sûr mon mari, si gentil et si drôle, avec ses « r » roulés, et sa manie de découper les articles de journaux, Gudni Thorlacius Jóhannesson. Merci à vous.